모빌리티인문학의 적용과
모델링

이 저서는 2018년 대한민국 교육부와 한국연구재단의 지원을 받아 수행된 연구임
(NRF-2018S1A6A3A03043497)

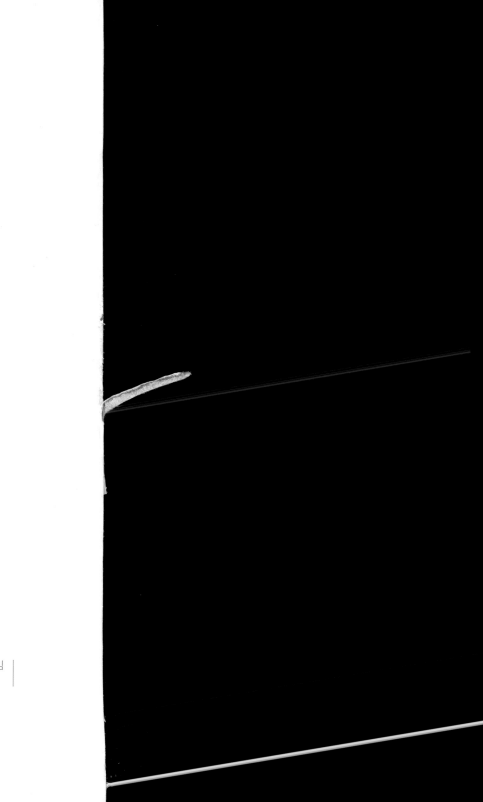

HA14
obility
umanities
semblage

모빌리티인문학의 적용과 모델링

| 이진형 김태희 임보미 이용균 길광수 이재은 우연희 신인섭 정은혜 서기재 배진숙 |

앨피

모빌리티인문학 Mobility Humanities

모빌리티인문학은 기차, 자동차, 비행기, 인터넷, 모바일 기기 등 모빌리티 테크놀로지의 발전에 따른 인간, 사물, 관계의 실재적·가상적 이동을 인간과 테크놀로지의 공-진화co-evolution라는 관점에서 사유하고, 모빌리티가 고도화됨에 따라 발생하는 현재와 미래의 문제들에 대한 해법을 인문학적 관점에서 제안함으로써 생명, 사유, 문화가 생동하는 인문-모빌리티 사회 형성에 기여하는 학문이다.

모빌리티는 기차, 자동차, 비행기, 인터넷, 모바일 기기 같은 모빌리티 테크놀로지에 기초한 사람, 사물, 정보의 이동과 이를 가능하게 하는 테크놀로지를 의미한다. 그리고 이에 수반하는 것으로서 공간(도시) 구성과 인구 배치의 변화, 노동과 자본의 변형, 권력 또는 통치성의 변용 등을 통칭하는 사회적 관계의 이동까지도 포함한다.

오늘날 모빌리티 테크놀로지는 인간, 사물, 관계의 이동에 시간적·공간적 제약을 거의 남겨 두지 않을 정도로 발전해 왔다. 개별 국가와 지역을 연결하는 항공로와 무선통신망의 구축은 사람, 물류, 데이터의 무제약적 이동 가능성을 증명하는 물질적 지표들이다. 특히 전 세계에 무료 인터넷을 보급하겠다는 구글Google의 프로젝트 룬Project Loon이 현실화되고 우주 유영과 화성 식민지 건설이 본격화될 경우 모빌리티는 지구라는 행성의 경계까지도 초월하게 될 것이다. 이 점에서 오늘날은 모빌리티 테크놀로지가 인간의 삶을 위한 단순한 조건이나 수단이 아닌 인간의 또 다른 본성이 된 시대, 즉 고-모빌리티high-mobilities 시대라고 말할 수 있다. 말하자면, 인간과 테크놀로지의 상호보완적·상호구성적 공-진화가 고도화된 시대인 것이다.

고-모빌리티 시대를 사유하기 위해서는 우선 과거 '영토'와 '정주' 중심 사유의 극복이 필요하다. 지난 시기 글로컬화, 탈중심화, 혼종화, 탈영토화, 액체화에 대한 주장은 글로벌과 로컬, 중심과 주변, 동질성과 이질성, 질서와 혼돈 같은 이분법에 기초한 영토주의 또는 정주주의 패러다임을 극복하려는 중요한 시도였다. 하지만 그 역시 모빌리티 테크놀로지의 의의를 적극적으로 사유하지 못했다는 점에서, 그와 동시에 모빌리티 테크놀로지를 단순한 수단으로 간주했다는 점에서 고-모빌리티 시대를 사유하는 데 한계를 지니고 있었다. 말하자면, 글로컬화, 탈중심화, 혼종화, 탈영토화, 액체화를 추동하는 실재적·물질적 행위자agency로서의 모빌리티 테크놀로지를 인문학적 사유의 대상으로서 충분히 고려하지 못했던 것이다. 게다가 첨단 웨어러블 기기에 의한 인간의 능력 향상과 인간과 기계의 경계 소멸을 추구하는 포스트-휴먼 프로젝트, 또한 사물인터넷과 사이버 물리 시스템 같은 첨단 모빌리티 테크놀로지에 기초한 스마트시티 건설은 오늘날 모빌리티 테크놀로지를 인간과 사회, 심지어는 자연의 본질적 요소로 만들고 있다. 이를 사유하기 위해서는 인문학 패러다임의 근본적 전환이 필요하다.

이에 건국대학교 모빌리티인문학 연구원은 '모빌리티' 개념으로 '영토'와 '정주'를 대체하는 동시에, 인간과 모빌리티 테크놀로지의 공-진화라는 관점에서 미래 세계를 설계할 사유 패러다임을 정립하려고 한다.

차례

2부

공간과 미디어

3부
트랜스내셔널 스토리월드

모빌리티인문학의 적용과 모델링

_이진형

어떤 학문의 탄생 시점을 정확하게 표기하기란 힘든 일이겠지만, 존 어리John Urry와 미미 셸러Mimi Sheller가 2003년 영국 랭커스터대학교에 모빌리티연구소Centre for Mobilities Research를 설립하고 2006년 학술지《Mobilities》를 발간하면서부터 모빌리티 연구가 하나의 학문 또는 연구 분야로서 자리잡기 시작했음은 분명해 보인다. 특히 어리와 셸러가 2006년 발표한 논문 〈새 모빌리티 패러다임The New Mobilities Paradigm〉은 모빌리티 연구의 역사에서 중요한 분기점이라고 할 수 있다. 이 논문에서 그들은 지구적 이동이 일상화된 현대사회를 이해하기 위한 틀로서 '새 모빌리티 패러다임'을 제시하며, 이른바 사회과학의 '모빌리티 전환a mobilities turn'을 주장했다.[1]

존 어리에 따르면, 모빌리티 전환은 모든 '사회적 실체란 수많은 다양한 형태의 실제 이동과 잠재 이동을 전제한다'는 데 주목하면서,

---

[1] Mimi Sheller and John Urry, "The New Mobilities Paradigm," *Environment and Planning A* 38(2), 2006.

'여러 형태의 이동, 교통, 통신에 대한 분석'을 다양한 시공간에 걸친 '경제생활 및 사회생활의 복합적 방식'에 연결한다. 특히 정태적이거나 고정된 '사회구조' 분석에 주로 관심을 기울이는 기존 사회과학과 달리, 모빌리티 전환은 사회적 관계들의 지구적·이동적 복합성을 주요 연구 대상으로 설정하고, 이를 탐구하기 위해서는 문화연구, 페미니즘, 지리학, 이민 연구, 정치학, 관광, 운송 및 교통 연구 등 동원 가능한 모든 이론, 성과, 방법론을 조합한 '탈–분과학문적post-disciplinary' 학문이 필요함을 주장한다.[2] 그리고 새 모빌리티 패러다임이란 '사회 세계'를 "다양한 사람, 관념, 정보, 사물의 이동을 포함하고 유발하고 감소시키는 경제적·사회적·정치적 실천, 인프라, 이데올로기의 거대한 집합"으로서 이론화하려는 시도임을 강조한다.[3] 이후 미미 셸러는 이러한 연구 범위에 인간과 비인간 또는 '인간 이상의 존재more-than-human beings'와의 이동적 관계성까지 추가함으로써 모빌리티 연구의 범위를 극단적으로 확장시켰다: "모빌리티와 임모빌리티는 따라서 인프라와 사회적 실천임은 물론 지질생태학과 생명정치의 융합으로서 다중적 스케일을 한꺼번에 가로지른다."[4] 그렇게 오늘날 모빌리티 연구는 토머스 네일Thomas Nail이 말했던 '키노센Kinecenen', 즉 "지구 역사에서 가장 이동적인 지층 가운데 하나"[5]에 최적화된 탈–분과학문적 연구이고자 한다.

최근 모빌리티 연구에서 두드러진 현상 가운데 하나는 모빌리티 연

2   존 어리, 《모빌리티》, 김태한 옮김, 2022, 앨피, 2022, 22–23쪽.

3   존 어리, 《모빌리티》, 44쪽.

4   Mimi Sheller, *Advanced Introduction to Mobilities*, Edward Elgar Publishing, 2021, p. 43.

5   Thomas Nail, "Migrant climate in the Kinocene," *Mobilities* 14(3), 2019, p. 376.

구의 '인문학적 전환humanities turn', 즉 모빌리티 연구에 대한 문학, 예술, 문화 연구자들의 참여다.[6] 피터 메리만Peter Merriman과 린 피어스Lynne Pearce가 2017년 《Mobilities》 특집호 "Mobility and the Humanities"를 기획하면서부터 가시화된 이 움직임은, 2018년 건국대학교 모빌리티 인문학 연구원The Academy of Mobility Humanities과 이탈리아 파도바대학교 모빌리티와 인문학 고등연구소Mobility & Humanities Centre for Advanced Studies의 설립, 그리고 2022년 학술지 《Mobility Humanities》의 창간과 더불어 더욱 본격화하고 있다. 특히 김주영 등이 2019년 발표한 논문 〈Exploring Humanistic Layers of Urban Travel: Representation, Imagination, and Speculation〉은 문학, 문화, 철학 텍스트에 기반한 도시 이동 연구를 위한 관점으로 '모빌리티인문학mobility humanities'이라는 용어를 처음 사용함으로써 그 '인문학적 전환'의 학문적 제도화를 촉발한 바 있다.

여기서 모빌리티 연구의 '인문학적 전환'은 크게 두 가지 의미로 이해될 수 있다. 첫째, '인문학적 전환'은 모빌리티 연구에 대한 예술 및 인문학 연구자들의 기여 또는 참여를 정당하게 명명하려는 시도다. 이와 관련하여 피터 메리만과 린 피어스는 예술 및 인문학적 연구가 특유의 방법론, 접근법, 인식론, 실천 방법 등을 통해서 새 모빌리티 패러다임에 지대한 영향을 주었다고 주장한 바 있다. 여기에는 모빌리티와 관련해서 글을 쓰고, 도표를 그리고, 재현을 하는 여러 방법

---

6   Aguiar, Marian, Charlotte Mathieson, and Lynne Pearce, "Introduction: Mobilities, Literature, Culture," *Mobilities, Literature, Culture*, edited by Marian Aguiar, Charlotte Mathieson, and Lynne Pearce, Palgrave Macmillan, 2019, p. 2.

들, 특수한 운동 및 수행 실천에 대한 참여, 실험적인 예술 표현 등이 포함된다. 특히 인문학자들은 문학, 철학, 역사, 예술, 문화연구 등의 분야에서 모빌리티 실천·감각·공간·경험 등의 역사적 출현, 변형, 의의를 추적하는 데 오랫동안 관심을 기울여왔다. 여행 문학, 과정 철학, 기차의 역사, 영화의 등장, 모더니티 연구 등은 그 대표적인 사례일 것이다.[7] 따라서 모빌리티 연구가 '기존의 연구 집합을 한데 모으고 재고하려는 것'[8]이라면, '인문학적 전환'은 예술 및 인문학 연구자들의 모빌리티에 대한 오래된 관심과 참여를 한데 모으고 재고하면서 거기에 적절한 이름을 부여하려는 것이다.

둘째, '인문학적 전환'은 사회과학의 '모빌리티 전환'을 인문학적으로 재전환하고자 한다. 모빌리티 분석은 공진화하는 다중의 모빌리티 시스템들을 겨냥하는데, 이는 세계가 '탈-체화되고 탈-물질화된 인지'를 통해 구성된다는 인간중심주의에 대한 비판을 내포한다. 말하자면, '물질세계와 독립적으로 사고하고 행동하는 인간 주체'를 상정하는 대신, '인간'의 힘이 도구, 길, 건물 같은 물질세계에 의해 증강되어 왔음을 가정하는 것이다.[9] 반면, '인문학적 전환'은 모빌리티 연구가 물질세계를 전경화할 때 인간의 인지적 능력을 후경화하거나 과소평가할 위험이 있음을 경고한다. 그리고 모빌리티란 물질세계에 속하는 것일 뿐만 아니라 인간에 의해서 "체화되고 감각되고 파악되는

---

7 피터 메리만 · 린 피어스, 〈모빌리티와 인문학〉, 피터 메리만 · 린 피어스 편, 《모빌리티와 인문학》, 김태희 · 김수철 · 이진형 · 박성수 옮김, 앨피, 2019, 25~29쪽.

8 피터 애디, 《모빌리티 이론》, 최일만 옮김, 앨피, 2019, 58쪽.

9 존 어리, 《모빌리티》, 87~88쪽.

특질, 창발, 다양체"[10]이기도 함을 강조하면서, 인간의 인지적 능력이 모빌리티에서 갖는 구성적 중요성을 지적한다. 이 점에서 '인문학적 전환'은 모빌리티 연구의 '탈-체화되고 탈-물질화된 인지'로의 복귀가 아니라 '체화되고 물질화된 인지'의 창발이라고 말할 수 있다.

　좀 거칠게 말하자면, 사회과학자들은 보통 모빌리티를 '사회적인 동시에 지리적인 현상'[11] 또는 '사회적으로 생산된 운동'[12]으로 이해하면서 모빌리티가 사회적 시간과 공간의 생산에 관여하는 방식 및 거기에 내재하는 권력의 작동을 주로 탐구한다. 이때 그 연구 범위와 대상은 서 있기, 걷기, 춤추기 같은 신체의 움직임부터 자전거·기차·자동차·비행기 같은 이동 수단, 휠체어나 목발 같은 '인공기관 테크놀로지',[13] 도로·공항·항구 같은 모빌리티 인프라, 유학생·관광객·난민·이주민·디지털 노마드 같은 다양한 형태의 이동적 삶들, 유형 또는 무형의 각종 네트워크, 육로·해로·항로를 연결하는 국내외 물류 시스템, 하루가 다르게 발전하는 첨단 모바일 테크놀로지, 그리고 이 모두에 스며들어 있는 '감시와 보안의 실천'[14]에 이르기까지 매우 포괄적이다. 특히 최근에는 에너지 전환 및 기후 비상사태와 관련하여 미래 모빌리티 테크놀로지에 대한 논의들이 활발하게 이루어지고 있다. 이때 사회과학자들은 많은 경우 다양한 형태의 모빌리티 테크놀로지 및 인프라가 특정한 환경 속에서 인간, 사물, 생각 등의 이

10　피터 메리만·린 피어스, 〈모빌리티와 인문학〉, 30쪽.
11　존 어리, 《사회를 넘어선 사회학》, 윤여일 옮김, 휴머니스트, 2012, 13쪽.
12　팀 크레스웰, 《온 더 무브》, 최영석 옮김, 앨피, 2021, 20쪽.
13　피터 애디, 《모빌리티 이론》, 397-402쪽.
14　피터 애디, 《모빌리티 이론》, 407쪽.

동을 추동하기도 하고, 늦추기도 하고, 방해하기도 하면서 어떻게 특정한 경제적 · 사회적 · 정치적 관계를 형성하는지 탐구하려고 한다.[15] 이를 위해 그들은 '모빌리티 시스템'《모빌리티》)이라는 존 어리의 관점을 채택하기도 하고, "지배와 자기-만들기의 복잡한 혼합물"[16]이라든가 "이동체제"[17]라는 푸코식 조어를 활용하기도 한다.

한편, 모빌리티인문학은 모빌리티란 '사회적으로 생산된 운동'이기도 하지만, 그에 못지않게 인간의 사회적 실천과 인지적 · 감각적 활동에 의한 구성물, 즉 '인문학적 생산물a humanistic production'[18] 또는 '인문학적 형상a humanistic configuration'[19]임을 주장한다. 이와 같은 모빌리티 이해는 크게 두 가지 의미를 내포한다. 우선, 모빌리티인문학은 모빌리티가 인간에 의해서 어떻게 실천되고 경험되고 감각되는지, 또한 모빌리티가 재현, 상상, 사유 같은 인지적 활동을 통해서 어떻게 문화적으로, 정치적으로, 윤리적으로, 정신적으로, 감성적으로 의미화되는지 고찰한다. 말하자면, 특정한 모빌리티는 그에 대한 사회학적 분석뿐만 아니라 그를 둘러싼 문화적 · 정치적 · 윤리적 · 정신적 · 감성적 맥락들을 고려한 인문학적 해석과 이해 과정을 거쳐 그 복합적 의미를 발현하게 되는 것이다. 따라서 그 자체로서의 모빌리티란 존재하

---

15 존 어리, 《모빌리티》, 83쪽.

16 카터리나 만더샤이트 · 팀 슈바넨 · 데이비드 타이필드, 〈서문〉, 카터리나 만더샤이트 · 팀 슈바넨 · 데이비드 타이필드 편, 《모빌리티와 푸코》, 김나현 옮김, 앨피, 2022, 24쪽.

17 하가르 코테프, 《이동과 자유》, 장용준 옮김, 앨피, 2022, 60쪽.

18 Jooyoung Kim, Taehee Kim, Jinhyoung Lee, and Inseop Shin, "Exploring Humanistic Layers of Urban Travel: Representation, Imagination, and Speculation," *Transfers* 9(3), 2019, p. 100.

19 Jooyoung Kim, Taehee Kim, Jinhyoung Lee, and Inseop Shin, "Exploring Humanistic Layers of Urban Travel: Representation, Imagination, and Speculation," p. 105.

지 않고, '사회적으로 생산된 운동'이란 인간의 참여 없이는 성립할 수 없으며, 오직 특수한 맥락에서 전개되는 물리적 실천과 인지적 활동이 결합한 인문학적 복합체로서의 모빌리티만 실재할 수 있을 뿐이다. 예를 들어, 모빌리티인문학은 자율주행자동차에 대한 연구를 수행하기 위해서 관련 테크놀로지 또는 엔지니어링에 대한 전문적 연구에 의존하기도 하지만, 그에 대한 윤리적 성찰, 존재론적 탐구, 정동적 고찰, 문화정치적 의미 해석 등의 인지적 활동이 그에 못지않게 필수적임을 강조한다. 자율주행자동차란 단순한 이동수단이 아니라 윤리적 · 존재론적 · 정동적 · 문화정치적 의미를 갖는 인문학적 생산물 또는 형상이라고 믿기 때문이다.

다음으로, 모빌리티인문학은 모빌리티의 '가상'과 '상상'에 주목함으로써 모빌리티의 '실재'에 관한 단일한 형상화에 도전한다.[20] 특히 "운동에 대한 예술과 인문학의 표현 및 설명들은 특정 운동, 경험, 감각을 뒷받침하는 존재론, 체화된 실천, 문화적이고 역사적 맥락들이 얼마나 다양할 수 있는지 추적할 수 있는 잠재력을 지닌다."[21] 그래서 모빌리티인문학은 "더 객관적이고 관찰적인 재현 방식을 통해서는 보통 접근할 수 없"는 "상상적이거나 비가시적이거나 억압된 모빌리티 맥락들"[22]을 포착해서 가시화하고자 한다. 이와 관련해서 존 어리는 '상상의 모빌리티'와 '가상의 모빌리티'가 '물리적 모빌리티' 못지않게 새 모빌리티 패러다임을 구성하는 핵심 부분임을 강조한 바 있

---

20 피터 메리만 · 린 피어스, 〈모빌리티와 인문학〉, 24쪽.
21 피터 메리만 · 린 피어스, 〈모빌리티와 인문학〉, 24쪽.
22 닐 아처, 〈길 위의 장르〉, 피터 메리만 · 린 피어스 편, 《모빌리티와 인문학》, 76쪽.

다. 이때 어리가 염두에 둔 것은 스크린이나 이동전화를 매개로 한 '가상' 사물들의 창발적 세계와 텔레비전이나 라디오 같은 미디어를 통한 이미지들(상상들)의 지구적 유통이었다.[23] 말하자면, 그는 커뮤니케이션 테크놀로지의 혁신과 관련해서 이동이 물리적으로뿐만 아니라 가상적이며 상상적인 방식으로 수행되기도 함을 역설한 것이다. 모빌리티인문학은 이와 같은 모빌리티의 '가상적' 또는 '상상적' 존재 방식 외에 모빌리티에 대한 상상 행위 그 자체에도 주목함으로써 아직 현실화되지 않은 또는 억압되어 있는 잠재적 모빌리티들을 개방하는 데 참여한다. 이와 같은 잠재적 모빌리티들은 비록 가상적이거나 상상적인 방식으로 존재하겠지만, 미래 모빌리티 사회를 구상하기 위한 일종의 모델[24] 또는 현재 실재하는 모빌리티들을 비판적으로 성찰하기 위한 '더 나은 입장'[25]으로 기능함으로써 그 의의를 증명할 수 있을 것이다. "물리적 이동 가능성의 장"에는 "기원, 횡단, 목적지 등에 대한 상상 행위", 즉 "우리 삶과 미래 그 자체에 대한 열망"이 스며들어 있기 때문이다.[26]

　요컨대, 모빌리티인문학은 특유의 인지적 활동들에 힘입어 모빌리티의 복합적 의미화와 잠재적 모빌리티들의 가시화에 참여한다고 말할 수 있다. 그리고 이런 실천은 많은 경우 상상 모빌리티와 가상 모

23　존 어리, 《모빌리티》, 265~301쪽.

24　John Urry, *What is the Future?*, Polity, 2016. p. 188.

25　Carlos López-Galviz, Monika Büscher, and Malene Freudendal-Pedersen, "Mobilities and Utopias: A Critical Reorientation," *Mobilities* 15(1), 2020, p. 5.

26　Flavia Cangià and Tania Zittoun. "Editorial: Exploring the Interplay between (Im)mobility and Imagination." *Culture & Psychology* 26(4), 2020, pp. 641.

머리말 _ 15

빌리티를 물질적으로 구체화하고 있는 텍스트를 매개로 이루어진다. 이때 텍스트는 전통적인 문자 텍스트나 시청각 예술작품뿐만 아니라, 다양한 형태의 이미지, 문화적 관행 또는 이벤트, 온갖 유형의 인공물, 더 나아가서는 우리의 이동적 실천이 참여하는 어떤 '공간' 또는 '도로 경관roadscapse'까지도 포함한다.[27] 친구들과의 여행 경험을 유쾌하게 재현한 에세이, 미래 모빌리티 사회를 디스토피아적 견지에서 비관적으로 극화한 영화, 기후 비상사태 시대 이동성과 부동성의 착종된 관계를 다룬 논문, 식민지 모빌리티의 폭력을 간직하고 있는 유적으로서의 서울역사박물관 등을 매개로 우리는 특정한 모빌리티에 개인적 감정을 부여하거나 정치적 의미를 가미할 수도 있고, 오늘날 모빌리티 생태학에 관한 이론적 해명 작업에 나설 수도 있으며, 어떤 유토피아적 미래 모빌리티 사회를 상상하면서 오늘날 심화하는 모빌리티 불평등에 대한 비판을 전개할 수도 있다. 바로 이런 이유에서 피터 메리만은 초기 모빌리티 연구자들이 실제 운동의 재현을 목표로 설정하고 고프로나 드론 같은 '이동적 방법들'[28]에 특권을 부여하려고 했을 때 텍스트 연구 같은 '전통적 방법들'[29]이 여전히 유효할 수 있음을 주장한 바 있다. 이는 모빌리티 연구를 위한 '보다 포괄적인 방법론적 생태계'[30]에 대한 요청이었다.

27 Lynne Pearce and Jinhyoung Lee, "An Interview with Lynne Pearce," *Mobility Humanities* 2(2), 2023, p. 106.

28 Monika Büsher, John Urry, and Katian Witchger, eds., *Mobile Methods*, Routledge, 2011.

29 피터 메리만, 〈이동적 방법의 재고찰〉, 피터 메리만·린 피어스 편, 《모빌리티와 인문학》, 362쪽.

30 Peter Adey, Jinhyoung Lee, Giada Peterle, and Tania Rossetto, "Mobility, Infrastructure, and the Humanities," *Mobility Humanities* 3(1), 2024, p. 7.

새 모빌리티 패러다임이 '사회 세계'를 "다양한 사람, 관념, 정보, 사물의 이동을 포함하고 유발하고 감소시키는 경제적·사회적·정치적 실천, 인프라, 이데올로기의 거대한 집합"으로서 이론화하려는 시도라면, 모빌리티인문학은 텍스트를 매개로 그러한 이동을 둘러싼 관계들에 대한 문화적·정치적·윤리적·정신적·감성적 연구를 진행함과 동시에, 오직 잠재적 형태로만 존재하는 수많은 모빌리티들을 발굴해서 가시화하는 작업을 수행하고자 한다. 이는 이동이 고도화되면서 인간과 비인간을 포함한 사회 및 행성의 위기가 심화하고 있는 고-모빌리티 시대에 더욱 긴요한 작업이라고 할 수 있다.[31] 이 점에서 모빌리티인문학은 궁극적으로 '모빌리티 정의'[32]의 관점에서 미래 모빌리티 사회의 재구성에 기여하고자 한다. 그리고 이 책《모빌리티인문학의 적용과 모델링》이 철학, 법과 제도, 항공, 건축, 미디어, 문학, 의학교육, 초국적 이주 연구 분야의 성과들을 물리적으로 결합하고 있는 데서도 잘 드러나듯이, 모빌리티인문학은 어떤 특정한 분과학문이나 연구 방법론에 특권을 부여하려고 하지 않는다. 오히려 서로 다른 분과학문들과 서로 다른 연구 방법론들이 모빌리티에 대한 관심 위에서 서로 연결될 때, 모빌리티의 복합적 의미와 그 다양한 잠재태들은 더 풍부하게 포착될 수 있을 것이다. 따라서 모빌리티 연구의 탈-분과학문적 성격이란 어쩌면 모빌리티인문학을 통해서 비로소 실현된다고도 말할 수 있을 것이다.

---

31 Inseop Shin and Jinhyoung Lee, "Introduction: The Humanities in the Age of High Mobility," *Mobility Humanities* 1(1), pp. 1-3.
32 미미 셸러,《모빌리티 정의》, 최영석 옮김, 앨피, 2019.

◆ ◆ ◆

《모빌리티인문학의 적용과 모델링》은 모빌리티인문학을 철학, 법과 정책, 항공, 건축, 미디어, 문학, 의학교육, 초국적 이주 연구 등의 분야에 적용하여 일종의 연구 모델을 제시하려는 의도에서 기획되었다. 앞서 언급한 것처럼, 모빌리티인문학은 여러 분과학문들에 서로 다른 방식으로 적용될 수 있고, 연구 대상이 무궁무진한 만큼 무한히 다변화될 수 있으며, 어떤 연구 방법론과 결합하느냐에 따라 다양하게 변주되어 실천될 수 있다. 그리고 그렇게 다양하게 분기하는 서로 다른 연구들을 통해서 모빌리티인문학은 비로소 존재하게 될 것이다. 이 책은 그 가운데 여덟 편의 적용 및 모델링 사례를 제공하고자 한다.

우선, 1부 '대안 공동체'에서는 고-모빌리티 시대 대안적 공동체를 구상하기 위한 철학적 사유, 그리고 이동권에 기반한 인간과 동물의 공동체 형성을 위한 법·정책적 제안을 시도한다. 다음으로, 2부 '공간과 미디어'에서는 2015년 '저먼윙스 9525편' 항공사고를 대상으로 항공사고가 어떻게 미디어의 정치에 의해서 구성되는지 살펴보고, 렘 콜하스의 건축물 '보르도 하우스Bordeaux House'를 대상으로 인간과 기계 또는 타자의 이동적 관계 맺기가 어떻게 실현 가능한지 탐구하며, 일본 소설가 오오카 쇼헤이의 작품《구름의 초상》을 토대로 1950~70년대 일본 사회가 어떻게 모빌리티 인프라(텔레비전)를 매개로 구성되는지 논의한다. 그리고 3부 '트랜스내셔널 스토리월드'에서는 나혜석의 여행기에 대한 분석을 통해서 근대 초기 글로벌 젠더 산책자 또는 젠더 모빌리티의 실천을 탐색하고, 일제강점기 일본 의사 집단의 한반도 이주 및 의학교육을 사례로 의료의 초국적 이동 현상을 고찰하는 한편,《마침내 함께: DNA 시대의 입양과 재회 이야기》라는 초국적 스토리를 토대로 최근 모빌리티 기술의 발달과 그를 활용한 친가족 찾기 현상을 분석한다.

◆ ◆ ◆

1부 '대안 공동체'에서는 가능한 미래 공동체와 관련한 철학적, 법·정책적 탐구를 시도한다. 김태희의 〈기후위기 시대 상호물질성의 정치〉는 상호물질성에 관한 철학적 성찰 작업을 수행하고, 임보미의 〈동물의 모빌리티: 반려동물의 대중교통 이용 향상을 위한 법·정책적 고찰〉은 인간과 동물의 공존을 위한 법과 정책을 제안한다.

〈기후위기 시대 상호물질성의 정치〉에서 김태희는 고-모빌리티 시대에 발생하는 복합위기polycrisis에 주목하고 상호주관성, 상호문화성, 상호물질성 등에 관한 논의를 통해서 복합위기에 대한 해법을 모색한다. 이 글에서 복합위기란 다수의 심각한 위기가 동시에 발생하여 상호 영향을 미침으로써 미래의 불확실성과 통제 불가능성이 커지는 상황을 말한다. 기후위기로 대표되는 오늘날 지구적 위기는 개인 규모scale, 문화 규모, 지구 규모를 가로지르며 서로 영향을 미친다는 의미에서 고-모빌리티 시대 전형적인 복합위기라고 할 수 있다. 특히 인류세의 기후위기에 대처하기 위하여 이 글은 인간과 비인간의 얽힘을 이론화할 수 있는 포괄적이고 유력한 개념으로서 상호물질성intermateriality을 제안하고, 여러 신유물론new materialism 담론들이 다양하게 제안하는 인간-비인간의 상호관계 및 상호작용 문제를 이론적 차원에서 뒷받침하기 위하여 현상학과 해석학의 상호주관성intersubjectivity 및 상호문화성

interculturality 논의를 원용한다.

이 글은 논의의 초점을 상호주관성에서 상호문화성을 거쳐 상호물질성으로 옮겨 간다. 그리고 그 각각에 특징적인 고-모빌리티 사회의 특징으로서 비장소(개인 규모), 다문화(문화 규모), 기후위기(지구 규모)를 언급한 뒤, 타자 혐오(상호주관성 균열), 타문화 혐오(상호문화성 균열), 물질 혐오(상호물질성 균열)가 그 각각의 경우 발생하는 심각한 위기임을 주장한다. 이 글에서 특히 강조되는 것은 상호물질성 개념이다. 이는 저자가 현상학과 해석학의 상호주관성 및 상호문화성 담론을 참조하여 만들어 낸 용어로서 인간-비인간을 포함한 모든 유형의 물질성 간의 상호작용을 의미한다. 말하자면, 그것은 물질들 사이의 얽힘 · 접속 · 횡단 · 침투 · 영향 등의 모빌리티에 주목하는 횡단신체성을 매개로 하여 재구성되는 동적 개념이다. 이때 상호물질성 개념은 복수의 물질이 하나의 세계를 공산共産 · sympoiesis하고 그 속에서 공생 symbiosis하는 가운데, 이러한 관계를 통해 하나의 관계항으로서 자신을 자기생산autopoiesis함을 내포한다. 이를 근거로 김태희는 상호물질성이 기후위기에 대처하기 위해 인간의 범위 너머 혼종적 행위자-연결망으로 충만한 새로운 '세계정치cosmopolitics'를 추구하는 토대가 되어야 함을 주장한다. 이 글의 상호물질성 논의는 고-모빌리티 시대 인간과 비인간의 존재론적 비/대칭성(존재론), 인간과 비인간의 인식론적 소통 가능성(인식론), 인간의 윤리적 책임(윤리학), 인간-비인간의 정치적 대의representation(정치학) 등에 관한 후속 논의에 기여할 것이다.

다음으로 임보미의 〈동물의 모빌리티: 반려동물의 대중교통 이용 향상을 위한 법 · 정책적 고찰〉은 동물과의 공생을 위하여 모빌리티의 측면에서 법과 정책을 제안한다. 반려동물과의 동반이라는 오늘날 보편화되고 있는 사회적 현상을 고려하여, 반려동물의 대중교통 이용과 관련한 문제점들을 발견하고 그 개선 방향을 제시함으로써 인간과 동물의 공생을 위한 방안을 마련하려는 것이다. 이를 위해 이 글은 우선 반려동물의 대중교통 이용 향상의 당위성을 모빌리티 관점 및 평등의 차원에서 설명한 뒤 반려동물 이동의 근거와 현황을 검토한다. 그리고 해외의 반려동물 관련 법제와 대중교통 이용 현황을 참조하여 반려동물의 대중교통 이용 활성화를 위한 사안별·단계별 대안을 제시한다.

임보미는 우선 인간의 삶이 모빌리티를 전제하는 한 반려동물과의 공생 또한 '반려동물과의 모빌리티'를 필요로 할 수밖에 없음을 주장한다. 이동의 문제는 사람과 반려동물의 동반 여행, 동반 출근 등 사람과 동물의 공생이라는 이유에서뿐만 아니라 반려동물의 건강, 돌봄 등 반려동물 자체에서 비롯된 이유에서도 절실하기 때문이다. 그러나 〈2020~2024년 동물복지 종합계획〉, 「동물보호법」, 「장애인차별금지 및 권리 구제 등에 관한 법률」, 「장애인복지법」, 「철도안전법」 등 반려동물의 이동과 관련한 현행법과 정책들을 살펴보면, 동물의 대중교통 이용을 활성화하거나 장려하는 정책은 찾아보기 힘들다. 현행 법체계와 각종 운송약관들은 반려동물의 대중교통 탑승을 휴대품에 준하여 매우 제한적으로 인정하고 있을 뿐이다. 이와 같은 사정은 반려인이 동물과의 반려 생활에 지장을 받는다는 의미뿐 아니라, 반려인과 비반려인 사이에 공공서비스 수혜의 불평등 문제를 낳을 수도 있다는 점에서 문제적이다. 이러한 문제의식 아래 저자는 법 제체 정비(운송약관 및 「화물자동차 시행규칙」의 즉각적 개정, 반려동물 정의 규정의 정비,

민법 개정안 통과)와 반려동물의 대중교통 이용을 위한 단계적 접근(반려동물 전용칸 신설 및 중대형 동물 탑승 허용 시간 설정, 반려동물 승차요금 신설)이 인간과 동물의 공존을 위해서 필수적임을 주장한다. 이 글은 반려동물의 모빌리티를 중심으로 논의를 전개하고 있지만, 더 넓게는 인간과 동물의 공생과 공존을 위한 미래 사회를 구상하는 데 법적· 정책적으로 시사하는 바가 크다.

◆ ◆ ◆

2부 '공간과 미디어'는 미디어에 의한 공간의 구성을 다룬 글들로 이루어져 있다. 이용균과 길광수의 〈사고-되기와 결합-되기의 정치〉는 미디어에 의한 항공사고의 구성을, 이재은의 〈램 콜하스의 '살아 있는' 플랫폼, 〈보르도 하우스〉, 포스트휴먼 신체〉는 인간과 기계의 결합에 의한 공간의 구성을, 우연희와 신인섭의 〈텔레비전 미디어의 보급과 생활세계: 오오카 쇼헤이 〈구름의 초상〉을 중심으로〉는 텔레비전 전파를 중심으로 한 사회의 형성에 관해 논의한다.

〈사고-되기와 결합-되기의 정치〉는 독일 저먼윙스 9525편 항공사고를 사례로 항공사고가 어떻게 미디어의 정치에 의해서 구성되는지 논의한다. 특히 저자들은 항공사고가 다양한 요인의 직·간접적 연루와 결합에 의해 발생한다는 데 주목하면서 들뢰즈와 가타리의 되기 devenir/becoming 개념(현상 또는 존재란 고정된 것이 아니라 변화의 과정 중에 있음)이 항공사고를 이해하는 중요한 토대가 될 수 있음을 주장한다. 이어 조종사의 고의 추락(자살)으로 추정되는 독일 저먼윙스 9525편 항공사고가 어떻게 조종사의 과실에 의한 비정상적이고 일탈적인 행동으로 규정되고, 조종사가 환자로서 생산한 진료 기록이 어떻게 결합된 신체로 구성되는지 논의한다.

저자들은 들뢰즈에 기대어 항공사고를 '기관 없는 신체'로, 인간-비인간의 연결·결합·교차 등에 의해 새로운 상태나 특성으로 변화하는 사고-되기로 규정한다. 여성이 어머니, 주부, 아내, 직장인, 시민 등과 결합되어 여성-되기로 구성되는 것처럼, 항공사고 또한 인간과 장소, 권력, 재앙, 감정, 치유 등이 서로 결합한 사고-되기로 구성된다는 것이다. 그러므로 동일한 유형의 항공사고라고 하더라도 발생 국가, 항공기의 소속 국가, 재앙의 특성, 관련 희생자의 부류, 추후 마련된 안전 대책 등에 따라서 사고-되기는 다르게 구성된다. '사고'라는 개념은 미리 정해진 원형이 아니라 상황에 따라 구성되는 것일 뿐이다. 이 관점에서 볼 때, 독일 저먼윙스 9525편 항공사고는 우선 미디어에 의해 매개된 블랙박스, 사고 현장, 정치 지도자, 항공사, 사망자, 지인, 사회적 애도 등을 통해 '비정상적 사고-되기'(고의 추락 사고라는 비정상적 사건)로 재현되고, 여기에 살인-비행의 충격이라는 정동이 부가되어 구성된 사고-되기의 이상블라주일 뿐이다. 또한 이 항공사고는 사고의 원인을 부기장의 무모한 행동에서 찾음으로써 부기장의 우울증과 정신건강 문제에 의한 것이라는 의미에서 '결함-되기'(부기장 개인의 결함에 의해 발생한 비극적 사건)로 규정되기도 한다. 이처럼 어떤 사건의 '되기'를 구성하는 항공 모빌리티의 복잡한 시스템 상황과 미디어 정치 내부의 복잡한 관계들을 강조하는 것은, 항공사고뿐만 아니라 모든 사고를 중심으로 한 '되기'의 공간이 어떻게 미디어를 매개로 구성되는지 논의하는 데 중요한 참조가 될 것이다.

다음으로 이재은의 〈램 콜하스의 '살아 있는' 플랫폼, 〈보르도 하우스〉, 포스트휴먼 신체〉는 포스트휴먼적 사유(인간 신체란 언제든지 비인간nonhuman의 구성 요소와 결합함으로써 확장이 가능하다)의 관점에서 네덜란드 출신 건축가 렘 콜하스Rem Koolhaas가 보르도 근처 플루아락Floirac 언덕에 건축한 〈보르도 하우스Bordeaux House〉(1994~1996)에 나타난 거주자의 모빌리티 능력 확장에 관해 논의한다. 이를 위해 저자는 먼저 1960~70년대 현대건축에 나타난 사이보그 상상력을 영국의 건축 그룹 아키그램Archigram의 사유와 작업을 통해 살펴본 뒤, 〈보르도 하우스〉의 구조, 〈보르도 하우스〉에 나타난 거주자의 신체 확장의 성격과 그 의미를 포스트휴먼 담론에 의거해서 검토한다.

이 글에 의하면, 〈보르도 하우스〉의 주택 앞에는 중정, 욕실을 갖춘 손님 침실, 관리인 숙소(욕실, 주방, 식당) 등이 위치해 있다. 그리고 주택 안은 부분적으로 땅 아래 침몰해 있어 동굴 같아 보이는 주방(가장 아래층), 그 위층에 유리벽을 사용해 실내 공간을 플루아락 언덕의 전원 풍경 속에 위치한 듯하게 만든 거실, 갈색 톤 강철 재료의 직육면체 모양 상자 안에 위치한 가족 침실로 이루어져 있다. 이 강철 상자는 맨 위층에 위치함으로써 마치 지구에 착륙하기 위해 지상 가까이에서 맴돌고 있는 우주선과 같은 인상을 준다. 이처럼 콜하스는 다른 세 채의 집이라는 구상 아래 단일한 주택의 공간 안에서 거주자가 다른 장소성(동굴과 전원, 우주선이 주는 공간)의 분위기를 경험할 수 있게 하기 위해서 〈보르도 하우스〉 실내를 단절과 이질성의 집합체로 구성했다. 여기서 저자가 특히 주목하는 것은 바로 이 건축물의 모빌리티다. 콜하스는 마지막 층을 수직으로 이등분해 한편에는 부부의 침실과 욕실, 다른 한편에는 아이들의 침실과 욕실을 배치했는데, 아이들의 경우 자신의 유닛에 나선형 계단으로 접근할 수 있는 반면 부모의 유닛은 단일-램프 계단single-ramp staircase과 수압식 피스톤 엘리베이터로 움직이는 플랫폼을 통해서만 접근 가능하다. 이때 엘리베이터는 거주자의 일상생활이 영위되는 공간의 연속선상에서 그의 신체의 모빌리티를 구성하는 일부가 되고, 그래서 땅으로부터 '건축의 해방' 또는 '땅 아닌 자연의 다른 요소와의 소통'을 의미하는 가운데 트랜스휴머니즘 또는 포스트휴머니즘의 이념에 연결된다. 이재은은 이와 같은 신체와 건축 공간의 경계 소멸을 신체의 확장으로 이해하면서 〈보르도 하우스〉를 '기계 되기'와 '기계와의 유희적 관계'의 형성으로 성격화한다. 말하자면, 거기에는 타자와의 수평적 관계 맺기가 가능한 인간 주체의 생성 과정이라는 해방과 소통의 계기가 내포되어 있다는 것이다. 따라서 이 글은 인간과 기계의 포스트휴먼적 공간 형성에서 모빌리티 또는 모빌리티 인공기관이 갖는 미디어적 의의를 강조함으로써 고-모빌리티 시대 인간과 인간-이상-존재의 혼종적 공간 구성을 사유하는 데 기여할 것이다.

한편, 〈텔레비전 미디어의 보급과 생활세계: 오오카 쇼헤이 《구름의 초상》을 중심으로〉에서 우연희와 신인섭은 사람과 사물, 지식과 정보의 (비)가시적 이동을 가능하게 하는 인프라 구축을 소재로 한 일본 문학 텍스트 《구름의 초상》를 대상으로 텔레비전 미디어의 보급과 관계된 인간과 사회의 복잡한 양상을 검토한다. 이 글에서 인프라는 도로·다리와 같은 구조물 외에 학교, 금융 시스템, 감옥, 가족 같은 제도나 규범들 등 우리 삶을 조직화하는 모든 것으로 간주된다. 그래서 텔레비전 미디어 또한 인프라에 포함된다. 여기서 저자들이 특히 관심을 갖는 것은 비가시적 이동을 가능하게 하는 인프라로서의 텔레비전과 전파다. 구체적으로 말하면, 《구름의 초상》을 사례로 텔레비전의 급속한 보급과 전국적 전파 송출이 사람들의 복잡한 물리적·심리적 관계를 어떻게 형성하는지가 이 글의 탐구하고자 하는 바다.

일본에서 텔레비전은 고도경제성장기 전후 부흥의 상징으로서 1950년대 말부터 일반 가정에 급속히 보급되었다. 그로 인해 전후 일본인에게 텔레비전은 여러 미디어 중에서도 압도적인 영향력을 지닌 미디어가 되었다. 텔레비전은 일본(일본인)의 이미지를 끊임없이 송출함으로써 일상생활의 내셔널리즘을 형성하고, 다양한 사람, 시간, 공간, 사회 조직을 연결하여 일본의 사회와 문화를 형성하는 데 결정적 기여를 했다. 이와 같은 역사적 맥락 속에서 《구름의 초상》은 전후 텔레비전 방송이 본격화되던 무렵 민간방송의 채널 싸움을 배경으로 여러 인물들의 복합적 관계가 형성되는 과정을 재현한다. 다시 말해, 텔레비전 전파를 중심으로 사람들의 관계, 말하자면 일본의 사회와 문화가 형성되는 과정을 보여 준다. 이때 텔레비전 전파는 단순한 전파가 아니라 우리 삶을 조직화하는 인프라로서 구성한다는 것이 저자들의 생각이다. 이와 같은 논의는 이른바 '가상의' 또는 '상상의' 이동이 사회 형성에 기능하는 바를 두 가지 측면에서 보여 준다. 그 전파를 통해 전해지는 내용물(이미지)이 그 하나라면, 다른 하나는 전파의 바로 그 물질성이 갖는 네트워크적 기능일 것이다. 이와 같은 논의는 미디어가 사회의 조직화를 위한 인프라로서 기능하는 방식을 엿볼 수 있는 유의미한 사례라고 할 수 있다.

◆ ◆ ◆

3부 '트랜스내셔널 스토리월드'에는 초국적 모빌리티를 통한 스토리의 형성을 다룬 연구로, 정은혜의 〈여행·교통·젠더의 모빌리티를 반영한 나혜석의 구미여행기〉, 서기재의 〈의학교육의 이동과 변용: 근대 일본 의사 집단의 식민지 진출과 한국 의학교육〉, 배진숙의 〈사이버 공간과 DNA 기술의 활용: 한국계 해외입양인들의 초국적 이주와 친가족 찾기〉가 실려 있다.

〈여행·교통·젠더의 모빌리티를 반영한 나혜석의 구미여행기〉는 1927년 6월 19일 부산진역에서 출발하여 1년 8개월 23일간 유럽과 미국의 여러 지역을 여행한 후 1929년 3월 12일에 부산항을 통해 귀국한 나혜석의 구미여행기를 하나의 모빌리티mobility로서 논의한다. 구체적으로는 첫째, 교통수단과 그 안에서 만나는 사람과 사건들, 둘째, 여성이자 주부라는 젠더적 시각에서 관찰되는 일상적 모습들, 셋째, 구미여행을 바탕으로 한 회화(풍경화) 경관들의 견지에서 구미여행기에 접근함으로써 교통수단, 젠더, 회화(주로 풍경화), 장소성 등을 검토한다. 이를 위해 정은혜는 나혜석의 《조선여성 첫 세계일주기》를 주요 분석 텍스트로 삼되, 추가적으로 조사한 나혜석의 회화 속 경관들을 통해서 텍스트 분석을 보완한다.

우선 여행과 교통, 그리고 젠더적 관점에서 모빌리티 이론에 대한 개괄적 검토 및 나혜석의 생애에서 구미여행기가 갖는 의의를 간략히 소개한 뒤, 모빌리티 이론과의 관련성 속에서 구미여행기에 대한 분석을 시도한다. 여기서 저자가 주목하는 바는 다양한 교통수단의 등장, 사이공간으로서 역과 객실(기차와 기선)에 관한 서술, 국경 통과 시 이루어진 경계성 경험(관문적 위치성 및 대도시에 관한 높은 관심) 등이다. 그리고 저자는 젠더적 모빌리티의 견지에서 구미여행기에 대한 해석을 제시한다. 나혜석의 구미여행기에는 낭만적 연애와 자유로운 여성의 삶에 대한 경험, 여성이자 서양화가로서의 자기정체성과 소속감 등이 투사되어 있다는 것이다. 특히 저자는 나혜석의 귀국 후 서양화 작품들에서 사회적 약자나 젠더적 차별의 취약성을 극복하려는 노력을 발견함으로써 이른바 '모빌리티 정의'의 감각을 포착한다. 말하자면, 나혜석이 여성 산책자로서 국경을 넘는 여행 모빌리티를 통해 공간적 경계와 문화적 경계를 아우르는 관찰과 기록으로 각각의 장소들을 인상주의적 풍경화와 경관으로 재현한 것은 젠더 모빌리티의 실천으로 볼 수 있다는 것이다. 따라서 이 글은 모빌리티를 통한 초국적 스토리월드의 형성 과정을 밝혀 냄으로써 나혜석의 여행기와 회화에 대한 새로운 인식을 생산해 낸다.

다음으로 서기재의 〈의학교육의 이동과 변용: 근대 일본 의사 집단의 식민지 진출과 한국 의학교육〉은 식민지의학의 모빌리티, 구체적으로는 일제강점기 한국 근대의학 시스템의 변형 과정을 일본 의사들의 한반도 이동 및 철도 인프라의 구축 과정과 관련하여 탐구한다. 이를 위해 개항기와 일제 초기에 활약했던 의사단체 동인회同仁會, 일본의 식민지의학 전개 과정에서 한국에 정착한 의학교육계 인물 사토 고조佐藤剛藏 등을 중심으로 일제강점기 관-주도 의료기관 및 학교 건설 과정에서 일본 의사단체와 개인들이 한국 근대의학 시스템에 어떻게 관여하고 또 변형을 유발했는지 추적한다.

한반도에서는 1900년부터 1905년 사이 일본인의 이주가 급격하게 증가했다. 이와 같은 '한국 이민 붐'은 일본 이주민들이 이용할 수 있는 의료시설들을 요구하게 되었고, 일본 엘리트 의사들로 구성된 동인회는 한국에서 의료사업 분야를 선점한 뒤 한국 및 중국 의료 관계자 육성, 의학교육 산업 육성 등의 활동을 적극적으로 전개했다. 이와 관련하여 주목할 만한 특징은 동인회의 활동이 제국 건설의 가장 선봉에 있는 철도 건설과 궤를 같이한다는 점이다. 예를 들어, 동인회는 한반도에서 철도가 뻗어 가는 지역, 즉 사람이 모여들고 왕성한 경제 활동이 예측되는 요지에 공의公醫와 동일한 자격을 갖는 철도의鉄道醫를 위생 담당관으로 배치했는데, 이들은 제국 건설의 산업역군(철도건설 관련인들)의 진료뿐 아니라 거점지 주민의 의사醫事 위생에도 깊이 관여하는 중대한 역할을 담당했다. 이때 사토 고조는 동인회 파견 의사로서 경성의학전문학교 교수 겸 경성제국대학 교수로 재직하며 한국의 의학교육에서 두각을 나타낸 인물이다. 말하자면, 사토 고조 같은 인물들은 한국인들의 무능을 주장하고 의학교육을 반대했던 정치가나 의사들과 달리 제국의 행보가 식민지에 거주하는 한국인들을 배제하고서는 불가능하다는 입장에서 의학교육을 추진했다는 게 저자의 주장이다. 그러므로 이 글은 식민지 의료 및 의학의 변형 과정에 모빌리티가 연루되는 방식을 탐구함으로써 의료를 중심으로 한 초국적 스토리월드의 형성 과정을 보여 주는 한편, 모빌리티인문학의 다양한 적용 가능성을 보여 준다.

마지막으로 배진숙의 〈사이버 공간과 DNA 기술의 활용: 한국계 해외입양인들의 초국적 이주와 친가족 찾기〉는 인간의 모빌리티(초국적 입양), 생명공학 기술, 윤리학 등의 뒤얽힌 관계를 탐구한다. 구체적으로는 《마침내 함께: DNA 시대의 입양과 재회 이야기Together at Last: Stories of Adoption and Reunion in the Age of DNA》라는 텍스트를 토대로 현재 미국에 거주하고 있는 한인 입양인들이 친가족을 찾기 위해 노력하는 과정에서 직면하는 생명공학적 기술 활용과 관련된 다양한 윤리적 문제들에 관해 논의한다. 이와 같은 문제는 《마침내 함께》의 필자들이 과거 비용과 기술적 한계로 인해 불가능했던 DNA 검사를 통해 자신의 생물학적 가족을 찾으려고 애쓴 이들이라는 데에서 발생한다.

저자는 우선 한국 해외입양의 역사를 검토하는데, 여기서 최근 DNA 기술 사용의 보편화, 비영리단체 325KAMRA의 다양한 지원들, 소셜 미디어를 통한 한인 입양인들 간 정보 교류 등에 주목한다. 그리고 입양인들이 DTC-GT(직접적인 소비자 유전자 검사)를 통해서 정체성 찾기, 건강 관련 정보 알기, 일반적인 호기심 채우기 등의 활동을 수행하고 있음을 지적한다. 쉽고 비교적 적정한 가격에 DNA 기술을 이용할 수 있게 되면서 최근 다수의 입양인들이 친가족 찾기에 예전보다 관심과 희망을 갖게 되었다는 것이다. 이 맥락에서 볼 때, 《마침내 함께》는 소비자용 DNA 검사가 입양인들의 친가족 찾기 및 재결합 과정을 어떻게 근본적으로 변화시켰는지 잘 보여 주는 사례다. 《마침내 함께》에는 자신의 기원을 찾는 개인적 내러티브가 포함되어 있을 뿐만 아니라 입양인의 삶과 인간관계에 영향을 미치는 신기술의 가능성, 이점 및 성과 또한 제시되어 있기 때문이다. 이 책에 대한 상세한 검토를 토대로, 배진숙은 한인 입양인들의 이야기와 경험이 신체 자체가 인간의 정체성 형성에 어떻게 관여하는지에 대한 철학적·윤리적 질문을 제기하고 있음을 지적하면서, 게놈 매핑 기술, 인터넷, 끈질긴 끈기 등이 잃어버린 가족이나 새로운 가족을 찾는 이야기의 공통된 주제라는 결론을 내린다. 따라서 이 글은 《마침내 함께》라는 초국적 스토리를 토대로 인간의 모빌리티와 생명과학 기술의 발전 간 긴밀한 관계를 윤리적 문제를 중심으로 포착함으로써 최근 테크놀로지 발전에 기반한 이민 연구에 대한 모빌리티인문학의 기여를 가늠하게 해 준다.

앞서 언급했듯이 모빌리티인문학은 텍스트를 매개로 모빌리티와 관련한 문화적·정치적·윤리적·정신적·감성적 연구를 진행하는 한편, 잠재적 형태로 존재하는 수많은 이동적 관계들에 대한 발굴 및 개방 작업을 수행하고자 한다. 물론 모빌리티인문학의 역사가 짧은 만큼 그와 같은 연구 목적이 현재 양과 질 측면에서 충분히 성취되었다고 말하기는 힘들다. 그러나 이와 같은 미충족 상태는 가늠할 수 없는 모빌리티인문학의 연구 잠재력에 대한 표시일지도 모른다. 그러므로 모빌리티인문학은 향후 철학, 법과 정책, 항공, 건축, 미디어, 문학, 의학교육, 초국적 이주 연구 분야 외에 더 많은 연구 분야들과 접합하고 융합함으로써 새로운 지식을 생산하고, 그 생산된 지식을 토대로 '정의로운' 미래 모빌리티 사회를 형성하는 데 기여하고자 한다.

참고문헌

닐 아처, 〈길 위의 장르〉, 피터 메리만 · 린 피어스 편, 《모빌리티와 인문학》, 김태희 · 김수철 · 이진형 · 박성수 옮김, 앨피, 2019.

미미 셸러, 《모빌리티 정의》, 최영석 옮김, 앨피, 2019.

존 어리, 《사회를 넘어선 사회학》, 윤여일 옮김, 휴머니스트, 2012.

존 어리, 《모빌리티》, 김태한 옮김, 앨피, 2022.

카터리나 만더샤이트 · 팀 슈바넨, 데이비드 타이필드, 〈서문〉, 카터리나 만더샤이트 · 팀 슈바넨 · 데이비드 타이필드 편, 《모빌리티와 푸코》, 김나현 옮김, 앨피, 2022,

팀 크레스웰, 《온 더 무브》, 최영석 옮김, 앨피, 2021,

피터 메리만, 〈이동적 방법의 재고찰〉, 피터 메리만 · 린 피어스 편, 《모빌리티와 인문학》, 김태희 · 김수철 · 이진형 · 박성수 옮김, 앨피, 2019.

피터 애디, 《모빌리티 이론》, 최일만 옮김, 앨피, 2019.

하가르 코테프, 《이동과 자유》, 장용준 옮김, 앨피, 2022.

Carlos López-Galviz, Monika Büscher, and Malene Freudendal-Pedersen, "Mobilities and Utopias: A Critical Reorientation." *Mobilities* 15(1), 2020, pp. 1-10.

Flavia Cangià and Tania Zittoun. "Editorial: Exploring the Interplay between (Im) mobility and Imagination." *Culture & Psychology* 26(4), 2020, pp. 641-653.

Kim Jooyoung, Kim Taehee, Lee Jinhyoung, and Shin Inseop, "Exploring Humanistic Layers of Urban Travel: Representation, Imagination, and Speculation," *Transfers* 9(3), 2019, pp. 99-108.

Lynne Pearce and Lee Jinhyoung , "An Interview with Lynne Pearce," *Mobility Humanities* 2(2), 2023, pp. 95-111.

Marian Aguiar, Charlotte Mathieson, and Lynne Pearce, "Introduction: Mobilities, Literature, Culture," *Mobilities, Literature, Culture*, edited by Marian Aguiar, Charlotte Mathieson, and Lynne Pearce, Palgrave

Macmillan, 2019.

Mimi Sheller, *Advanced Introduction to Mobilities*, Edward Elgar Publishing, 2021.

Mimi Sheller and Kim Taehee, "An Interview with Mimi Sheller," *Mobility Humanities* 1(1), pp. 107‑115.

Mimi Sheller and John Urry, "The New Mobilities Paradigm," *Environment and Planning A* 38(2), 2006, pp. 207‑226.

Monika Büsher, John Urry, and Katian Witchger, eds., *Mobile Methods*, Routledge, 2011.

Peter Adey, Lee Jinhyoung, Giada Peterle, and Tania Rossetto, "Mobility, Infrastructure, and the Humanities," *Mobility Humanities* 3(1), 2024, pp. 1‑17.

Shin Inseop, and Lee Jinhyoung, "Introduction: The Humanities in the Age of High Mobility," *Mobility Humanities* 1(1), pp. 1‑5.

Thomas Nail, "Migrant climate in the Kinocene," *Mobilities* 14(3), 2019, pp. 375‑380.

John Urry, *What is the Future?*, Polity, 2016.

1부

대안공동체

기후위기 시대 상호물질성의 정치

| 김태희 |

이 글은 《열린정신 인문학 연구》 제24집 3호(2023.12)에 게재된 원고를 수정 및 보완하여 재수록한 것이다.

지금은 사람과 사물은 물론 이미지, 정보, 자본까지 전 지구적으로 대규모로 빠르게 이동하는 이른바 고도 모빌리티high mobility 시대이다.[1] 이 시대에는 지역과 국가의 경계 안에서 견고한 장소와 제도에 안정적으로 뿌리내려 온 기존 사회가 급속하게 흔들린다.[2] 특히 1950년대 이후 이른바 대가속Great Acceleration[3]과 1990년대 냉전 종식으로 초지역적·초국가적 모빌리티가 가속되면서 다양한 이유로 이주민과 난민이 급증하고 범지구적 혐오 현상이 만연해졌다.[4] 한편으로 변화와 이동에의 사랑을 뜻하는 이른바 유동애tropophilia[5]의 정동에 의해 모빌리티, 그중에서도 특히 엘리트 모빌리티가 미화되면서[6] 모빌리티는

---

1 '모빌리티mobility'라는 용어는 우리 사회에서 주로 '전통적 교통수단이나 운송수단에 IT 기술이나 AI 등 최첨단 기술이 적용되는 새로운 이동 방식'이라는 의미로 통용되고 있지만, 인문사회과학에서는 이보다 한결 넓은 의미에서 사람·사물·정보·이미지·자본 등의 이동, 이러한 이동을 뒷받침하는 테크놀로지 및 인프라, 이로 인한 삶과 사회의 지속적 변이 등을 포괄적으로 가리킨다. 나아가 '고도 모빌리티' 개념은 원래 "직업과 관련한 장거리 이동"이라는 맥락에서 도입되었지만(Gil Viry, Vincent Kaufmann, "High Mobility as Social Phenomena," *High Mobility in Europe*, Gil Viry, Vincent Kaufmann (eds.), Palgrave Macmillan, 2015, p. 1), 이제는 현대사회의 보편적인 모빌리티 증가를 지칭하는 데 사용되고 있다(Shin Inseop, Lee Jinhyung, "Introduction: The Humanities in the Age of High Mobility," *Mobility Humanities* 1(1), 2022, p. 2).

2 John Urry, *Sociology Beyond Societies*, Routledge, 2000, p. 8.

3 Will Steffen, Wendy Broadgate, Lisa Deutsch, Owen Gaffney, Cornelia Ludwig, "The Trajectory of the Anthropocene: The Great Acceleration," *The Anthropocene Review* 2(1), 2015, pp. 82-83.

4 고도 모빌리티로 야기되는 혐오가 한국 사회에서 특히 극명하게 분출한 2018년 예멘 난민에 대한 혐오는 다음을 참조하라. 김치완, 〈혐오 문제에 대한 유가적 접근 – 도덕 감정론을 중심으로〉, 《열린정신 인문학연구》 22(3), 2021, 275~280쪽.

5 Jon Anderson, Kathryn Erskine, "Tropophilia: A Study of People, Place and Lifestyle Travel," *Mobilities* 9(1), 2014, pp. 130–145. 유동애는 이주 등으로 인하여 유목적 존재로서의 인간이 겪는 보다 유동적인 유형의 장소애topophilia이다(오인혜, 〈탈북자의 토포필리아와 사회적 의미〉, 《공간과 사회》 26(2), 2016, 271~272쪽).

6 Scott A. Cohen, Stefan Gössling, "A Darker Side of Hypermobility," *Environment and*

최고의 가치로 등극하고 모빌리티의 자유는 계층을 구분하는 하나의 표식이 되었다.[7] 그러나 다른 한편 모빌리티가 직간접적으로 강제되어 장소를 잃고 떠도는 사람들(이주노동자, 피난민, 기후난민, 부랑자, 노숙자 등)도 폭발적으로 늘어났다.

그뿐 아니라 사람과 사물의 초지역적 · 초국가적 모빌리티 증가로 인하여 지구적 팬데믹이 빈발하게 되었고 기후위기[8]가 파국으로 치닫고 있다. 우리가 막 빠져나온 지구적 팬데믹이 어떤 의미에서 기후위기의 총연습dress rehearsal이라면,[9] 이러한 복합위기polycrisis를 일으키는 고도 모빌리티를 비판적으로 문제화해야 한다. 복합위기가 다수의 심각한 위기가 동시에 발생하여 상호 영향을 미침으로써 미래의 불확실성과 통제 불가능성이 커지는 상황을 말한다면, 여러 지구적 위기는 개인 규모scale, 문화 규모, 지구 규모를 가로지르며 서로 영향을 미친다는 의미에서 고도 모빌리티에서 발생하는 전형적인 복합위기인 것이다.[10]

Planning A 47(8), 2015, p. 1661.

7 Zygmunt Bauman, *Globalization*, Columbia University Press, 1998. p. 2.

8 이 글에서는 기후변화climate change, 지구온난화global warming, 기후위기climate crisis, 기후비상사태climate emergency 등의 표현 중 그 심각성을 충분히 적절하게 표현하되 과장하지는 않는 '기후위기'라는 표현을 채택한다. 이와 관련해서는 다음을 참조하라. 임연수 · 이진균 · 이기영, 〈유튜브에서 '기후변화', '기후위기', '지구온난화'는 어떻게 다뤄지는가?: 기후 문제 대응을 위한 공공커뮤니케이션 방향 모색〉, 《광고PR실학연구》 14(3), 2021, 155~184쪽.

9 Bruno Latour, "Is This a Dress Rehearsal?," *Critical Inquiry* 47.S2, 2021, p. S25.

10 이처럼 여러 규모를 통합하는 비판적 관점은 다음 문헌들을 참조하라. 낸시 프레이저, 《지구화 시대의 정의 – 정치적 공간에 대한 새로운 상상》, 김원식 옮김, 그린비, 2010; 미미 셸러, 《모빌리티 정의 – 왜 이동의 정치학인가》, 최영석 옮김, 앨피, 2019. 특히 셸러는 모빌리티 정의mobility justice를 논의하면서 신체, 거리, 도시, 국경, 지구 규모를 관통하는 다중 규모 접근을 강조한다. 그러나 시공간 규모의 양적 차이가 있을 뿐 존재

기후위기는 통제 불능의 지구적 고도 모빌리티에 의해 직간접적으로 유발되지만, 역으로 기후난민과 이주민을 포함한 대규모 모빌리티를 유발한다. 이러한 악순환은 바로 인류세Anthropocene가 어마어마한 이동성과 유동성을 지니며,[11] 그 안에서 인간의 모빌리티와 동물 · 식물 · 광물 · 대기를 포함한 비인간의 모빌리티가 복잡하게 뒤섞인다는 데에 기인한다.[12] 따라서 인류세는 인간의 역사와 지질학적 역사가 최초로 합류하는 전대미문의 시대로서,[13] 한나 아렌트Hanna Arendt가 이미 60여 년 전 통찰한 "세계의 대상성(대상 성격 혹은 사물 성격)과 인간 조건의 상보성"[14]을 극명히 드러낸다. 그러나 다른 한편 이러한 "인간의 조건"을 사유하는 토대이던 인간적 삶으로서의 비오스bios와 그 바깥의 조에zoe라는 구분 자체도 점차 흐릿해지면서[15] 이제 인간과 비인간의 긴밀한 얽힘은 더욱 두드러지고 있다. 따라서 도나 해러웨이 Donna J. Haraway의 자연문화natureculture 개념이나 로지 브라이도티Rosi

---

론적 지위의 질적 차이는 없는 개물들이 이루는 '평평한 존재론'을 상정한다면(Manuel DeLanda, *Intensive Science and Virtual Philosophy*, Bloomsbury Academic, 2002, p. 47), 이 글의 개인 · 문화 · 지구 규모 구분은 존재론적 의미라기보다는 방법론적 의미이다.

11 Claire Colebrook, "Transcendental Migration Taking Refuge from Climate Change." *Life Adrift: Climate Change, Migration, Critique*, Andrew Baldwin, Giovanni Bettini (eds.), Rowman & Littlefield, 2017, p. 127.

12 Arun Saldanha, "Globalization as a Crisis of Mobility - A Critique of Spherology," *Life Adrift: Climate Change, Migration, Critique*, Andrew Baldwin, Giovanni Bettini (eds.), Rowman & Littlefield, 2017, pp. 151-173, p. 151; Amin, Ash, Nigel Trift. *Seeing Like a City*. Polity, 2017, p. 42.

13 Timothy Morton, *Hyperobjects: Philosophy and Ecology After the End of the World*, University of Minnesota Press, 2013, p. 9.

14 Hanna Arendt, *The Human Condition*, University of Chicago Press, 1958, p. 9.

15 시노하라 마사타케, 《인류세의 철학: 사변적 실재론 이후의 '인간의 조건'》, 조성환 · 이우진 · 야규 마코토 · 허남진 옮김, 모시는사람들, 2022, 98~99쪽.

Braidotti의 자연-문화 연속체nature-culture continuum 개념처럼 자연/문화나 정신/물질 등의 이원론적 범주를 가로지르며[16] "인간과 인간 이상의 개물個物·entity의 평평하고 이질적인 배치들로 채워진 존재론",[17] 이른바 평평한 존재론flat ontology이 대두되는 것이다.

이 글에서는 고도 모빌리티에 의해 유발되는 동시에 고도 모빌리티를 유발하는 인류세의 기후위기에 대처하기 위하여, 인간과 비인간의 얽힘을 이론화할 수 있는 포괄적이고 유력한 개념으로서 상호물질성intermateriality을 제안하고자 한다. 이러한 제안은 미학과 예술이론에서 주로 논의되는 이 개념의 의미를 인간-비인간 관계의 맥락으로 확장하는 최초의 시도이다. 여기에서는 이를 위해 특히 신유물론new materialism 담론에서 다양한 형태로 제안하는 인간-비인간의 상호관계 및 상호작용 문제를 이론적 차원에서 뒷받침하기 위해 현상학과 해석학의 상호주관성intersubjectivity 및 상호문화성interculturality 논의를 원용한다. 상호주관성에서 상호문화성을 거쳐 상호물질성으로 이행하면서, 이들을 각각 고도 모빌리티 사회의 특징적 현상인 비장소(개인 규모), 다문화(문화 규모), 기후위기(지구 규모)에서의 타자 혐오(상호주관성 균열), 타문화 혐오(상호문화성 균열), 물질 혐오(상호물질성 균열)와 관련하여 고찰할 것이다. 이러한 고찰을 통해 상호물질성 개념은 향후 인간과 비인간의 존재론적 비/대칭성(존재론), 인간과 비인간의 인식론적 소통 가능성(인식론), 인간의 윤리적 책임(윤리학), 인간-비인

---

16 문규민, 《신유물론 입문: 새로운 물질성과 횡단성》, 두번째테제, 2022, 191~196쪽.

17 Giovanni Bettini, "And yet It Moves! (Climate) Migration as a Symptom in the Anthropocene," *Mobilities* 14(3), 2019, p. 343.

간의 정치적 대의representation (정치학) 등에 관한 좀 더 정밀한 연구의
토대로 기여할 수 있을 것이다.

상호주관성

이 글에서 제안하는 상호물질성 개념을 이론적으로 뒷받침하기 위해
서는 현상학에서 풍부하고 정교하게 논의되어 온 상호주관성 개념을
참고할 필요가 있다. 현상학에서 '상호inter'는 본래 '사이'와 '함께'의
의미를 중의적으로 포괄하는데, 이에 따라 상호주관성도 '간間주관성'
과 '공동주관성'의 의미를 중의적으로 포괄한다.

　현상학에서 상호주관성은 우선 유아론唯我論·solipsism 극복이라는
맥락에서 제기된다.[18] 현상학은 주체가 세계를 구성한다는 관념론적
정향 때문에 원리적으로 타자에게 닫혀 있다는 비판을 자주 받기 때
문이다. 이러한 유아론 극복의 맥락에서 상호주관성은 철학적으로 일
단 자아와 타자 '사이'의 상호이해라는 '간주관성'을 뜻한다. 이는 이
른바 '타자 경험Fremderfahrung'의 문제, 즉 "타자의 마음에 대한 경험이
어떻게 가능한가?"라는 문제이다.

　그러나 현상학에서 상호주관성 문제는 유아론 극복이라는 맥락을

18　Dan Zahavi, *Husserl and Transcendental Intersubjectivity*, Ohio University Press, 2001, p.
　21. 특히 현상학의 창시자 에드문트 후설의 근본적 방법론인 '현상학적 환원' 자체가 유
　아론 비판 및 이에 대한 반비판으로서 상호주관성의 현상학을 초래한다는 데 대해서는
　다음을 참조하라. 이종주, 〈후설 현상학에서 유아론의 다의성에 따른 상호주관성의 현
　상학의 다의성과 남는 문제들〉, 《철학》 107, 2011, 128~132쪽.

넘어서 자아와 타자가 세계를 '함께' 구성하는 '공동주관성'의 문제로 나아간다. 이는 곧 '공동 세계 구성'의 문제, 즉 "자아와 타자가 하나의 공동 세계를 공동으로 구성하는 일이 어떻게 가능한가?"라는 문제이다.[19] 이러한 현상학적 논구를 통해 드러나는 중요한 점은 유아론적 자아가 타자와의 관계 이전에 일차적으로 선재先在하여 이차적으로 타자를 경험하는 것이 아니라, 자아와 타자가 언제나 이미 공동의 세계를 함께 구성하고 이렇게 구성된 세계에 함께 존재한다는 것이다. 곧 자아는 이러한 상호주관적 세계에서 타자와의 관계relation를 통해 하나의 관계항relatum으로서 자신을 구성하는 것이다.

그런데 타자 경험이라는 간주관성은 철학적으로 특히 까다로운 문제를 제기한다. 원리적으로 자아는 타자의 마음에 직접 접근할 수 없기 때문이다. 그러므로 자아는 타자의 몸에 나타나는 타자 마음의 표현(표정, 몸짓, 언어 등)을 매개로 간접적으로 타자의 마음에 접근하는데, 이때 이미 알고 있는 자아 자신의 마음-몸 상관관계에 관한 지식에 기초해 아직 알지 못하는 타자의 마음-몸 상관관계를 유비적으로 해석한다.[20] 현상학에서는 기지既知 · das Bekannte로부터 미지未知 · das Unbekannte로의 이러한 '유비적 해석'을 자아 자신에 관한 지식을 타자에게 '이입'하여 타자의 마음을 '감지'하는 '이입감Einfühlung'[21]으로 규

19 김태희, 〈동물의 마음을 어떻게 아는가?: 상호주관성의 현상학에 기초하여〉, 《철학논총》 86, 2016, 104쪽.
20 이남인, 〈상호주관성의 현상학 – 후설과 레비나스〉, 《현상학과 현대철학》 18, 2001, 23쪽.
21 Einfühlung은 흔히 "감정이입"으로 옮겨지지만, 주체의 '감정'을 타자에게 투사한다는 함의를 담은 이 번역어는 적어도 현상학의 맥락에서는 적절하지 않다. 현상학에서 이 용어는 단순히 감정의 차원이 아니라, 타자의 마음에 대한 일반적인 인식 방식을 의미하기 때문이다. 따라서 이 글에서는 이 용어를 자신에 관한 지식을 타자에게 이입ein하

정한다.

이입감은 타자 경험이라는 단순한 인식론적 작용을 넘어 타자를 자신과 동등한 인격으로 정립하고 공감하고 포용하는 윤리적 태도로 나아가는 토대인데,[22] 이러한 상호주관성의 윤리적 의미를 잘 보여 주는 것은 고도 모빌리티 시대 비장소non-place에서의 상호주관성이다. '공간 space'에 의미가 부여될 때 생기는 '장소place'는 인간 실존의 근본 조건이며[23] 따라서 장소 없이는 삶의 서사 자체가 생성되지 않는다.[24] 이러한 전통적인 인류학적 장소anthropological place는 정체성·관계성·역사성에 토대를 두고 구성되지만, 고도 모빌리티 시대에는 개인의 정체성을 약화하고 인간 간의 상호관계를 일시적으로 만들며 역사적으로 정의되지 않는 경계공간으로서 고속도로·모텔·공항·쇼핑몰 등으로 대표되는 비장소가 인류학적 장소로 스며들어 이를 침식한다.[25]

과잉모빌리티hypermobility로 인한 비장소의 확산과 이로 인한 공현 전co-presence의 결핍은 인간의 고립과 소외를 초래하고 만남의 공간에서의 의미 교환을 약화한다.[26] 그리하여 원자적 개인은 구체적인 공간적 고향을 상실하고 그 대체물로 추상적이고 대체 가능한 시간적 고

여 타자의 마음을 감지fühlen한다는 의미에서 "이입감移入感"으로 옮기거나 문맥에 따라 "이입감지"로 옮기고자 한다.

22 최우석, 〈후설의 후기 윤리학의 '인격자' 이해〉, 《인문학연구》 41, 2019, 241쪽.

23 이-푸 투안, 《공간과 장소》, 구동회·심승희 옮김, 대윤, 1999, 19쪽.

24 신인섭, 〈이동하는 작가의 장소-아리시마 다케오를 중심으로〉, 《일본어문학》 95, 2022, 273쪽.

25 마르크 오제, 《비장소-초근대성의 인류학 입문》, 이윤영·이상길 옮김, 아카넷, 2017, 97쪽.

26 이용균, 〈모빌리티가 여행지 공공공간의 사적 전유에 미친 영향: 터키 여행공간을 사례로〉, 《한국도시지리학회지》 22(2), 2019, 51쪽.

향, 즉 절대적 현재에 매몰되는데,[27] 이러한 부유하는 현대인의 유동성을 상징하는 것은 특히 디아스포라에서 끊임없이 나타나는 이주·재이주·순환이주 현상이다.[28] 간단없이 소요하며 경계를 재협상하는 지구적 유동성과 혼종성 증가 때문에,[29] 모호한 공간인 비장소가 광범위하게 인류학적 장소를 대체함으로써 '고체근대'의 묵직한 규범들은 액화한다.[30] 이처럼 고도 모빌리티로 인하여 타자와의 상호주관적 관계가 새로운 국면으로 들어섬으로써, 상호주관적인 공동 세계 구성은 혐오·차별·불평등 등의 질곡으로 얼룩진다. 대중은 뿌리 뽑힘과 무용지물의 경험, 곧 장소 상실이라는 경험을 공유하게 되고,[31] 주로 사회적 약자를 혐오하는 탈구dislocation의 정치가 만연하게 된다.[32]

이러한 고도 모빌리티 시대의 새로운 '인간의 조건'에 직면하여 우리는 장소/비장소나 정주/유목 등의 이항대립에서 탈피하여 고도 모빌리티의 비장소에서 일어나는 상호주관성을 새롭게 사유해야 한다. 이를 위해서는 우선 장소에 대한 기존의 정태적 관점을 재고해야 하는데, 장소가 하나의 본질적 정체성을 지니고 장소감sense of place이 오롯이 내부적으로 구성될 수 있다고 여기는 정태적 관점은 때로는 반

---

27 조창오, 〈'고향 없음'의 삶에 관한 철학적 반성〉, 《동서철학연구》 94, 2019, 331~333쪽.

28 배진숙·김재기, 〈쿠바한인 100년의 오디세이: 재미 쿠바한인의 연속적 트랜스내셔널 모빌리티 경험을 중심으로〉, 《다문화사회연구》 14(3), 2021, 146쪽.

29 요시하라 나오키, 《모빌리티와 장소 – 글로벌화와 도시공간의 전환》, 이상봉·신나경 옮김, 심산, 2010, 25쪽.

30 지그문트 바우만, 《액체근대》, 이일수 옮김, 강, 2009.

31 한나 아렌트, 《전체주의의 기원 2》, 이진우·박미애 옮김, 한길사, 2006, 279쪽.

32 한길석, 〈떠도는 자들을 위한 장소〉, 《모빌리티 존재에서 가치로》, 앨피, 2021, 125쪽.

동적이고 배제적인 '장소 정치politics of place'를 작동시키기 때문이다.[33] 이러한 종래의 관념과는 달리, 장소는 실은 본래부터 사람, 사물, 정보, 이미지, 자본 등의 모빌리티를 통해 경제적·정치적·문화적으로 생산되는 것이다.[34] 따라서 고도 모빌리티 시대에는 비장소를 진보적이고 포용적인 지구적 장소감global sense of place으로 재상상하여[35] 타자 혐오를 극복하는 새로운 상호주관적인 윤리와 정치를 모색하는 일이 시급하다.

상호문화성

이제 개인 간 관계로서의 상호주관성은 '유비적 해석' 개념을 매개로 하여 문화 간 관계로서의 상호문화성으로 확장될 수 있다. 문화의 다양성을 전제로 하되 문화 간 상호작용을 통한 새로운 공동 문화 창출을 지향하는 상호문화성은[36] 현상학적 관점에서 상호주관성의 구조와 동형적이다. 상호주관성이 한 개인이 어떻게 타자를 이해하고(이입감) 복수의 개인이 어떻게 공동 세계를 함께 구성하는가(공동 세계 구성)라는 문제를 제기하는 것과 마찬가지로, 상호문화성은 하나의

---

33 황진태, 〈장소성을 둘러싼 본질주의와 반본질주의적 이분법을 넘어서기: 하비와 매시의 논쟁을 중심으로〉, 《지리교육논집》 55, 2011, 60쪽.

34 존 어리, 《모빌리티》, 김태한 옮김, 앨피, 2022, 440쪽.

35 도린 매시, 《공간, 장소, 젠더》, 정현주 옮김, 서울대학교출판문화원, 2015, 273쪽.

36 박인철, 〈상호 문화성과 동질성: 상호문화성에서 동질성의 의미와 그 철학적 함축〉, 《코기토》 82, 2017, 36쪽.

문화가 어떻게 다른 문화를 이해하고(이입감) 복수의 문화가 어떻게 공동 세계를 함께 구성하는가(공동 세계 구성)라는 문제를 제기하기 때문이다.

현상학과 해석학을 기반으로 하는 상호문화 철학자 람 아다르 말 Ram Adhar Mall에 따르면, 상호주관성에서 이입감에 기초한 유비적 해석을 통하여 타자를 이해하는 것과 마찬가지로, 상호문화성에서는 '유비적 해석학analogische Hermeneutik'을 통하여 타 문화를 이해할 수 있다. 유비적 해석학은 하나의 문화라는 상위 개념을 상정하여 다른 문화들을 그 개념으로 환원하거나 그 개념로부터 연역적으로 추론하거나 그 개념으로 부적절하게 일반화하기보다는 문화 간 비교를 통해 지평 융합으로서의 다양한 중첩Überlappung을 탐색하고 발견하며 증대한다.[37]

상호주관성에서 자아 자신의 마음-몸 상관관계에 관한 지식에 기초하여 타자의 마음-몸 상관관계를 유비적으로 해석할 수 있는 것은 근본적으로 양자가 일종의 중첩을 이룬다는 믿음이 있기 때문이다. 따라서 말은 현상학자 에드문트 후설Edmund Husserl의 상호주관적 중첩 개념을 수용하여 상호문화성으로 확장함으로써 문화에 관한 상대주의 및 절대주의를 모두 피하고자 하는데,[38] 이는 중첩(유비 모델)이 문화 간의 전적인 공약 가능성(동일성 모델)과 전적인 공약 불가능성(차

---

37 Ram Adhar Mall, *Philosophie im Vergleich der Kulturen. Eine Einführung in die interkulturelle Philosophie*, Vol. 1. Univ., Studiengang Philosophie, 1992, p. 38; p. 46.

38 Ram Adhar Mall, "Hermeneutik der Überlappung jenseits der Identität und Differenz," *Interculture Journal: Online-Zeitschrift für interkulturelle Studien* 12(21), 2013, pp. 15-16.

이 모델) 사이에서 어떤 소통과 번역을 가능하게 하기 때문이다.[39]

이처럼 유비적 해석이라는 인식론적 기제를 매개로 하여 상호주관성 개념이 상호문화성으로 이행한다면, 개인 규모의 상호주관성과 문화 규모의 상호문화성을 정합적으로 파악할 이론적 가능성이 나타난다. 그렇다면 상호주관성에서와 마찬가지로 상호문화성도 타 문화 이해라는 단순한 인식론적 작용을 넘어 윤리적 태도임을 확인할 수 있다.

앞서 서술한 것처럼 고도 모빌리티 시대에 상호주관성의 윤리적 의미를 특히 비장소 현상에서 관찰할 수 있다면, 상호문화성의 윤리적 의미는 다문화 현상에서 잘 나타난다. 고도 모빌리티로 인해 여행자, 이민자, 난민, 이주노동자 등 이동하는 개인과 집단이 이루는 새로운 에스노스케이프ethnoscape[40]로서의 다문화 현상은 문화 간 상호이해를 둘러싼 다양한 윤리적 문제가 첨예하게 나타나는 현장이기 때문이다.

다문화 자체가 고도 모빌리티 시대에 첨예화되는 현상이라면 우리는 이 현상을 모빌리티의 관점에서 살펴볼 수 있다. 가령 우리는 다문화 현상에서의 문제들을 '모빌리티mobility에 대한 통치성governmentality'이자 '모빌리티를 통한 통치성'을 모두 뜻하는 '모빌리티 통치성governmobility'의 관점에서 고찰할 수 있다. 모빌리티 통치성은 특정 모빌리티 양식의 이데올로기를 옹호하고 개인들이 이 이데올로기를 내면화함으로

---

39 Ram Adhar Mall, "Was heisst 'aus interkultureller Sicht?'", in *Ethik und Politik aus interkulturelle Sicht,* hrsg. von R.A. Mall und Notker Schneider, Amsterdam-Atlanta, GA, 1996, p. 3.

40 Arjun Appadurai, *Modernity at Large: Cultural Dimensions of Globalization Vol. 1,* University of Minnesota Press, 1996, pp. 33-34.

써 실현된다.[41] 특히 지구적 노동시장의 불안정과 사회적 이동성 증가에 대응하여 국가는 새로운 이주 정책 등의 모빌리티 통치성을 실행하는데, 이는 고도 모빌리티가 낳은 새로운 에스노스케이프에서 지극히 차별적으로 작동한다. 이러한 모빌리티 통치성은 팬데믹에서 새로운 차원에 도달했다. 이동을 규제하는 다양한 게이트[42]는 특히 팬데믹에서 엄격한 첨단 감시 시스템에 의한 전염병 예방 조치라고 정당화되지만, 이 조치들은 각 개인과 문화에 차별적으로 작용하여[43] 이동할 수 있는 자들과 갈 곳이 없거나 비가시적 위협 때문에 이동할 수 없는 자들을 구획한다.[44]

이러한 다문화 현상에서는 타 문화 혐오가 두드러진다. 혐오가 상호주관성에서는 개인으로서의 사회적 소수자에 대한 부정적 정동이라면, 상호문화성에서는 내부적으로 공동의 정체성을 지닌 소수문화에 대한 부정적 정동이다.[45] 이미 다문화 사회에 진입하고 있는 한국에서도 첨예화되고 있는 이 문제들은 저출생으로 인한 이주노동자 대량 유입 등으로 더욱 심각해질 것이다. 이러한 상황에서 순수한 단일민족이라는 상상의 공동체에 속박되어 이주민을 시민으로 범주화하지 않는 전통적 관념에 머문다면 새로운 도전에 맞서지 못할 것이

---

[41] Jørgen Ole Bærenholdt, "Governmobility: The Powers of Mobility," *Mobilities* 8(1), 2013, p. 29.

[42] Mimi Sheller, John Urry, "The New Mobilities Paradigm," *Environment and Planning A* 38(2), 2006, p. 212.

[43] Mimi Sheller, Kim Taehee, "An Interview with Mimi Sheller," *Mobility Humanities* 1(1), 2022, p. 111.

[44] 우연희 · 신인섭, 〈오오카 쇼헤이의 『들불(野火)』 다시 읽기 – 병사의 이동과 등장인물을 중심으로〉, 《일본어문학》 1(88), 2021, 287~306, 293~294쪽.

[45] 조해정, 〈한국적 혐오현상과 상호문화성의 이념〉, 《코기토》 95, 2021, 151쪽.

므로[46] 다문화 현상에 대처할 윤리적이고 정치적인 고찰이 반드시 필요하며, 이를 위해 중첩에 기반한 유비적 해석으로서의 상호문화성을 참조할 필요가 있다.

한편 이러한 '다문화 현상'으로부터 '다문화주의'를 개념적으로 구분할 수 있다. 다문화 현상이 삶의 양식으로서의 문화가 서로 다른 복수 집단이 동일 시공간에 공존하는 현상[47]을 지칭하는 기술적記述的 개념이라면, 다문화주의는 다문화 현상에 대처하기 위한 하나의 규범적 개념이다.[48] 따라서 고도 모빌리티로 야기된 '다문화 현상'에서의 타문화 혐오를 성찰하기 위해서 규범적 차원의 '다문화주의'가 논의되어 왔다. 그런데 일찍이 다문화 현상을 경험해 온 서구 사회로부터 한국 사회의 현상을 설명하기 위해 도입된 '다문화주의'는 때로는 차별적 범주화, 문화 간 무관심, 소수자 문제 방관이라는 부작용을 낳기도 했다. 다문화주의는 때로는 '다문화가족'이라는 모순적 법률 용어에서 드러나듯이 주류의 일방적 시혜 형태로 나타나면서 차별적 범주화를 강화하거나,[49] 타 문화에 대한 관용과 불간섭을 중시하는 가운데 문화 간 무관심으로 나아가거나,[50] 심지어 소수집단 내의 소수자(가령

---

46 Kim Jooyoung, "Islamic Butcher Shop Read as a Refugee Novel," *Kritika Kultura* 36, 2021, p. 199.

47 이정은, 〈다문화주의와 상호문화주의의 대결 – 한국적 적용을 위한 연구〉, 《시대와 철학》 28(1), 2017, p. 199.

48 '이데올로기'로서의 다양한 형태의 다문화주의에 대한 고찰은 다음을 참조하라. 진시원, 〈다문화주의에 대한 이데올로기적 검토〉, 《다문화사회연구》 11(1), 2018, 164쪽.

49 김주영, 〈다문화문학 교육교재로서의 재일문학 텍스트 읽기 – 이양지의 「유희」를 중심으로〉, 《일본어문학》 1(72), 2017, 280쪽.

50 박인철, 《현상학과 상호문화성》, 아카넷, 2015, 469~471쪽.

이슬람 문화의 여성) 문제의 방관[51]으로 이어지기도 했다.

상호 무지와 혐오를 법률로 틀어막는 이러한 형태의 다문화주의[52]에 관한 비판적 성찰을 통해 등장한 또 다른 규범적 개념인 '상호문화주의'는 문화 간 대화에 초점을 맞추어 새로운 통합을 시도한다. 이때 다문화주의의 '다multi'가 문화 간 다양성 인정에 비중을 둔다면, 상호문화주의의 '상호inter'는 문화 간 통합에 더 비중을 둔다.[53] 따라서 현상학자 베른하르트 발덴펠스Bernhard Waldenfels는 단순한 문화적 다양성을 뜻하는 다문화성Multikulturalität이나 특정 문화를 월경越境함을 뜻하는 횡단문화성Transkulturalität을 넘어서, "사이Zwischen"의 관점에서 상호문화성Interkulturalität을 고찰해야 한다고 주장한다.[54] 다문화주의와 상호문화주의의 논쟁은 여전히 현재진행형이지만,[55] 대체로 상호문화주의는 다문화주의의 다양성 존중을 원칙으로 간직함으로써 동화주의로의 퇴행을 원천 차단하면서도, 공약 불가능해 보이는 문화들 사이의 어떤 중첩을 발견하는 유비적 해석을 작동시킴으로써 다문화 현상에 대응하는 데 있어 다문화주의의 특정 측면을 보완한다.

문화 규모에서 혐오와 차별 등 사회적 부정의를 드러내는 다문화

---

51 윤지영, 〈브뤼노 라투르의 다자연주의 관점으로 다문화주의 비판하기: 행위자-연결망 이론으로 본 문화 다양성과 여성주의적 문제의식〉, 《철학연구》 161, 2022, 247쪽.

52 슬라보예 지젝, 《새로운 계급투쟁》, 김희상 옮김, 자음과모음, 2016, 106쪽.

53 Charles Taylor, "Interculturalism or Multiculturalism?," *Philosophy & Social Criticism* 38(4-5), 2012, p. 416.

54 Bernhard Waldenfels, *Topographie des Fremden. Studien zur Phänomenologie des Fremden*, Suhrkamp, 1997, p. 110.

55 현남숙 · 김영진, 〈다문화 사회에서 상호문화적 대화의 가능성〉, 《시대와 철학》 26(3), 2015, 151~177쪽; 장정아, 〈다문화주의의 현실적 한계에 대한 대안으로서의 상호문화주의 – 다문화 시대의 새로운 도덕 원리 탐색〉, 《윤리교육연구》 66, 2022, 343~367쪽.

현상은 인간의 존재론적·상황적·병리적 취약성vulnerability을 인식하고 수용성, 개방성, 정동 교류 능력[56]에 기반한 새로운 사회문화적 윤리를 정립할 것을 요청한다. 따라서 고도 모빌리티 시대의 윤리를 개인 규모의 상호주관성에서 문화 규모의 상호문화성으로 확대하려면, 문화들이 중첩적으로 공유하는 취약성을 유비적으로 이해하고 이에 대한 '응답 능력response-ability'으로서의 책임responsibility 원칙을 고수해야 한다. 다수의 문화가 공동으로 구성하는 "공동체의 가능성"은 결국 "인간에게 공통적인 취약성에 대한 인식"에 의한 "서로의 물리적 삶에 대한 집단적 책임"에 기초하기 때문이다.[57]

상호물질성

개인 간의 상호주관성은 문화 간의 상호문화성을 거쳐 인간-비인간 사이의 상호물질성으로 이행할 수 있다. 상호주관성에서 상호문화성으로의 이행과 마찬가지로 상호문화성에서 상호물질성으로 이행의 방법론도 유비적 해석의 토대인 중첩이다. 중첩을 인간 간 관계로부터 인간-비인간 관계로 확장하기 위해서는 우선 환경과 주체의 이항 대립을 문제화해야 한다. 환경Umwelt을 인간 주체를 둘러싼um 객체들의 세계Welt로 정의하는 주체 중심적인 이분법을 벗어나, 주체(라고 불

---

56 Erinn Gilson, *The Ethics of Vulnerability: a Feminist Analysis of Social Life and Practice*, Routledge, 2014, p. 37.

57 Judith Butler, *Precarious Life: The Powers of Mourning and Violence*, Verso, 2004, pp. 20-30.

리는 객체)들과 환경의 객체들을 자연이라는 평면에 함께 배치한다면, 인간을 구성하는 물질과 환경을 구성하는 물질이 궁극적으로 상호물질성 관계를 맺음을 인식하게 된다.

상호물질성intermateriality은 주로 미학과 예술이론에서 하나의 예술적 대상 안에서 여러 물질 혹은 재료material의 상호작용이라는 의미로 사용되며,[58] 나아가 여러 객체가 상호작용하여 하나의 현상을 산출함을 뜻한다.[59] 이 글에서는 미학과 예술이론의 개념을 차용하되, 현상학과 해석학의 상호주관성 및 상호문화성 담론을 참조하여 상호물질성 개념을 인간-비인간을 포함하여 모든 유형의 물질성 간의 상호작용을 뜻하는 용어로 확장한다. 이때 특히 비인간 생명·생태계·화학물 등 행위자의 작용을 인정하면서 세계와 신체의 물질적 상호연결을 중시하는 횡단신체성transcorporeality 개념에 있어서 서로를 횡단하는 물질의 모빌리티에 주목한다면,[60] 환경이 주체를 둘러싼 텅 비어 있는 공간이나 자원에 불과한 것이 아니라 실은 각자의 필요·욕구·행위를 담지하는 살을 지니고 끊임없이 움직이는 존재들로 이루어져 있음이 선연히 드러난다.[61] 따라서 상호물질성 개념은 물질들 사이의 얽힘·접속·횡단·침투·영향 등의 모빌리티에 주목하는 횡단신체성을 매개로 하여 동적인 개념으로 재구성된다.

---

58 Manuel Flecker, "An Age of Intermateriality: Skeuomorphism and Intermateriality Between the Late Republic and Early Empire," *Materiality in Roman Art and Architecture*, Annette Haug, Adrian Hielscher and M. Taylor Lauritsen (eds.), De Gruyter, 2021, p. 266.

59 레비 브라이언트, 《객체들의 민주주의》, 김효진 옮김, 갈무리, 2021, 186쪽.

60 Stacy Alaimo, *Bodily Natures: Science, Environment, and the Material Self*, Indiana UP, 2010, p. 2.

61 김운하, 〈횡단하는 신체, 사람과 숲 그리고 다이아몬드는 어떻게 연결되어 있는가?〉, 《인류세와 에코바디: 지구는 어떻게 내 몸이 되는가?》, 필로소픽, 2019, 93쪽.

상호물질성은 이처럼 모든 객체가 서로 결정적 영향을 미치면서 동적으로 얽혀 있음을 드러낸다.[62] 지구적 팬데믹이 초지역적·초국가적 상호연결성과 고도 모빌리티라는 포스트휴먼 조건,[63] 혹은 인간과 비인간 환경의 상호의존 관계망을 창조하는 지구적 상호연계[64]에서 발생한다면, 상호물질성 개념은 팬데믹을 바이러스 메커니즘, 산업화된 농업, 지구적 경제의 발전, 문화적 관습들, 국제적 소통의 폭발적 증가 등으로 이루어진 아상블라주로 파악할 수 있으며,[65] 이러한 파악은 팬데믹을 넘어 기후위기로 확장될 수 있다. 고도 모빌리티로 인하여 팬데믹이나 기후위기를 비롯한 다양한 위험의 지구적 순환이 일상화되었고,[66] 모빌리티 테크놀로지 발달로 인한 생활공간과 생활방식의 변화는 재난에 취약한 사회구조를 산출했다.[67] 가령 기후위기는 인간이 거주할 수 없는 이른바 '데드존'을 양산하여 비자발적 이주를 증가시킨다.[68] 이러한 재난 상황에서는 특히 모빌리티 테크놀로지·시스템·인프라의 장애로 인해 '모틸리티motility', 즉 '모빌리티 역량'이 불균등해짐으로써 모빌리티 정의가 훼손된다.[69] 따라서 고도 모

---

62 레비 브라이언트, 《존재의 지도》, 김효진 옮김, 갈무리, 2020, 85쪽.

63 노대원·황임경, 〈포스트휴먼, 바이러스, 취약성〉, 《팬데믹 모빌리티 테크놀로지》, 앨피, 2022, 237~238쪽.

64 로지 브라이도티, 《포스트휴먼》, 이경란 옮김, 아카넷, 2015, 56쪽.

65 슬라보예 지젝, 《팬데믹 패닉》, 강우성 옮김, 북하우스, 2020, 142쪽.

66 이진형, 〈새 모빌리티 패러다임과 모빌리티 텍스트 연구 방법의 모색〉, 《대중서사연구》 24(4), 2018, 380쪽.

67 우연희, 〈'전후' 일본의 상징 공간, '교외' - 기술의 발전과 교외의 변화를 중심으로〉, 《일본학》 55, 2021, 229~232쪽.

68 Andrew Baldwin, Giovanni Bettini, "Introduction - Life Adrift," *Life Adrift: Climate Change, Migration, Critique*, Andrew Baldwin, Giovanni Bettini (eds.), Rowman & Littlefield, 2017, p. 2.

69 Mimi Sheller, "The Islanding Effect: Post-disaster Mobility Systems and Humanitarian

빌리티는 기후위기를 일으키는 주요 요인인 동시에, 기후위기 상황에서 기후정의climate justice가 훼손되는 요인이기도 하다.[70]

　그러나 상호물질성 개념이 상호주관성이나 상호문화성과는 다른 근본적인 인식론적 난점에 직면함을 간과할 수 없다. 상호주관성이나 상호문화성이 개인 간이나 문화 간의 상호이해를 전제로 한다면, 인간과 비인간의 상호물질성은 어느 정도까지 상호이해를 전제로 할 수 있는가? 이 문제는 "사물이 과연 우리 인간처럼 세계를 보는가?"라는 물음과 "사물이 세계를 보는 방식을 우리 인간이 어떻게 이해할 수 있는가?"라는 물음으로 요약할 수 있다.[71]

　이에 대한 답변에는 두 가지 선택지가 가능하다. 첫 번째 선택지는 인식론적 관점에서 인간이 비인간을 일방적으로 이해할 뿐이라고 주장하는 것이다. 그렇다면 인간의 특수 지위를 부정함으로써 특수 책임도 부정하는 탈인간중심주의가 아니라 인간의 특수 지위를 인정함에 따라 특수 책임을 강조하는 신인간중심주의를 채택하는 길이 열린다.[72] 신인간중심주의는 인간에게 특별한 힘이 있음을 인정하면서

Logistics in Haiti," *Cultural Geographies* 20(2), 2013, p. 199; 신지영, 〈재난 이후의 '피난약자': 내부로의 '避-難'과 외부에서의 '生-存'〉, 《모빌리티 시대 기술과 인간의 공진화》, 앨피, 2020, 309쪽.

70　이때 기후정의는 단지 선진국과 개발도상국 간의 정의 문제뿐 아니라, 기후변화에 취약한 개인, 문화, 물질 모두에 관련된 정의 문제를 뜻한다. 기후정의에 있어서 실질적 정의, 분배적 정의, 절차적 정의 개념에 관해서는 다음을 참조할 것. 박병도, 〈기후변화 취약성과 기후정의〉, 《환경법연구》 35(2), 2013, 77~78쪽.

71　이재현, 《사물 인터넷과 사물 철학: 초연결 사회의 기술 비평》, 커뮤니케이션북스, 2020, 125쪽.

72　최일규, 〈구성적 인공지능의 오토포이에시스와 인간과의 윤리적 공생 가능성〉, 《대동철학》 87, 2019, 238쪽.

이 힘을 지금까지보다 현명하고 신중하게 사용해야 한다는 주장으로 나아간다.[73]

두 번째 선택지는 인간만 비인간을 이해하는 것이 아니라 인간과 비인간이 쌍방적으로 서로를 이해할 수 있다고 주장하는 것이다. 이는 신유물론의 한 갈래인 행위적 실재론agential realism을 원용하여 존재론적 관점에서 이러한 이해 역시 물질적으로 파악하는 것이다.[74] 이해 자체를 물질의 특수한 배치로 파악한다면,[75] 이러한 신유물론적 관점에서는 인간과 비인간의 상호이해는 물질로서의 인간과 비인간의 상호물질성에 다름 아니다.

이 중 어느 선택지를 선택하는가에 따라 인간이 비인간의 경험에 이입하는 길, 나아가 비인간 존재 자체의 관점에서 인간과 비인간의 얽힘을 사유[76]하는 길이 서로 다르게 열릴 것이다. 그러나 어느 선택지를 택하든, 다른 인간에 대한 이입감, 나아가 동물이라는 비인간 인격non-human person에 대한 이입감에 기초한 상호주관성은 '필요한 변경을 거친다면mutatis mutandis' 동물 이외의 다른 물질적 객체에도 적용할 가능성이 있다. 상호물질성에서의 인간-비인간 중첩의 단초는 인간이 비인간 동물의 마음을 이해하거나 비인간 동물들이 서로의 마음

---

73 클라이브 해밀턴, 《인류세: 거대한 전환 앞에 선 인간과 지구 시스템》, 정서진 옮김, 이상북스, 2018, 72쪽.

74 Karen Barad, *Meeting the Universe Halfway: Quantum Physics and the Entanglement of Matter and Meaning*, Duke University Press, 2007, p. 152.

75 Christopher N. Gamble, Joshua S. Hanan, Thomas Nail, "What Is New Materialism?" *Angelaki* 24(6), 2019, p. 112.

76 복도훈, 〈인류세의 (한국)문학 서설〉, 《팬데믹 모빌리티 테크놀로지》, 앨피, 2022, 279쪽.

을 이해하는 데에서 범례적으로 드러나기 때문이다.[77] 나아가 인간과 비인간 동물의 이러한 '이입감'을 기초로 인간과 비인간 동물의 '공동 세계 구성' 역시 문제화할 수 있다. 후설이 단언하는 것처럼 "동물을 우리(인간)의 세계와 동일한 세계에 관계하는 것으로 이해한다면, 동물 역시 때로는 세계를 공동 구성하는 것으로 기능할 수 있"[78]기 때문이다.

이언 보고스트Ian Bogost의 에일리언 현상학alien phenomenology은 여기에서 참조할 수 있는 개념이다. 보고스트는 "박쥐가 된다는 것은 어떠한 것인가?"라는 토머스 네이글Thomas Nagel의 유명한 물음의 연장선상에서 비인간 사물의 '내면'을 어떻게 '사변speculation'할 수 있는지 묻는다.[79] 박쥐는 우리에게 "근본적으로 낯선 삶의 형태"이므로 네이글은 박쥐임이 '우리 인간에게' 어떠한 것인지가 아니라 '박쥐 자신에게' 어떠한 것인지를 묻고 있다.[80] 후설 역시 "이들(동물들)에게 의식되는 이들의 세계성 안에서 이들을 이해하면서 해명할 어떤 방법이 내게 있는가? '이들에게' 세계로 구성되는 것은 무엇인가? '이들에게' 내재적인 이러한 구성은 그 유와 종에 있어서 그때그때 어떠한

---

77 김태희, 〈동물의 마음을 어떻게 아는가?: 상호주관성의 현상학에 기초하여〉, 109쪽. 비인간 물질도 "생기론적 물질"과 "기계적 물질" 등으로 구분(김종갑, 〈신유물론의 물질과 몸〉, 《신유물론》, 필로소픽, 2022, 264~268쪽)하여 보다 정밀하게 논의해야 하겠지만, 이 글에서는 이러한 논의는 일단 유보한다.

78 Edmund Husserl, *Zur Phänomenologie der Intersubjektivität. Texte aus dem Nachlass. Dritter Teil: 1929-1935*, Hrsg. von I. Kern. Martinus Nijhoff, 1973, p. 167.

79 이언 보고스트, 《에일리언 현상학, 혹은 사물의 경험은 어떠한 것인가》, 김효진 옮김, 갈무리, 2022, 133~138쪽.

80 Thomas Nagel, "What Is It Like to Be a Bat?", *The Philosophical Review* 83(4), 1974, pp. 438-439.

가?"[81] (원저자 강조)라고 묻는다.

따라서 에일리언 현상학은 비인간 존재자가 세계를 어떻게 경험하는가를 연구하는 현상학이며, 이를 위해서는 인간의 선입관을 작동중지하는 판단중지epoche가 필요하다.[82] 판단중지는 일종의 '무지의 장막veil of ignorance'을 드리운 순수한 가상적 상황인 원초적 입장original position에서 사고하는 것이다.[83] 보고스트에 따르면, 에일리언 현상학은 후설의 상호주관성의 현상학이나 이를 계승하는 발덴펠스의 '타자의 현상학phenomenology of the aliens'을 인간이나 비인간 생명에 국한하지 않고 모든 비인간 물질까지 확장하는 것이다.[84]

상호문화성의 윤리가 문화 간 다양성을 존중히면서도 문화 간 통합을 추구한다면, 상호물질성의 윤리는 인간-비인간의 차이를 승인하면서도 양자의 연결을 추구한다. 다시 말해, 이는 모든 개물의 존재론적 동등성 원칙을 뜻하는 이른바 평평한 존재론에 기초하면서도, 그 안에서 다양한 존재 방식의 차이를 승인한다. 모든 개물은 존재한다는 점에서는 동등하지만 모두 동등하게 존재하는 것은 아니기 때문이다.[85] 이를 위해서는 문화의 다양성을 존중하는 다문화주의가 내포하는, 자연을 하나의 단일한 객체로 파악하는 '단자연주의mononaturalism'로부터

---

81   Edmund Husserl, *Die Lebenswelt. Auslegungen der vorgegebenen Welt und ihrer Konstitution. Texte aus dem Nachlass (1916-1937)*, Hrsg. R. von Sowa, Springer, 2008, p. 478.

82   현남숙 · 김영진, 〈생태적 응답과 타자현상학〉, 《철학 · 사상 · 문화》 41, 2023, 208~209쪽. 현상학의 '판단중지'와 에일리언 현상학의 '사변'의 유사성에 대해서는 다음을 참조하라. 이언 보고스트, 《에일리언 현상학, 혹은 사물의 경험은 어떠한 것인가》, 77쪽.

83   남승원, 〈동물에 대한 사유의 전개와 가능성 – 짐승에서 비인간동물까지〉, 《열린정신 인문학연구》 22(3), 2021, 337쪽.

84   이언 보고스트, 《에일리언 현상학, 혹은 사물의 경험은 어떠한 것인가》, 80~81쪽.

85   이언 보고스트, 《에일리언 현상학, 혹은 사물의 경험은 어떠한 것인가》, 35쪽.

자연의 다양성을 존중하는 '다자연주의multinaturalism'로 이행해야 한다.[86] 다문화주의와 단자연주의의 결합은 문화/자연의 이분법에 기초하여 문화는 복수이지만 자연은 단수라고 이해하기 때문에, 상호물질성에 기초한 참된 의미의 "공동 세계의 진보적 구성"을 가로막는다.[87]

앞서 상호문화성에서 중첩에 기반한 타 문화의 유비적 해석이 존재론적이고 인식론적인 차원을 넘어 윤리적이고 정치적인 차원으로 나아가는 것처럼, 상호물질성에서도 비인간 물질에 대한 유비적 해석은 존재론적이고 인식론적인 차원을 넘어 윤리적이고 정치적인 차원을 드러낸다. 가령 상호물질성 윤리의 균열은 물질 혐오를 야기하는데, 혐오되는 물질은 주로 강렬한 감각, 잠재적 위해, 맥락상 부적절성, 오염 가능성 등의 특징을 지닌다.[88] 객체지향 존재론Object-Oriented Ontology의 입장에서 보면 이는 인간(이라는 객체)이 위협적 객체를 이른바 '객체들의 민주주의democracy of objects' 체제 외부로 몰아내려는 것이다.[89] 그러나 주체도 객체도 될 수 없는 비체卑體 · abject에 대한 혐오는 역설적이게도 바로 이것이 인간이라는 객체의 정동에 미치는 상호물질성의 역능을 보여 줌으로써 그 객체 자체를 드러낸다.

---

86 Bruno Latour, "From Multiculturalism to Multinaturalism: What Rules of Method for the New Socio-Scientific Experiments?," *Nature and Culture* 6(1), 2011, p. 9.

87 Bruno Latour, *Politics of Nature: How to Bring the Sciences into Democracy*, Harvard University Press, 2004, p. 8.

88 Jonathan Haidt, Paul Rozin, Clark Mccauley, Sumio Imada, "Body, Psyche, and Culture: The Relationship Between Disgust and Morality," *Psychology and Developing Societies* 9(1), 1997, p. 119.

89 이재준, 〈객체들의 관계 외부성과 물질 혐오: 레비 브라이언트의 객체지향존재론을 중심으로〉, 《사회와 이론》 43, 2022, 421쪽.

인간-비인간의 정치

현대사회는 정주 중심적인 단수적 모빌리티로부터 다방향적이고 공간적으로 광범위한 복수적 모빌리티로 이행했다.[90] 현재 전 지구적으로나 국지적으로 일어나고 있는 팬데믹 · 기후위기 · 전쟁 · 경제 분쟁 등으로 인해 모빌리티가 감소하거나 적어도 증가세가 완화되리라는 전망도 있고, 이와 반대로 모빌리티가 여전히 유지되거나 심지어 더욱 증가하리라는 전망도 있다. 가령 승용차 중심 고도 모빌리티가 증가하는 과도모빌리티ultramobility, 자동차가 다른 교통수단으로 대부분 대체되는 대안모빌리티altermobility, 장거리 여행이나 통근 등이 줄어드는 근접모빌리티proximobility 등의 시나리오가 있는가 하면,[91] 이보다 거시적으로 기후위기의 관점에서 과잉모빌리티 심화, 가상이동으로의 변화, 저이동 사회, 군벌주의라는 시나리오도 제출되었다.[92] 더 암울한 전망은 과잉모빌리티가 극에 달하면 오히려 '극의 관성polar inertia'이 작동하여 모든 것이 멈추리라는 묵시록이다.[93]

이러한 다양한 미래 모빌리티의 전망을 유발하는 기후위기와 관련하여 우리는 인류세에서 인간과 비인간의 얽힘을 사유하기 위한 개념으로서 상호물질성을 제안했다. 그리고 이 개념을 이론적으로 뒷받침

90 양명심 · 신인섭, 〈자이니치(在日) 텍스트의 모빌리티 전환 - 가네시로 가즈키의 '더 좀비' 시리즈를 중심으로〉,《일어일문학》89, 2021, 206~207쪽.

91 Vincent Kaufmann, Emmanuel Ravalet, "From Weak Signals to Mobility Scenarios: A Prospective Study of France in 2050," *Transportation Research Procedia* 19, 2016, pp. 25-27.

92 존 어리,《석유 이후》, 김태희 옮김, 앨피, 2021.

93 Paul Virilio, "Polar Inertia," *The Virlio-Reader*, James Der Derian (ed.), Blackwell, 1998, pp. 117-133.

하기 위해 현상학과 해석학의 상호주관성에서 출발하여 상호문화성을 경유하여 상호물질성을 고찰하면서 이들을 관통하는 방법론으로서 유비적 해석을 확인하였다. 해석학자 빌헬름 딜타이Wilhelm Dilthey는 해석의 가능성 및 필요성에 대하여 "삶의 표현이 전적으로 낯설다면 해석은 불가능할 것이고 삶의 표현이 전혀 낯설지 않다면 해석은 불필요할 것이다"라고 간결히 표현한 바 있다.[94] 그렇다면 상호주관성, 상호문화성, 상호물질성을 가로지르는 유비적 해석은 언제나 중첩에 기초한 기지와 미지의 상호작용이다.

그러나 이질적인 종 혹은 물질 간의 "환원 불가능한 차이를 가로지르는 '소통'"[95]으로서의 이러한 유비적 해석은 보고스트의 표현처럼 '사변'의 성격을 지닐 수밖에 없다. 타자의 내면이 나의 마음과 같은 방식으로 주어질 수 없음은 결코 극복할 수 없는 한계사건Grenzfall이지만, 바로 이 사실이야말로 타자가 결코 나일 수 없다는 '타자의 근원적 타자성'을 구성한다. 후설은 이에 대해 "만약 타자의 고유한 본질에 직접 접근할 수 있다면, 그것[타자의 고유한 본질]은 나의 고유한 본질의 계기에 불과하게 될 것이고 결국 타자 자신과 나 자신은 하나가 될 것"[96]이라고 표현한다. 따라서 후설은 "이입감지되는 [타자 의식의] 흐름으로부터 [타자 의식을] 이입감지하는 작용 자체가 속하는 [자아 의식

---

94   Wilhelm Dilthey, *Gesammelte Werke*, Vandenhoeck und Ruprecht, 1973, p. 225.
95   Donna Jeanne Haraway, *The Companion Species Manifesto: Dogs, People, and Significant Otherness*, Prickly Paradigm Press, 2003, p. 49.
96   Edmund Husserl, *Cartesianische Meditationen und Pariser Vorträge*, Hrsg. von S. Strasser, Martinus Nijhoff, 1950, p. 139.

의) 흐름으로 이어지는 운하는 없다"[97]면서, 이입감을 "원본적으로 접근 불가능한 것에의, 유지할 만한 접근 가능성bewährbare Zugänglichkeit des original Unzugänglichen"[98]이라고 부른다. 타자의 내면은 "원본적으로 접근 불가능한 것"이지만 중첩에 기반한 유비적 해석을 통해 "접근 가능"하다. 그러나 여기에서 중요한 것은 이 접근이 지각 등의 직접적 증거를 통해 최종적으로 '확증'될 수 있는 것이 아니라, 그보다 더 나은 증거가 나타나지 않는 한에서 잠정적으로 '유지bewähren'될 수 있을 '사변'일 뿐이라는 점이다.

그럼에도 불구하고 인간과 비인간의 상호물질성이 지니는 의의는 아무리 강조해도 지나치지 않다. 상호주관성이나 상호문화성이 복수의 개인이나 문화가 하나의 세계를 공동으로 구성하고 그 속에서 함께 존재하면서 이러한 관계를 통해서야 비로소 자신을 구성함을 뜻한다면, 상호물질성은 복수의 물질이 하나의 세계를 공산共産 · sympoiesis하고 그 속에서 공생symbiosis하면서 이러한 관계를 통해서야 비로소 하나의 관계항으로서 자신을 자기생산autopoiesis하는 것을 뜻한다. 도나 해러웨이에 따르면, 자기생산 체계와 달리 공산 체계는 스스로 규정한 공간적 · 시간적 경계가 없고, 정보와 제어가 구성 요소들에 분포되며, 진화할 수 있고 예측 불가능하다.[99] 따라서 공동 세계 구성, 즉 "함께 세계 짓기worlding-with"로서 "공산은 자기생산을 품고 그것을

---

97   Edmund Husserl, *Zur Phänomenologie der Intersubjektivität. Texte aus dem Nachlass. Erster Teil: 1905-1920*, Hrsg. von I. Kern. Den Haag: Martinus Nijhoff, 1973, p. 189.

98   Edmund Husserl, *Cartesianische Meditationen und Pariser Vorträge*, p. 144.

99   Donna Jeanne Haraway, *Staying with the Trouble – Making Kin in the Chthulucene*, Duke University Press, 2016, p. 61.

발생적으로 펼치고 넓힌다."[100] 이런 관점에서 자기생산이 공산의 끊임없는 동역학적 과정 중의 일시적 평형상태라고 할 수 있는 한, 공산이 자기생산에 존재론적으로나 인식론적으로 선행한다고 할 수 있는데, 이는 현상학적 상호주관성 논의에서 상호주관적 공동 세계 구성이 자아의 자기구성에 존재론적으로나 인식론적으로 선행한다는 통찰과 공명한다.

그것은 본질적으로 바이러스, 조류독감, 바이러스, 벌레에 이르는 모든 생명체를 포함하여 다양한 물질 간의 공산과 공생이다.[101] "가깝지 않아도 친밀한intimacy without proximity"[102] 이러한 친족kin으로서의 상호물질적 관계에서 비인간은 더 이상 인간이 연민하고 배려하는 대상이 아니라 대멸종을 피하기 위해 동맹해야 하는 동등한 존재이다. 이를 통해 존재론·인식론·윤리학·정치학의 차원에서 각각 인간과 비인간의 존재론적 비/대칭성 문제, 인간과 비인간의 인식론적 소통 가능성 문제, 인간의 윤리적 책임 우선성 문제, 인간-비인간의 정치적 대의 문제 등과 이론적으로 대결해야 한다.[103]

특히 정치적 차원에서 상호물질성은 기후위기에 대처하기 위해 인간의 범위를 넘어서서 혼종적 행위자-연결망으로 충만한 새로운 '세계정치cosmopolitics'를 추구하는 토대가 되어야 한다.[104] 그러나 이러한

100　Donna Jeanne Haraway, *Staying with the Trouble – Making Kin in the Chthulucene*, p. 58.

101　박혜영, 〈코로나 시대의 새로운 타자 구성과 접촉공간의 변모에 대한 생태적 성찰〉, 《팬데믹 모빌리티 테크놀로지》, 앨피, 2022. 93~130, 109쪽.

102　Donna Jeanne Haraway, *Staying with the Trouble – Making Kin in the Chthulucene*, p. 79.

103　김왕배, 〈'사회적인 것'의 재구성과 '비(非)인간' 존재에 대한 사유〉, 《사회와 이론》 40, 2021, 34~37쪽.

104　Bruno Latour, "Whose Cosmos, Which Cosmopolitics? Comments on the Peace Terms of

상호물질적인 세계정치를 통해 도달하는 "공동의 세계"는 우리의 뒤에 놓인 단단한 지반이 아니라 우리 앞에 놓인 위태로운 목표이다.[105] 따라서 이 목표를 이루기 위해 인간-비인간의 정치적 행위성agency의 간극을 줄이고자 하는 이론은 생기적 유물론vital materialism처럼 물질을 인간 혹은 생명으로 접근시키거나, 아니면 행위자-연결망 이론actor-network theory처럼 인간 혹은 생명을 물질로 접근시키지만, 두 접근 모두 물질의 행위성을 강조하면서 (생기적 유물론의 경우에는) 사물권력thing-power[106]이나 (행위자-연결망 이론의 경우에는) 사물정치Dingpolitik[107]를 주창한다. 상호주관성 및 상호문화성에 관한 현상학과 해석학의 존재론적이고 인식론적 탐구로부터 이론적 토대를 길어 내는 상호물질성 개념이 이러한 연구들과 결합한다면 이른바 인간 너머의 '자연의 권리'를 둘러싼 논의들[108]에 접속할 수 있는 길이 열릴 것이다. 이것은 바로 이른바 물질적 전회material turn의 정치성에 대한 불만[109]을 넘어, 기후위기의 상호물질적 기원을 포착하고 그에 대처할 수 있는 새로운 상호물질성 정치로 나아가는 길이다.

Ulrich Beck," *Common Knowledge* 10(3), 2004, p. 450.

105 Bruno Latour, "From Multiculturalism to Multinaturalism: What Rules of Method for the New Socio-Scientific Experiments?," p. 9.

106 제인 베넷, 《생동하는 물질: 사물에 대한 정치생태학》, 문성재 옮김, 현실문화, 2020, 7쪽.

107 Bruno Latour, "From Realpolitik to Dingpolitik, or How to Make Things Public," *Making Things Public: Atmospheres of Democracy*, Bruno Latour and Peter Weibel (eds.), MIT Press, 2005, p. 16.

108 김왕배, 〈'인간너머' 자연의 권리와 지구법학: 탐색과 전망〉, 《사회사상과 문화》 25(1), 2022, 1~41, 5쪽. 자연의 권리는 불가피하게 비인간 존재의 존엄 문제를 제기한다. 다음을 참조하라. 서윤호, 〈자연은 권리를 가지는가?〉, 《인류세와 에코바디: 지구는 어떻게 내 몸이 되는가?》, 필로소픽, 2019, 205~208쪽.

109 황정아, 〈'물질적 전회'와 그에 대한 불만〉, 《개념과 소통》 29, 2022, 220~221쪽.

참고문헌

낸시 프레이저, 《지구화 시대의 정의 – 정치적 공간에 대한 새로운 상상》, 김원식 옮김, 그린비, 2010.

도린 매시, 《공간, 장소, 젠더》, 정현주 옮김, 서울대학교출판문화원, 2015.

레비 브라이언트, 《존재의 지도》, 김효진 옮김, 갈무리, 2020.

_____, 《객체들의 민주주의》, 김효진 옮김, 갈무리, 2021.

로지 브라이도티, 《포스트휴먼》, 이경란 옮김, 아카넷, 2015.

마르크 오제, 《비장소 – 초근대성의 인류학 입문》, 이윤영 · 이상길 옮김, 아카넷, 2017.

문규민, 《신유물론 입문: 새로운 물질성과 횡단성》, 두번째테제, 2022.

미미 셸러, 《모빌리티 정의 – 왜 이동의 정치학인가》, 최영석 옮김, 앨피, 2019.

박인철, 《현상학과 상호문화성》, 아카넷, 2015.

슬라보예 지젝, 《새로운 계급투쟁》, 김희상 옮김, 자음과모음, 2016.

_____, 《팬데믹 패닉》, 강우성 옮김, 북하우스, 2020.

시노하라 마사타케, 《인류세의 철학: 사변적 실재론 이후의 '인간의 조건'》, 조성환 · 이우진 · 야규 마코토 · 허남진 옮김, 모시는사람들, 2022.

요시하라 나오키, 《모빌리티와 장소 – 글로벌화와 도시공간의 전환》, 이상봉 · 신나경 옮김, 심산, 2010.

이언 보고스트, 《에일리언 현상학, 혹은 사물의 경험은 어떠한 것인가》, 김효진 옮김, 갈무리, 2022.

이재현, 《사물 인터넷과 사물 철학: 초연결 사회의 기술 비평》, 커뮤니케이션북스, 2020.

이-푸 투안, 《공간과 장소》, 구동회 · 심승희 옮김, 대윤, 1999.

제인 베넷, 《생동하는 물질: 사물에 대한 정치생태학》, 문성재 옮김, 현실문화, 2020.

존 어리, 《석유 이후》, 김태희 옮김, 앨피, 2021.

_____, 《모빌리티》, 김태한 옮김, 앨피, 2022.

지그문트 바우만, 《액체근대》, 이일수 옮김, 강, 2009.

클라이브 해밀턴, 《인류세: 거대한 전환 앞에 선 인간과 지구 시스템》, 정서진 옮김, 이상북스, 2018.

한나 아렌트,《전체주의의 기원 2》, 이진우 · 박미애 옮김, 한길사, 2006.

김왕배, 〈'사회적인 것'의 재구성과 '비(非)인간' 존재에 대한 사유〉,《사회와 이론》 40, 2021, 7~46쪽.

_____, 〈'인간너머' 자연의 권리와 지구법학: 탐색과 전망〉,《사회사상과 문화》 25(1), 2022, 1~41쪽.

김운하, 〈횡단하는 신체, 사람과 숯 그리고 다이아몬드는 어떻게 연결되어 있는가?〉, 《인류세와 에코바디: 지구는 어떻게 내 몸이 되는가?》, 필로소픽, 2019, 71~98쪽.

김종갑, 〈신유물론의 물질과 몸〉,《신유물론》, 필로소픽, 2022, 259~291쪽.

김주영, 〈다문화문학 교육교재로서의 재일문학 텍스트 읽기 – 이양지의 「유희」를 중심으로〉,《일본어문학》 1(72), 2017, 279~297쪽.

김치완, 〈혐오 문제에 대한 유가적 접근 – 도덕 감정론을 중심으로〉,《열린정신 인문학연구》 22(3), 2021, 271~297쪽.

김태희, 〈동물의 마음을 어떻게 아는가?: 상호주관성의 현상학에 기초하여〉,《철학논총》 86, 2016, 101~137쪽.

남승원, 〈동물에 대한 사유의 전개와 가능성 – 짐승에서 비인간동물까지〉,《열린정신 인문학연구》 22(3), 2021, 325~350쪽.

노대원 · 황임경, 〈포스트휴먼, 바이러스, 취약성〉,《팬데믹 모빌리티 테크놀로지》, 앨피, 2022, 227~257쪽.

박병도, 〈기후변화 취약성과 기후정의〉,《환경법연구》 35(2), 2013, 61~94쪽.

박인철, 〈상호 문화성과 동질성: 상호문화성에서 동질성의 의미와 그 철학적 함축〉, 《코기토》 82, 2017, 34~69쪽.

박혜영, 〈코로나 시대의 새로운 타자 구성과 접촉공간의 변모에 대한 생태적 성찰〉, 《팬데믹 모빌리티 테크놀로지》, 앨피, 2022. 93~130쪽.

배진숙 · 김재기, 〈쿠바한인 100년의 오디세이: 재미 쿠바한인의 연속적 트랜스내셔널 모빌리티 경험을 중심으로〉,《다문화사회연구》 14(3), 2021, 145~160쪽.

복도훈, 〈인류세의 (한국)문학 서설〉,《팬데믹 모빌리티 테크롤로지》, 앨피, 2022, 261~291쪽.

서윤호, 〈자연은 권리를 가지는가?〉,《인류세와 에코바디: 지구는 어떻게 내 몸이 되는가?》, 필로소픽, 2019, 199~218쪽.

신인섭, 〈이동하는 작가의 장소 – 아리시마 다케오를 중심으로〉,《일본어문학》 95,

2022, 269~288쪽.

신지영, 〈재난 이후의 '피난약자': 내부로의 '避-難'과 외부에서의 '生-存'〉, 《모빌리티 시대 기술과 인간의 공진화》, 앨피, 2020, 303~364쪽.

양명심 · 신인섭, 〈자이니치(在日) 텍스트의 모빌리티 전환 – 가네시로 가즈키의 '더 좀비스' 시리즈를 중심으로〉, 《일어일문학》 89, 2021, 195~210쪽.

오인혜, 〈탈북자의 토포필리아와 사회적 의미〉, 《공간과 사회》 26(2), 2016, 264~299쪽.

우연희, 〈'전후' 일본의 상징 공간, '교외' – 기술의 발전과 교외의 변화를 중심으로〉, 《일본학》 55, 2021, 229~249쪽.

우연희 · 신인섭, 〈오오카 쇼헤이의 『들불(野火)』 다시 읽기 – 병사의 이동과 등장인 물을 중심으로〉, 《일본어문학》 1(88), 2021, 287~306쪽.

윤지영, 〈브뤼노 라투르의 다자연주의 관점으로 다문화주의 비판하기: 행위자-연 결망 이론으로 본 문화 다양성과 여성주의적 문제의식들〉, 《철학연구》 161, 2022, 243~281쪽.

이남인, 〈상호주관성의 현상학 – 후설과 레비나스〉, 《현상학과 현대철학》 18, 2001, 13~63쪽.

이용균, 〈모빌리티가 여행지 공공공간의 사적 전유에 미친 영향: 터키 여행공간을 사례로〉, 《한국도시지리학회지》 22(2), 2019, 47~62쪽.

이재준, 〈객체들의 관계 외부성과 물질 혐오: 레비 브라이언트의 객체지향존재론을 중심으로〉, 《사회와 이론》 43, 2022, 421~458쪽.

이정은, 〈다문화주의와 상호문화주의의 대결 – 한국적 적용을 위한 연구〉, 《시대와 철학》 28(1), 2017, 191~234쪽.

이종주, 〈후설 현상학에서 유아론의 다의성에 따른 상호주관성의 현상학의 다의성 과 남는 문제들〉, 《철학》 107, 2011, 123~161쪽.

이진형, 〈새 모빌리티 패러다임과 모빌리티 텍스트 연구 방법의 모색〉, 《대중서사연 구》 24(4), 2018, 377~402쪽.

임연수 · 이진균 · 이기영, 〈유튜브에서 '기후변화', '기후위기', '지구온난화'는 어떻 게 다뤄지는가?: 기후 문제 대응을 위한 공공커뮤니케이션 방향 모색〉, 《광고 PR실학연구》 14(3), 2021, 155~184쪽.

장정아, 〈다문화주의의 현실적 한계에 대한 대안으로서의 상호문화주의 – 다문화 시대의 새로운 도덕 원리 탐색〉, 《윤리교육연구》 66, 2022, 343~367쪽.

조창오, 〈'고향 없음'의 삶에 관한 철학적 반성〉, 《동서철학연구》 94, 2019, 327~347쪽.

조해정, 〈한국적 혐오현상과 상호문화성의 이념〉,《코기토》95, 2021, 141~171쪽.

진시원, 〈다문화주의에 대한 이데올로기적 검토〉,《다문화사회연구》11(1), 2018, 161~201쪽.

최우석, 〈후설의 후기 윤리학의 '인격자' 이해〉,《인문학연구》41, 2019, 209~248쪽.

최일규, 〈구성적 인공지능의 오토포이에시스와 인간과의 윤리적 공생 가능성〉,《대동철학》87, 2019, 237~256쪽.

한길석, 〈떠도는 자들을 위한 장소〉,《모빌리티 존재에서 가치로》, 앨피, 2021, 123~146쪽.

황정아, 〈'물질적 전회'와 그에 대한 불만〉,《개념과 소통》29, 2022, 205~234쪽.

황진태, 〈장소성을 둘러싼 본질주의와 반본질주의적 이분법을 넘어서기: 하비와 매시의 논쟁을 중심으로〉,《지리교육논집》55, 2011, 55~166쪽.

현남숙·김영진, 〈다문화 사회에서 상호문화적 대화의 가능성〉,《시대와 철학》26(3), 2015, 151~177쪽.

_____, 〈생태적 응답과 타자현상학〉,《철학·사상·문화》41, 2023, 194~216쪽.

Arjun Appadurai, *Modernity at Large: Cultural Dimensions of Globalization Vol.1*, University of Minnesota Press, 1996.

Ash Amin, Nigel Trift. *Seeing Like a City*. Polity, 2017.

Bernhard Waldenfels, *Topographie des Fremden. Studien zur Phänomenologie des Fremden*, Suhrkamp, 1997

Bruno, Latour, *Politics of Nature: How to Bring the Sciences into Democracy*, Harvard University Press, 2004.

Dan Zahavi, *Husserl and Transcendental Intersubjectivity*, Ohio University Press, 2001.

Donna Jeanne Haraway, *The Companion Species Manifesto: Dogs, People, and Significant Otherness*, Prickly Paradigm Press, 2003.

_____, *Staying with the Trouble: Making Kin in the Chthulucene*, Duke University Press, 2016.

Edmund Husserl, *Cartesianische Meditationen und Pariser Vorträge*, Hrsg. von S.

Strasser, Martinus Nijhoff, 1950.

_____, *Zur Phänomenologie der Intersubjektivität. Texte aus dem Nachlass. Erster Teil:1905-1920*, Hrsg. von I. Kern. Den Haag: Martinus Nijhoff, 1973.

_____, *Die Lebenswelt. Auslegungen der vorgegebenen Welt und ihrer Konstitution. Texte aus dem Nachlass (1916-1937)*, Hrsg. von R. Sowa, Springer, 2008.

Erinn Gilson, *The Ethics of Vulnerability:a Feminist Analysis of Social Life and Practice*, Routledge, 2014.

Hanna Arendt, *The Human Condition*, Chicago: The University of Chicago Press, 1958.

John Urry, *Sociology Beyond Societies*, Routledge, 2000.

Judith Butler, *Precarious Life: The Powers of Mourning and Violence*, Verso, 2004.

Karen Barad, *Meeting the Universe Halfway: Quantum Physics and the Entanglement of Matter and Meaning*, Duke University Press, 2007.

Manuel DeLanda, *Intensive Science and Virtual Philosophy*, Bloomsbury Academic, 2002.

Ram Adhar Mall, *Philosophie im Vergleich der Kulturen. Eine Einführung in die interkulturelle Philosophie,Vol.1*. Univ., Studiengang Philosophie, 1992.

Stacy Alaimo, *Bodily Natures:Science, Environment,and the Material Self*. Indiana UP, 2010.

Timothy Morton, *Hyperobjects:Philosophy and Ecology After the End of the World*, University of Minnesota Press, 2013.

Wilhelm Dilthey, *Gesammelte Werke*, Vandenhoeck und Ruprecht, 1973.

Zygmunt Bauman, *Globalization*, Columbia University Press, 1998.

Andrew Baldwin, Giovanni Bettini, "Introduction – Life Adrift," *Life Adrift: Climate Change,Migration,Critique*, Andrew Baldwin, Giovanni Bettini (eds.), Rowman & Littlefield, 2017, 1-21.

Arun Saldanha, "Globalization as a Crisis of Mobility – A Critique of Spherology," *Life Adrift:Climate Change,Migration,Critique*, Andrew Baldwin, Giovanni Bettini (eds.), Rowman & Littlefield, 2017, 151-173.

Bruno Latour, "Whose Cosmos, Which Cosmopolitics? Comments on the Peace Terms of Ulrich Beck," *Common Knowledge* 10(3), 2004, 450-462.

_____, "From Realpolitik to Dingpolitik, or How to Make Things Public," *Making Things Public:Atmospheres of Democracy*, Bruno Latour and Peter Weibel (eds.), MIT Press, 2005, 14-41.

_____, "From Multiculturalism to Multinaturalism: What Rules of Method for the New Socio-Scientific Experiments?," *Nature and Culture* 6(1), 2011, 1-17.

_____, "Is This a Dress Rehearsal?," *Critical Inquiry* 47.S2, 2021, S25-S27.

Charles Taylor, "Interculturalism or Multiculturalism?," *Philosophy & Social Criticism* 38(4-5), 2012, 413-423.

Christopher N. Gamble, Joshua S. Hanan, Thomas Nail, "What Is New Materialism?" *Angelaki* 24(6), 2019, 111-134.

Claire Colebrook, "Transcendental Migration Taking Refuge from Climate Change." *Life Adrift: Climate Change, Migration, Critique*, Andrew Baldwin, Giovanni Bettini (eds.), Rowman & Littlefield, 2017, 115-129.

Gil Viry, Vincent Kaufmann, "High Mobility as Social Phenomena," *High Mobility in Europe*, Gil Viry, Vincent Kaufmann (eds.), Palgrave Macmillan, 2015, 1-15.

Giovanni Bettini, "And yet It Moves! (Climate) Migration as a Symptom in the Anthropocene," *Mobilities* 14(3), 2019. 336-350.

Jon Anderson, Kathryn Erskine, "Tropophilia: A Study of People, Place and Lifestyle Travel," *Mobilities* 9(1), 2014, 130-145.

Jonathan Haidt, Paul Rozin, Clark Mccauley, Sumio Imada, "Body, Psyche, and Culture: The Relationship Between Disgust and Morality," *Psychology and Developing Societies* 9(1), 1997, 107-131.

Jørgen Ole Bærenholdt, "Governmobility: The Powers of Mobility," *Mobilities* 8(1), 2013, 20-34.

Kim Jooyoung, "Islamic Butcher Shop Read as a Refugee Novel," *Kritika Kultura* 36, 2021, 199-211.

Manuel Flecker, "An Age of Intermateriality: Skeuomorphism and Intermateriality Between the Late Republic and Early Empire," *Materiality in Roman Art and*

Architecture, Annette Haug, Adrian Hielscher and M. Taylor Lauritsen (eds.), De Gruyter, 2021, 265-283.

Mimi Sheller, "The Islanding Effect: Post-disaster Mobility Systems and Humanitarian Logistics in Haiti," *Cultural Geographies* 20(2), 2013, 185-204.

Mimi Sheller, John Urry, "The New Mobilities Paradigm," *Environment and Planning A* 38(2), 2006, 207-226.

Mimi Sheller, Taehee Kim, "An Interview with Mimi Sheller," *Mobility Humanities* 1(1), 2022, 107-115.

Paul Virilio, "Polar Inertia," *The Virlio-Reader*, James Der Derian (ed.), Blackwell, 1998, 117-133.

Ram Adhar Mall, "Was heisst 'aus interkultureller Sicht?'", *Ethik und Politik aus interkulturelle Sicht*, hrsg. von R. A. Mall und Notker Schneider, Amsterdam-Atlanta, GA, 1996, 1-18.

_____, "Hermeneutik der Überlappung jenseits der Identität und Differenz." *interculturejournal:Online-Zeitschrift für interkulturelle Studien* 12(21), 2013, 11-32.

Scott A. Cohen, Stefan Gössling, "A Darker Side of Hypermobility," *Environment and Planning A* 47(8), 2015, 1661-1679.

Shin Inseop, Lee Jinhyung, "Introduction: The Humanities in the Age of High Mobility," *Mobility Humanities* 1(1), 2022, 1-5.

Thomas Nagel, "What Is It Like to Be a Bat?", *The Philosophical Review* 83(4), 1974, 435-450.

Vincent Kaufmann, Emmanuel Ravalet, "From Weak Signals to Mobility Scenarios: A Prospective Study of France in 2050," *Transportation Research Procedia* 19, 2016, 18-32.

Will Steffen, Wendy Broadgate, Lisa Deutsch, Owen Gaffney, Cornelia Ludwig, "The Trajectory of the Anthropocene: The Great Acceleration," *The Anthropocene Review* 2(1), 2015, 81-98.

동물의 모빌리티

: 반려동물의 대중교통 이용 향상을 위한 법·정책적 고찰

| 임보미 |

이 글은 《한국법정책학회》 제23권 제3호(2023)에 게재된 원고를 수정하여 재수록한 것이다. 해당 연구는 2018년 대한민국 교육부와 한국연구재단의 지원을 받아 수행되었다(NRF—2018S1A6A3A03043497).

최근 반려동물에 관한 사회적 관심이 증가하면서 반려동물 현황과 관련된 통계자료가 정부기관뿐 아니라 민간기관 차원에서도 다수 생성되고 있다. 각 조사기관이 사용한 조사 표본 수와 조사 방법(온라인 설문 조사 · 모바일 조사 · 직접 방문 등)에 따라 조사 결과에 다소 차이가 존재하기도 하는데, 특히 조사 당시 피조사자에게 반려동물의 개념을 어떻게 제시했는가에 따라 그 차이가 뚜렷해진다.[1]

| 표 1 | 조사기관에 따른 전국 반려동물 보유 가구 비율의 차이

대상 연노	조사기관 및 출처	추산 보유 가구 및 비율(%)
2021	농림축산식품부,《2021 동물보호에 대한 국민의식조사 결과 보고서》[2]	전체 양육 가구 추산하지 않음. 양육 비율은 25.9%
2020	통계청,《2020 인구주택총조사 표본 집계 결과 인구·가구 기본 항목》	313만 가구, 15.0%
	KB금융지주,《2021 한국 반려동물보고서》	604만 가구, 29.7%
	농림축산식품부,《2020 동물보호에 대한 국민의식조사 결과 보고서》	638만 가구, 27.7%
2019	농림축산식품부,《2019 동물보호에 대한 국민의식조사 결과 보고서》	591만 가구, 26.4%
2018	농림축산검역본부,《2018년 동물보호에 대한 국민의식 조사 보고서》	511만 가구, 23.7%
	KB금융지주,《2018 반려동물 보유 현황 및 국민인식 조사보고서》	604만 가구, 29.7%

1　예를 들어 2020년 농림축산식품부가 실시한 조사에서는 반려동물에 대한 특별한 정의를 제시하지 않고, "귀하께서는 댁에서 개나 고양이 등 반려동물을 기르고 계십니까?"라는 문항을 이용한 반면, 같은 해 통계청은 반려동물을 "정서적으로 의지하고자 가까이 두고 기르는 동물(사육, 경비, 수렵을 목적으로 기르는 동물은 제외)"로 개념화한 이후 조사를 진행했다. 그 결과 위의 표와 같이 통계청이 조사한 반려동물 보유 가구의 비율은 타 기관이 실시한 조사에서보다 더 낮게 나타났다.

2　2020년 통계청의 조사 결과 발표 이후 2021년에 실시된 농림축산식품부의 조사에서는 반려동물 현황을 파악하기 위한 질문으로서, 기존 "귀하께서는 댁에서 개나 고양이 등 반려동물을 기르고 계십니까?"라는 문항과는 별도로 "현재 귀댁의 반려동물을 귀하가 생활하고 있는 거주지에서 직접 양육하고 계십니까?"라는 문항을 추가하여 응답자의 거주지에서 직접 기르고 있는 경우를 반려동물 양육 비율로 산정하여 이전 연도 대비 다소

〈표 1〉에서 나타나는 바와 같이 조사의 표본과 방법에 따라 편차가 발생하긴 하지만, 가장 보수적인 결과가 집계된 통계청의 조사 결과에 따르더라도 반려동물을 기르는 가구는 313만으로, 대략 7가구 중 1가구에서 반려동물을 보유하고 있는 것으로 나타난다. 위 지표들은 반려동물의 보유와 반려동물과의 동반이 지극히 보편적인 현상으로 자리 잡고 있다는 사실을 보여 주고 있다.

한편 이동성, 즉 모빌리티는 사람의 전반적인 생활을 지배하기도 하고, 역으로 사람이 가지고 있는 역량과 계급에 따라 이동성의 편차가 발생하기도 한다. 이러한 관계는 반려동물을 기르는 사람과 그렇지 않은 사람 사이, 나아가 전적으로 사람에게 삶의 영위를 의지하는 반려동물 사이에서도 그대로 적용될 수 있다.

반려동물과의 공생이 일상화된 현 상황에서도 반려동물을 동반하여 대중교통을 이용하는 비율이 현저하게 낮은 수준에 머물러 있다는 사실은 그 안에 이러한 모빌리티 차별 기제가 작동하고 있음을 암시한다. 특히 버스나 지하철 등의 대중교통은 공공서비스의 영역으로서 대중교통의 이용 가능성은 사회부장적 제도의 수혜 여부와 식결되는 문제라는 점에서 더욱 그러하다.

이 글은 반려동물과의 동반이라는 보편적 사회현상과 이에 대응하는 법·정책적 측면에서 특히 반려동물의 대중교통 이용을 중심으로 그 문제점을 짚고 개선 방향을 제시할 목적으로 작성되었다. 이하에

낮은 수준의 결과가 나타났다. 그러나 기존의 추산 방식대로라면 28.5퍼센트의 결과로 매년 양육 비율의 증가 추세는 유지되고 있는 것으로 보인다. 농림축산식품부, 《2021년 동물보호에 대한 국민의식조사 보고서》, 2021, 12쪽.

서는 반려동물 대중교통 이용 향상의 당위성을 모빌리티 관점과 평등의 차원에서 설명한 뒤 현재 반려동물 이동의 근거와 현황을 알아보고, 외국의 반려동물 관련 법제와 대중교통 이용 현황을 통해 시사점을 도출할 것이다. 이를 종합하여 반려동물 대중교통 이용의 활성화를 위하여 사안별·단계별 대안을 제시하고자 한다.

반려동물의 모빌리티

이 글은 인간과 반려 생활을 영위하는 동물의 모빌리티, 즉 이동성 증진을 위한 방안의 하나로 대중교통 이용의 활성화를 위한 대안을 제시하는 것을 목적으로 한다. 이를 위해서는 반려동물의 이동성 증진이 어째서 법·정책적으로 도모되어야 할 당위성을 가지는지의 문제가 선행적으로 다루어져야 한다. 따라서 우선 사회과학 담론 중 하나인 모빌리티 이론에 비추어 반려동물과의 동반 이동의 의미와 필요성을 강조하고, 반려동물과 이동하기 위해 이용하는 대중교통 탑승을 원천적으로 제한하는 것이 차별의 산물임을 주장하고자 한다. 이러한 차별은 우리의 법이 동물을 어떻게 바라보고 있는지와 관련이 있다는 문제의식 하에 반려동물 이동의 근거가 되는 현행 법률의 현황을 분석하고, 법령상 '물건', 특히 '휴대품'으로서 동물의 지위가 실제로 보호자와 동반하여 대중교통을 이용할 때 장애로 작용하고 있음을 실증적 조사를 통해 제시하려 한다.

반려동물과의 동반 모빌리티의 사회학적 의미와 정책의 소외

모빌리티 관점에서 바라본 반려동물과의 동반 이동

이동의 문제는 인문사회과학 분야의 오래된 관심 주제이다. 전통적 의미의 이동은 장소와 장소 사이의 간극을 좁히는 물리적 행위로 이해되었으나, 오늘날 인간뿐만 아니라 화물·금융·정보·통신 등의 이동이 초고도화되면서 이동성, 즉 모빌리티는 매우 중요한 사회적 의미를 내포하게 되었다.[3] 이에 따라 1980년대에 이르러 영국 사회학자 존 어리John Urry를 필두로 정주 중심의 사유에서 벗어나 모빌리티라는 렌즈로 사회와 인간의 삶을 사유하려는 시도가 시작되었다. 존 어리는 사람, 정보, 화물의 이동뿐 아니라 이를 가능하게 하는 시설과 기술까지 포함한 포괄적 모빌리티 개념을 제시했다. 그는 "사람·이미지·관념·사물의 이동과 부동, 강제적 이동과 자발적 정착 등과 관련한 허다한 문제가 사회적 삶의 기반을 이루고 있"[4]다고 주장하였다. 인간의 삶이 모빌리티 속에 위치하고 모빌리티를 기반으로 삶을 영위할 수 있다고 한다면, 반려동물과의 공생은 '반려동물과의 모빌리티'를 자연 필요로 할 수밖에 없다. 이때의 모빌리티는 사람과 반려동물의 동반 여행, 동반 출근 등 '동물과의 공생' 또는 '반려동물과 함께 하는 사람의 삶'이라는 측면에서 필요하기도 하지만, 반려동물의 건강, 돌봄 등 반려동물 자체에서 비롯된 이유로 이동의 문제가 절실해지기도 한다.

---

[3] 윤신희·노시학, 〈새로운 모빌리티스(New Mobilities) 개념에 관한 이론적 고찰〉, 《국토지리학회지》 49(4), 2015, 491쪽.

[4] 존 어리, 《모빌리티》, 김태한 옮김, 앨피, 2022, 43쪽; 피터 애디, 《모빌리티 이론》, 최일만 옮김, 앨피, 2017, 19쪽.

존 어리는 또한 모빌리티에는 이데올로기가 엄존한다고 주장하였고, 이러한 모빌리티 패러다임에 기초하여 이후 이동의 요소, 이동의 결과, 이동의 과정, 이동의 맥락 등을 인간의 삶과 연관 지어 설명한 연구들이 축적되었다. 이러한 접근은 단순히 이동의 현상을 파악하고 해석하는 것을 넘어, 이동을 '관계'의 측면에서 바라보고 그 함의를 도출함으로써 정의롭고 평등한 모빌리티 구현의 당위와 연결시킨다.

먼저, 뱅상 카우프만Vincent Kaufmann은 모빌리티를 이해하는 분석 장치로서 '모틸리티motility' 개념을 제시하였다. 모틸리티는 개인의 이동 역량에 영향을 미치는 요소들, 예를 들어 신체적 능력, 소득, 교육, 인프라, 여행에 필요한 외국어 능력 등뿐 아니라, 이동 기회의 활용 및 기회의 활용을 가능하게 하는 접근 조건 등을 포함하는 개념으로,[5] 학자에 따라서는 자동력自動力이라고 부르기도 한다. 이러한 개념은 현재의 모빌리티 이전 단계 행위자들의 이동 가능성까지 연구를 확장시킬 수 있는 토대를 제공한다. 모틸리티는 행위자가 살면서 체득한 지식과 역량에 따라 다양한 모습을 드러낼 수밖에 없고,[6] 이를 통해 어떠한 행위자의 모빌리티에 존재하는 수직적·수평적 차원의 지위를 파악하는 도구로 기능할 수 있다. 그리고 이용균은 이러한 역량을 사회 활동의 동기·과정·맥락과 연관 지어 고찰한 연구를 수행하였으며,[7] 미미 셸러Mimi Sheller는 이러한 역량에 자본과 권력이 작동하여 계급·젠더·인종 사이의 불평등과

---

5 뱅상 카우프만, 《도시를 다시 생각한다》, 최영석 옮김, 앨피, 2021, 78쪽.

6 Leesun Park, "Before Entering Games: The Base and Accessibility of Games," *International Journal of Diaspora & Cultural Criticism* 12(2), 2022, pp. 107-109.

7 이용균, 〈모빌리티가 여행지 공공공간의 사적 전유에 미친 영향: 터키 여행 공간을 사례로〉, 《한국도시지리학회지》 22(2), 2019, 48쪽.

차별을 발생시킨다고 보고 정의로운 모빌리티를 주장하였다.[8]

이 관점을 반려동물과 함께 생활하는 사람과 그렇지 않은 사람 사이에 적용한다면 비슷한 함의를 도출할 수 있다. 즉, 반려동물을 동반한 보호자의 모틸리티는 구체적으로 ①보호자에게 자차를 구비하거나 이를 대체할 펫택시를 이용할 경제력이 있는가, ②운전을 할 수 있는 신체적 능력이 있는가, ③우리 사회는 반려동물과의 이동을 가능하게 하는 교통 인프라를 충분히 제공하고 있는가, ④반려동물을 동반한 이동의 필요와 욕구는 어떠한가, ⑤우리 사회는 반려동물을 어떻게 인식하고 있는가, ⑥법과 제도는 반려동물을 어떠한 시각으로 바라보고 있는가에 따라 결정될 수 있다. 따라서 반려동물과의 동반 모빌리티는 개인마다 편차가 있을 수밖에 없지만, 특히 여기서 '대중교통'이라는 공공서비스, '법과 제도'라는 규범적 장치는 사회적·제도적 요소로서 보편성, 타당성, 공정성을 지니지 않으면 안 된다.

공공서비스와 불평등

반려동물과의 대중교통 이용은 복지의 보편성 문제와도 긴밀한 관계가 있다. 공공서비스는 인간 삶의 필요불가결한 영역에서 해당 서비스 수혜에 있어 불평등을 최소화하는 기능을 담당하고 있기 때문이다. 이러한 사업이 보편적 다수의 이익을 도모하기 위하여 국가가 독점하거나 아니면 적어도 국가가 주도하는 방식으로 운영되는 이유도 여기에 있다. 즉, 대중교통 이용에 있어 반려동물을 동반한 자에 대한

---

8   미미 셸러, 《모빌리티 정의》, 최영석 옮김, 앨피, 2019 참조.

차별은 단순히 인간이 동물과의 반려 생활에 지장을 받는다는 의미뿐 아니라, 반려인과 비반려인 사이의 공공서비스 수혜 불평등 문제와도 연결될 수 있다.

반려동물 산업이 확장됨에 따라 이른바 펫택시와 같은 반려동물 모빌리티 서비스가 제공되고 있다. 그러나 펫택시는 ①현재까지는 대도시 중심으로 일부 지역에서만 제한적으로 운행한다는 점, ②모빌리티 플랫폼 또는 유선상의 예약을 필요로 하므로 즉각적인 이용이 어렵다는 점, ③일반 택시보다 약 3배 정도 높은 요금을 지불하여야 하기 때문에 대중적 이용이 곤란하다는 점을 고려하면, 반려동물을 기르는 사람과 그렇지 않은 사람 사이뿐만 아니라 반려동물을 기르는 사람 사이에서도 모틸리티 편차가 생성되고 있음을 확인할 수 있다.

모빌리티 정책의 소외

오늘날과 같이 사회복지 실천을 위해 국가의 적극적 개입이 요청되는 시대에는 이동 역량에 있어서도 평등한 분배를 위한 정책과 제도가 필요하다. 그러나 반려동물을 포함한 동물 정책에서 동물의 대중교통 이용을 활성화하거나 장려하는 정책은 찾아보기 힘들다.

반려동물의 보호와 관리를 위해 동물복지 종합계획을 수립하고 대책을 마련하는 업무를 담당하는 주관 부서는 농림축산검역본부, 농촌진흥청 축산과학원, 농림축산식품부 등이다. 농림축산식품부는 2015년부터 5년 단위로 〈동물복지 5개년 종합계획〉(이하 '종합계획')을 수립·추진하고 있는데, 현재는 〈2020~2024년 동물복지 종합계획〉이 시행 중이다. 그동안 2차에 걸쳐 발표된 반려동물 관련 계획의 개요를 살펴보면 〈표 2〉와 같다.

| 표 2 | 〈동물복지 종합계획〉 반려동물 관련 내용 개요

연도	주요 내용
〈2015~2019년 동물복지 종합계획〉	• 동물 소유자 책임 강화 • 유기, 유실동물 관리 강화 • 반려동물 관련 산업의 관리, 육성 • 인도적인 길고양이 개체 수 조절
〈2020~2024년 동물복지 종합계획〉	• 동물보호·복지 인식 개선 • 반려동물 영업 관리 강화 • 유기·피학대 동물보호 수준 제고

반려동물 관련 계획의 주요 내용은 반려동물의 보급, 유통 과정에 대한 관리나 학대 방지 및 개체 수 조절 등을 중심으로 이루어져 있고, 사람과 동물의 반려 생활의 질을 제고하고 편의를 향상시키는 내용은 찾기 어렵다. 종합계획에 나타난 정책은 동물보호와 복지를 위해 담보되어야 할 기본적인 사안으로서, 이를 중심으로 설계된 정책은 우리나라 동물복지 현황을 나타내는 지표가 되기도 한다.

반려동물에 대한 학대, 방임, 유기 등의 문제가 심각한 현시점에서는 반려동물의 번식과 분양 제도의 전면적 수정, 유기 및 학대 방지와 피학대 동물의 보호 제도 정착이 최우선 과제이다. 근래에는 지자체에 따라 놀이공간 등 복합문화공간의 건립(경남 창원시, 오산시 등), 반려동물 의료서비스 지원 사업(경기도, 인천광역시 중구 등) 등이 시행되기도 하지만,[9] 이와 같은 시설이나 서비스 이용의 전제가 되는 이동 정책은 전무한 형편이다.

---

9 2023년 4월 현재 정부 차원에서도 동물 의료 개선을 위한 종합대책을 마련 중이다: 농림축산식품부 보도자료, 〈농식품부, 동물의료 서비스 체질 개선에 나선다 – 동물의료개선 전담(TF) 가동, 「동물의료 개선 종합대책」 마련(10월) –〉, 2023년 3월 14일.

반려동물 이동의 법·제도적 근거와 현황

현행법상 동물의 일반적 지위

2021년 10월 법무부는 동물의 물건성을 부정하는 내용을 담은 「민법」 개정안을 국회에 제출하였다. 「민법」 개정안(의안번호 12764)에 따르면 현행 「민법」 제1편 제4장의 제목인 "물건"을 "물건과 동물"로 하고, 제98조의2를 신설하여 동조 제1항에는 "동물은 물건이 아니다", 제2항에는 "동물에 관하여는 법률에 특별한 규정이 있는 경우를 제외하고는 물건에 관한 규정을 준용한다"고 규정한다.[10] 법안이 제출된 후 그 후속 법안의 일환으로 「동물보호법」상 반려동물 개념과는 별도로 「민법」에 반려동물의 개념을 규정하려는 논의가 진행되기도 하였다.[11] 입법안대로 동물의 물건성이 부정되고 반려동물의 법적 개념을 정의하는 조항이 신설된다면 물건이 아닌 동물의 구체적인 지위와 개념을 명확히 하기 위한 후속 논의들이 빠르게 진행될 것으로 기대된다.

그러나 이러한 개정안과는 별개로 현행법에 따르면 동물은 물건에 속한다. 「동물보호법」 제1조는 "동물의 생명 보호, 안전 보장 및 복지 증진"을 꾀하고, "동물의 생명 존중"을 표방하며 "사람과 동물의 조화로운 공존에 이바지"함을 목적으로 내세우고 있으나, 이 법률에 근거하여 동물이 물건이 아닌 지위를 확보할 수 있는 것은 아니다.

한편, 헌법재판소는 수입된 반달가슴곰으로부터 증식된 수컷 반달

---

10 이 밖에 제252조의 제목 변경, 제252조 제3항의 변경 사항이 있지만 제98조의2가 동물의 법적 지위에 관한 핵심적 내용이므로 여기서는 논외로 한다.

11 법무부 보도자료, 〈친양자 입양제도 개선 방향 및 동물의 비물건화 후속 법안 논의 - 법무부 사공일가(사회적 공존을 위한 1인가구) TF 제3차 회의 결과-〉, 2021년 9월 6일.

가슴곰에 대한 재산권 행사를 제한하는 구 「야생동·식물보호법」의 위헌성 여부를 다루는 사건에서 반달가슴곰을 웅담 외에 웅지(곰기름), 가공용품 재료로 사용할 수 없도록 한 이 법률이 환경보호 차원에서 정당하다고 판단하면서 위헌성을 부정한 바 있다.[12] 이러한 판례의 태도는 동물보호의 목적을 '종의 유지'나 '서식지 보호'를 위한 수준으로 한정하기 때문에 개별 동물 자체에 대한 보호나 동물에 대한 인간의 의무를 강제할 수 없다.[13]

요컨대, 법이 바라보는 일반 동물의 지위는 사람의 재산권 행사의 객체이자, 이동과 관련해서는 사람이 휴대하는 '물건'의 지위를 지니며, 동물에 대한 국가의 의무는 멸종위기종 보호를 비롯한 '환경보전'(헌법 제35조 제1항) 차원에 그치고 있다.

반려동물 이동의 법적 근거와 현황

반려동물 이동의 법적 근거를 알아보기 위해서는 먼저 반려동물의 개념을 파악할 필요가 있다. 앞서 살펴본 바와 같이 「민법」은 동물의 지위를 물건으로 규정하기 때문에 반려동물의 개념을 「민법」에 근거하여 파악할 실익은 없다. 다만 동물과 관련된 특별법에서 해당 법률의 적용 대상이 되는 동물의 개념을 개별적으로 제시하고 있는데, 예를 들면 「가축전염병 예방법」은 소, 말, 당나귀, 노새, 면양·염소, 사슴, 돼지, 닭, 오리, 칠면조, 거위, 개, 토끼, 꿀벌과 함께 「가축전염병 예방

---

12 헌법재판소 2023. 10. 24, 선고 2012헌바431 전원재판부.
13 최희수, 〈헌법 안에서의 동물의 위치와 국가의 의무 - 독일 동물헌법조항의 규범적 의미를 중심으로 - 〉, 《환경법과 정책》 19, 2017, 8쪽.

법」시행령에서 정하는 고양이, 타조, 메추리, 꿩, 기러기 등을 "가축"으로 정의하고 있다. 법률은 아니지만 공정거래위원회고시인 〈소비자분쟁해결기준〉은 개와 고양이를 "애완동물"로 파악한다(별표 II 제29호).

법률적 차원에서 반려동물을 정의한 것은 「동물보호법」으로서 동법과 시행규칙에 따르면 반려동물은 "반려의 목적으로 기르는" "개, 고양이, 토끼, 페럿, 기니피그 및 햄스터"(법 제2조 제1의3호, 규칙 제1조의2)를 말한다. 이들 법률 규정을 종합해 보면, 개와 고양이는 가축이자 반려동물에 속하며 개와 고양이를 포함한 반려동물은 단 6종에 불과하여 법률상 반려동물의 범위는 상당히 제한적임을 알 수 있다.

「동물보호법」은 동물을 운송할 때 적합한 사료와 물을 공급하고 상해를 방지하기 위한 조치를 의무화하는 한편, 전기몰이 도구의 사용을 금지하는 등 영리를 목적으로 자동차를 이용하여 동물을 운송하는 자가 준수해야 할 사항을 규정하고 있다(제9조 제1항). 그러나 이 규정은 모든 동물의 운송, 즉 동물원 동물의 이동, 동물의 매매에 따른 이동, 도살을 위한 가축의 이동 등을 포함한 것으로서 운송 시의 동물 학대를 방지하고자 하는 취지가 있으며 반려동물이 사람과 동반하여 탑승하는 경우를 상정한 것으로 보기 어렵다. 또한 「장애인차별금지 및 권리 구제 등에 관한 법률」과 「장애인복지법」은 장애인이 동반한 보조견에 대한 탑승 거부를 금지하는 조항을 두고 있으나(각각 제19조 제2항, 제40조 제3항), 여기서 말하는 보조견은 장애인에게 반려동물일 수는 있지만, 장애인의 반려견이라는 지위보다는 장애인의 이동을 위한 도구적 의미에 가깝다.

「철도안전법」은 "여객에게 위해를 끼칠 우려가 있는 동식물을 안전조치 없이 여객열차에 동승하거나 휴대하는 행위"(규칙 제80조 제1호)

를 금지하고(제47조 제1항 제7호) 철도종사자로 하여금 이를 위반한 자를 퇴거 조치할 수 있도록 한다(제50조 제4호). 마찬가지로 「여객자동차 운수사업법 시행규칙」은 운수종사자의 준수 사항 중 하나로 "다

|표 3| 동물의 대중교통 탑승에 관한 주요 약관 내용

약관명	조항	주요 내용
서울특별시 시내버스 운송사업약관	제10조	사업용 자동차를 이용하는 여객은 다음 각호의 물품들을 차내에 가지고 들어가서는 아니 된다. 3. 동물 (장애인 보조견 및 전용 운반상자에 넣은 애완동물은 제외한다)
고속버스 운송약관	제25조	여객은 다음 각호의 물품을 소지할 수 없다. 다만, 품명, 수량, 포장 방법에 있어서 회사에서 인정한 것은 제외한다. 3. 동물 (단, 장애인 보조견 및 전용 운반상자에 넣은 애완동물 제외)
광역철도 여객운송약관	제31조	여객은 다음 각호에 해당하는 물품을 휴대하고 승차할 수 없습니다. 2. 동물. 다만, 애완동물을 용기에 넣고 겉포장을 하여 용기 안이 보이지 않게 하고 불쾌한 냄새가 발생하지 않도록 한 경우와 장애인 보조견 표지를 부착하고 장애인과 함께 여행하는 장애인 보조견은 예외로 합니다.
한국철도공사 여객운송약관	제22조	① 여객은 다음 각호에 정한 물품을 제외하고 좌석 또는 통로를 차지하지 않는 두 개 이내의 물품을 휴대하고 승차할 수 있으며… 2. 동물(다만, 다른 사람에게 위해나 불편을 끼칠 염려가 없고 필요한 예방접종을 한 애완용 동물을 전용 가방 등에 넣은 경우 제외)
서울교통공사 여객운송약관 (1~8호선)	제34조	① 여객은 다음 각호의 어느 하나에 해당하는 물품은 역 구내 또는 열차 내에서 휴대할 수 없습니다. 4. 동물. 다만, 소수량의 조류, 소충류 및 크기가 작은 애완동물로서 전용 이동장 등에 넣어 보이지 않게 하고, 불쾌한 냄새가 발생하지 않도록 한 경우와 장애인의 보조를 위하여 장애인 보조견 표지를 부착한 장애인 보조견은 제외합니다.
서울특별시 택시운송사업 운송약관	제11조	사업자는 다음 각 호에 해당하는 경우 운송을 거절할 수 있다. 6. 시체 및 동물(사업자 또는 다음 승차할 여객에게 위해를 끼치거나 불쾌감을 줄 우려가 있는 동물. 다만, 운반상자에 넣은 반려동물 및 공인 기관에서 인증한 맹인 인도견은 제외)의 운송을 요구하는 경우
대한항공 국내여객운송약관	제29조	2. 여객이 동반하는 반려동물은 아래 조건에 의하여 수하물로서 운송이 가능하다. 가. 반려동물은 개, 고양이 또는 애완용 새에 한한다. 나. 반려동물은 반드시 별도의 운반용 용기에 수용되어 항공기에 탑재되어야 한다.

른 여객에게 위해를 끼치거나 불쾌감을 줄 우려가 있는 동물(장애인 보조견 및 전용 운반상자에 넣은 애완동물은 제외한다)을 자동차 안으로 데리고 들어오는 행위"를 제지할 의무를 부과한다(제44조 제3항 별표 4). 정리하자면 법률과 명령, 즉 수범자에게 준수 의무를 강제할 수 있는 규범의 수준에서 바라본 동물이란 원칙적으로 승차 거부 및 제지, 탑승의 배제 대상인 것이다.

사실상 반려동물의 대중교통 탑승은 대부분 여객운송사업자와 이용자 사이의 계약관계에 근거하여 약관에 따르는 것이 일반적이다. 다만, 각종 운송여객약관은 동반하여 탑승할 수 있는 동물에 대하여 반려동물인지 여부를 별도로 설정하여 구분하는 것은 아니다. 동물의 이동에 관한 약관의 해당 규정은 〈표 3〉과 같다. 〈표 3〉에서 확인할 수 있는 바와 같이 운송약관에서의 동물은 "승객이 휴대한 물건"에 준하여 취급되고 있다.

한편, 「화물자동차 운수사업법」은 "20kg 이상인 동물"과 "혐오감을 주는 동물"은(「화물자동차 운수사업법 시행규칙」 제3조의2 제1호, 제3호 나목) 화주貨主와 함께 여객자동차 운송사업용 자동차에 싣기 어려운 화물로서 밴형 화물자동차를 이용하여 운송하도록 하고 있다(제2조 제3호 후단).

소결

이렇듯 현행 법체계 하에서 가장 일반적이고 기본적인 법률인 「민법」이 동물을 "물건"으로 분류함으로써, 운송 및 여객에 관한 특별법 및 하위법령도 반려동물을 "물건"에 준하여 다루고 있음을 확인할 수 있다.

반려동물의 대중교통 탑승은 여객운송사업자와 소비자 사이의 계약을 통한 채권 관계에 근거하고, 그 계약의 일방 당사자인 여객운송 사업자가 일방적으로 작성한 약관을 통해서 그 구체적 내용을 규정하고 있다. 〈표 3〉에서 나타나고 있는 바와 같이 약관상 동물은 "사람이 휴대하는 물품"으로서 공통적으로 "휴대의 금지"를 원칙으로 하고, 휴대를 허용할 수 있는 경우를 예외적으로 인정하는 구조를 띠고 있다. "물품", "휴대" 및 예외적 휴대를 인정하는 조건으로서 "용기 안이 보이지 않도록 포장"하여 사람의 눈에 뜨이지 말 것을 요구하는 규정에서 미루어 볼 수 있듯, 약관상 대중교통을 이용하고자 하는 반려동물은 생명체로서의 가치가 거의 인정되지 않는다. 또한 20킬로그램 이상의 화물은 밴형 화물자동차를 이용하도록 하는 「화물자동차 운수사업법」의 규정과 반드시 이동을 위한 이동장을 요구하는 약관에 따르면, 사실상 중대형견과 같은 반려동물은 대중교통 이용이 원천적으로 불가능하게 된다.

약관은 사업자 일방이 미리 작성한 계약의 모델로서 그 자체가 법규범적 성질을 가진 것은 아니고 계약을 위한 청약에 불과하기 때문에 상대방이 이 약관에 동의하는 것을 전제로 계약이 성립한다.[14] 이러한 계약관계에는 사적 자치의 원칙, 계약 자유의 원칙이 지배하기 때문에 강행법규에 위반하지 않는 한 여객운송업자에게 반려동물의 탑승 조건이나 허용 범위를 강제할 수 없다. 뿐만 아니라 부당한 탑승 거부가 발생한 경우조차도 이에 대한 공권적 제재가 불가능하다.

이렇듯 현행 법체계와 각종 운송약관은 반려동물의 대중교통 탑승

---

14   대법원 1985. 11. 26. 선고 84다카2543 판결.

을 휴대품에 준하여 매우 제한적으로 인정하고 있으며, 이는 우리 사회에서 (반려)동물의 지위와 보호 수준을 가늠케 하는 지표로 작용하고 있다.

반려동물의 대중교통 이용의 실제

설문 방법과 배경

반려동물의 대중교통 이용의 현황과 실제를 알아보기 위해 2022년 8월 28일부터 2022년 9월 4일까지 반려동물을 기르는 사람을 대상으로 설문조사를 진행하였다. 설문의 문항은 연구자와 동물권행동 '카라'가 공동으로 설계하였고, 동물권행동 카라의 SNS 계정을 통해 설문에 답하는 방식으로 진행되었다.

이 조사에는 총 859명이 응답하였다. 응답자의 거주지는 서울이 283명(32.9퍼센트), 경기도 255명(29.6퍼센트), 부산과 인천이 각각 52명, 대구광역시 42명, 대전광역시 22명, 울산광역시 18명, 전라북도 12명, 경상남도·광주광역시·전라남도·충청남도가 각각 11명, 경상북도 9명, 충청북도 8명, 강원도 7명, 세종특별자치시 5명, 제주특별자치도 2명, 기타 42명이었다. 수도권에 거주하는 비율이 62.6퍼센트로 가장 높게 나타났고 그 밖의 지역은 고른 분포를 보였다. 반려동물의 종을 묻는 항목에는 '개'라고 응답한 사람이 720명으로 압도적인 비율을 보였고(83.8퍼센트), '고양이' 131명(15.3퍼센트), 기타는 8명(0.9퍼센트)에 그쳤다.

산책을 제외한 반려동물과의 외출 빈도를 묻는 설문 문항은 보기를 각각 '매일', '주 2~3회', '주 1회', '격주 1회', '월 1회', '기타'로 구성하였다. 이에 대해서는 '주 2~3회' 외출이 가장 많았고(176명, 20.5퍼센트), '월 1회' 164명(19.1퍼센트), '주 1회' 134명(15.6퍼센트), '매일' 113명 (13.2퍼센트) 순으로 이어졌다.

외출의 목적을 묻는 항목은 '동반 출퇴근', '장단기 여행', '동물병원 이용', '반려동물을 위한 공원 또는 놀이시설 방문', '반려동물을 집에 두기 어려움 등 이유로 상시 동반 외출'로 구성하였고, 복수 응답이 가능하도록 설계하였다. 이에 대해서는 '동물병원 이용'을 목적으로 외출한다는 응답이 466명(54.2퍼센트)으로 가장 많아, 병원 이용을 반려동물과 외출하는 가장 주요한 이유로 꼽았다. 반면, '장단기 여행' 목적은 189명(22퍼센트)에 그쳐, 반려동물을 동반한 여행이 보편적인 수준에는 이르지 못함을 확인할 수 있었다.

반려동물의 대중교통 이용 현황

반려동물과 외출 시 대중교통을 이용하는지 여부와, 이용한다면 어떤 종류의 대중교통을 이용하는지(복수 응답 가능) 묻는 질문에 응답자의 54퍼센트에 해당하는 446명이 '대중교통을 이용하지 않는다'고 답변하였다. 대중교통을 이용하는 사람 중에서는 택시(311명), 지하철 (211명), 버스(178명) 순으로 이용 빈도가 높았다.

한편, 반려동물과의 대중교통 이용의 편이성을 묻는 질문에 대해서는 '전혀 그렇지 않다' 336명, '별로 그렇지 않다' 285명으로 전체 응답자의 72.3퍼센트가 부정적으로 평가하였다. 이에 반하여 '매우 그렇다'와 '대체로 그렇다' 등 긍정적으로 응답한 사람은 전체 응답자 중 12.4퍼센트에 해당하는 107명에 불과하였다. 이와 관련하여 대중교통을 이용할 때 가장 불편한 점을 묻는 질문에 대해서는 '탑승 거부', '부당한 비용 추가', '승객의 불쾌한 반응', '불편한 탑승 시스템', '기타'의 보기 중 '탑승 거부'가 368명으로 42.8퍼센트를 차지하였다. 그다음으로는 '승객의 불쾌한 반응' 265명(30.8퍼센트), '불편한 탑승 시스템' 175명(20.4퍼센트), '부당한 비용 추가' 19명(2.2퍼센트) 순으로 나타났다.

반려동물의 대중교통 이용 활성화를 위해 개선되어야 할 점을 묻는 질문(주관식)에 대해서는 '대중교통 운수종사자들의 인식 향상', '일반 승객들의 편견 개선', '대중교통 이용 매뉴얼 교육 및 홍보', '이동장 규정의 완화', '반려동물 전용칸 마련', 현행 법령 및 약관상 탑승 거부의 기준이 되는 "'불쾌감'에 대한 정확한 정의' 등이 주로 제시되었다.

마지막으로 반려동물과의 원활한 대중교통 이용을 보장하는 대가로 추가적인 비용을 부담할 의사가 있는지 여부를 묻는 질문에 대해서는 92.8퍼센트에 해당하는 797명이 '그렇다'라고 응답하였고, 부정적인 응답은 62명(7.2퍼센트)에 그쳤다.

조사 결과의 요약과 함의

반려동물과의 동반 외출의 빈도는 '매일'에서부터 '월 1회'에 그치는 경우까지 고른 분포 양상을 보였고, 외출 시 대중교통을 이용하는 비율은 상대적으로 낮았다. 이 조사 결과를 통하여 대중교통의 낮은 이용률과 외출 빈도 사이의 상관관계를 직접 도출할 수는 없지만, 반려동물을 기르는 사람들 사이에서도 반려동물과 함께 이동할 수 있는 역량의 차이가 발생할 수 있음을 암시한다고 볼 수 있다. 아울러 대중교통은 공적 영역에서 개개인의 모빌리티 편차를 최소화시키는 장치

여야 함에도 그러한 기능을 달성하지 못하고 있음을 확인할 수 있다.

외국의 반려동물 관련 법제와 대중교통 이용 현황

외국의 반려동물 법제와 대중교통 이용에 대한 비교법적 대상이 되는 국가는 독일, 스위스, 스웨덴이다. 주지하는 바와 같이 이들 국가는 상당한 수준의 반려동물 친화 정책을 펼치고 있는 국가로서 반려동물의 대중교통 이용 역시 우리의 경우보다 널리 허용된다. 또한 동물을 괴롭히거나 학대하는 것을 방지하는 소극적 동물보호 수준을 넘어, 동물이 살아 있는 동안 본래의 습성을 유지하며 살 수 있는 조건을 상세하고 엄격하게 규정함으로써 동물복지제도를 법제화하고 있는 국가이기도 하다. 이렇듯 이미 동물에 대한 복지정책이 고도로 발전한 국가와 우리나라의 경우를 단순 비교하여 특정 제도의 도입이나 법률의 제·개정을 주장하는 것은 대단히 위험한 일이다. 법은 오랜 시간에 걸쳐 축적뒤, 해당 국가의 각기 고유한 문화에 기반한 산물이기 때문이다.[15]

그러나 해당 국가의 동물 관련 법률의 연혁이나 체계 등에 비추어 실제로 이들 국가에서 동물의 대중교통 이용 현황을 살펴보는 것은 의미가 있다. 앞에서 살펴본 바와 같이 교통약관에 의하여 철저하게 "물건"으로 취급되는 우리나라에서의 동물의 대중교통 이용과 법률

---

15 양천수·이동형, 〈문화와 법체계 그리고 비교법학〉, 《민족문화논총》 28, 2007, 123쪽.

에 의해 일정한 지위를 보장받는 국가의 상황을 비교하는 것은 법제도 내의 동물의 지위와 실제 반려동물 친화적 제도와의 연관성을 강조하고 모든 정책의 출발점으로서 동물의 (물건이 아닌) 법적 지위 확보 필요성을 시사하기 때문이다.

독일

독일은 이미 1871년 「제국형법Reichsstrafgesetzbuch」에서 동물에게 고통을 주거나 학대하는 행위를 처벌하는 규정을 두고 있었다(제360조 제13호).[16] 그러나 이 규정은 "공연하게 또는 수치스러운 방식으로" 동물에게 고통을 주거나 학대하는 행위를 할 경우 처벌하도록 함으로써, 동물에 대한 학대 행위로 손상될 우려가 있는 인간의 정서적 감정을 보호하기 위한 것으로서 인간중심적이며 미학적 측면의 동물보호 ästhetischen Tierschutz라는 평가를 받기도 한다.[17] 그러나 1933년부터는 조항에서 "공연하게 또는 수치스러운 방식으로"라는 구성 요건을 삭제하고, 동물 학대 행위에 6개월 이하의 구금형이나 벌금형을 부과하도록 규정하였다(§145b StGB).

뒤이어 1933년 11월 24일에 독일 최초의 동물보호법이 제정되었는데(「제국동물보호법Reichstierschutzgesetz」), 동법은 동물이 동물 그 자

---

16 제360조 (다음 각 호에 해당하는 자는: 괄호 안 저자 추가) 50탈러 이하의 벌금 또는 구금형에 처한다: 13. 공연하게 또는 수치스러운 방식으로 동물에게 고통을 주거나 잔인하게 학대하는 자. §360 Mit Geldstrafe bis zu funfzig Thalern oder mit Haft wird bestraft: 13. wer öffentlich oder in Ärgerniß erregender Weise Thiere boshaft quält oder roh mißhandelt.

17 Albert Lorz, Ernst Metzger, *Tierschutzgesetz*, 5. Aufl., C.H.Beck, 1999, S. 53.

체로서 보호받아야 한다는 윤리적 동물보호 사상을 창설하여 입법 목적으로 명문화하는 한편, 기존에 일반적인 구성 요건으로 규정되어 있던 "동물에게 고통을 주거나 학대하는 행위"를 구체적으로 유형화하였다. 이 법률은 종전 이후에 「동물보호법Tierschutzgesetz」(1972)으로 계수되었고, 뒤이어 1986년 개정에서는 제1조에 "동법의 목적은 동반생명체로서 동물에 대한 인간의 책임으로써 그들의 생명과 안녕을 보호하는 것이다"라고 하여 '동반생명체Mitgeschöpf'라는 개념을 삽입, 동물이 인간과 함께하는 생명체라는 사실을 천명하는 동시에 동물에 대한 인간의 책임을 분명히 하였다.[18]

이와 같은 「동물보호법」의 발전은 1990년 "동물은 물건이 아니다"라는 조항을 신설한 「민법」 개정(제90a조), 나아가 "국가는 미래 세대를 위한 책임으로서, 헌법 질서의 범위 내에서 입법을 통하여 그리고 법률 및 법이 정하는 바에 따라 행정과 사법을 통하여 자연적 생활 기반과 동물을 보호한다"[19]고 하여 동물보호에 대한 국가의 의무를 천명한 2002년 기본법 개정으로 이어지게 된다. 이렇듯 독일은 동물보호를 국가목표Staatszielbestimmungen로 규정함으로써[20] 입법사가 동물보호를 실현하기 위한 입법 의무를 부담하게 되고, 이러한 입법 의무에는 단지 학대를 방지하는 수준을 넘어 동물복지를 개선하기 위한 적

---

18 한민지, 〈동물의 법적지위에 대한 민법 개정논의에 즈음하여 보는 동물보호법제 발전방향 - 독일 동물보호법·정책 변화를 중심으로 -〉, 《환경법과 정책》 28, 2022, 91~92쪽.

19 Der Staat schützt auch in Verantwortung für die künftigen Generationen die natürlichen Lebensgrundlagen und die Tiere im Rahmen der verfassungsmäßigen Ordnung durch die Gesetzgebung und nach Maßgabe von Gesetz und Recht durch die vollziehende Gewalt und die Rechtsprechung.

20 국가목표규정의 규범적 의미에 관해서는 최희수, 〈헌법 안에서의 동물의 위치와 국가

극적 의무가 포함되었다.[21]

동물보호를 국가 목표의 하나로 설정한 2002년 기본법 개정은 이후 동물보호단체 등이 원고가 되어 동물보호를 위한 소를 제기할 수 있는 단체소송 제도의 도입[22]을 비롯하여 동물의 케이지 사육을 금지하는 연방헌법재판소 결정,[23] 갓 태어난 수평아리의 도살을 금지하는 연방행정법원의 판결[24] 등으로 이어지며 동물보호의 실제적 구현을 위한 구체적 지침들이 마련되었다.

이렇듯 독일에서 동물의 법적 지위는 "물건이 아니"고, 물건이 아닌 동물을 보호할 국가의 의무를 기본법에서 규율하고 있으며, 기본법상의 의무는 구체석이고 실천적인 동물보호 정책으로 이어지고 있다.

한국과 마찬가지로 독일의 경우도 반려동물의 대중교통 이용에 관해서는 개별 운수업체의 약관에 그 허용 범위와 준수 사항 등이 규정되어 있다. 다만, 독일 「여객운송법Personenbeförderungsgesetz」 시행규칙에 해당하는 「지상철, 트롤리버스 운송 및 자동차 운송에 있어서 일반 운송약관에 관한 규칙Verordnung über die Allgemeinen Beförderungsbedingungen

---

　　의 의무 – 독일 동물헌법조항의 규범적 의미를 중심으로 –〉, 10쪽 이하 참조.

21　홍완식, 〈독일의 동물보호법제에 관한 고찰〉, 《유럽헌법연구》 25, 2017, 530쪽.

22　독일에서 동물보호를 위한 단체소송은 개별 주에서 제정한 법률을 통해 시행되고 있다. 2007년 브레멘이 최초로 동물보호를 위한 단체소송을 도입한 이래, 2013년에는 함부르크와 자를란트, 2014년에는 라인란트팔츠와 슐레스비히홀슈타인, 2015년 바덴뷔르템베르크, 2017년 니더작센주에 이어 2020년에는 베를린에서 이 제도를 도입하였다. 다만, 2013년에 이 제도를 도입한 노르트라인베스트팔렌주는 2018년에 이를 폐지하였다. 따라서 현재 독일 16개 주 중 8개 주에서 동물보호를 위한 단체소송을 시행 중에 있다.

23　BVerfGE 101, 1.

24　BVerwG, 13.06.2019 – 3 C 28.16. 이상의 판결례에 대해서는 한민지, 〈동물의 법적지위에 대한 민법 개정논의에 즈음하여 보는 동물보호법제 발전방향 – 독일 동물보호법·정책 변화를 중심으로 –〉, 93쪽 이하 참조.

für den Straßenbahn- und Obusverkehr sowie den Linienverkehr mit Kraftfahrzeugen, BefBedV」제12조에 따르면, 동물의 운송에 관하여 운행의 안전과 질서를 위협하지 않고 다른 승객에게 불편을 주지 않는 한 동물의 운송을 원칙적으로 허용하고(제1항), 적절한 관리 감독 및 다른 승객에게 위험을 야기할 수 있는 개에 대해서는 입마개 착용을 요구하고(제2항), 그 밖의 동물은 적절한 이동장 내에 넣고 탑승하여야 하며(제3항), 좌석에 동반할 수 없다(제4항).

　이러한 운송약관규칙을 기반으로 각 주에서는 저마다 운송약관을 두어 반려동물의 대중교통 이용에 관한 내용을 규정하고 있는데 지역 또는 대중교통의 종류에 따라 다소의 차이가 있다. 예를 들어 노르트라인-베스트팔렌주의 지역교통 운송약관에 따르면, 위 규칙과 마찬가지로 운행의 안전과 질서를 위협하지 않고 다른 승객에게 불편을 주지 않는 한 별다른 청구를 요하지 않고 동물을 동반할 수 있다. 또한 모든 반려견에 대하여 목줄 착용을, 다른 승객에게 위험을 야기할 수 있는 경우에는 입마개 착용을 의무화하고 있다.[25]

　베를린 지상철 운송약관은 소형 동물의 경우는 케이시 이용을, 케이지 이용이 어려운 대형견은 위험성 유무와 상관없이 입마개를 의무화한다.[26]

　「독일 철도 주식회사 운송약관Beförderungsbedingungen Deutsche Bahn AG」은 다른 운송약관과 마찬가지로 작은 반려동물은 용기 안에, 용기 안

---

[25] Beförderungsbedingungen für die Verbund- und Gemeinschaftstarife in NRW sowie den NRW-Tarif, § 9.3.

[26] 베를린 지상철 홈페이지; Beförderungsbedingungen § 12: https://sbahn.berlin/tickets/vbb-tarif-erklaert/befoerderungsbedingungen (최종열람일: 2023년 12월 25일)

에 들어갈 수 없는 개는 목줄과 입마개를 착용한 상태로 이용할 수 있도록 규정하고 있다. 이때 용기 안에 들어갈 수 없는 개의 요금은 통상 성인 요금의 절반에 해당하는 비용을 부과한다(제7.4호).[27]

이와 같이 약관에 따라 반려동물의 종류와 크기에 따른 의무 사항, 대중교통 비용의 지불 의무 여하가 달라지지만 일반적으로 ①소형 동물과 대형 동물(개)을 구분하여 소형 동물은 케이지를 이용하여 탑승할 것을, 대형견은 경우에 따라 목줄 외에 입마개를 할 것을 의무화하고, ②소형 반려동물의 탑승 요금은 무료, 그렇지 않은 경우는 통상 성인 요금의 절반에 해당하는 정도의 요금을 지불해야 하며,[28] ③우리나라의 경우와 달리 "반려동물이 탑승할 수 있음"을 원칙적으로 명시하고 이를 위한 준수 사항을 구체적으로 적시하는 방향으로 규정되어 있다.

운송약관과는 별개로 독일의 일부 버스 운송업체는 반려견을 동반한 버스 여행을 위한 훈련을 무료로 제공하기도 하는 등 규정과 실제에 있어서 반려동물의 대중교통 이용 활성화를 위한 다각적인 노력이 추진되고 있다.

스위스

독일과 마찬가지로 스위스 역시 동물보호에 관한 입법 연혁은

---

27 독일 철도 주식회사 홈페이지; Beförderungsbedingungen Deutsche Bahn AG: file:///C:/Users/user/Downloads/Bef_derungsbedingungen%20der%20DB%20AG%20-%20Stand%2022.12.2023%20(1).pdf (최종열람일: 2023년 12월 25일)

28 주말에 저렴한 가격으로 철도를 이용할 수 있는 Schönes Wochenende 티켓의 경우, 대형견의 이용 요금은 성인에 준하고, 또한 드레스덴 지역에서는 자전거를 휴대하고 탑승할 때의 비용에 준하여 추가 비용을 지불해야 하는 등의 예외가 있다.

1800년대까지 거슬러 올라간다. 스위스 개별 주들은 이미 1842~ 1885년 사이에 「형법」에 동물보호에 관한 조항을 두었고, 연방 차원에서는 1937년 「연방형법」 제정 당시부터 동물학대를 처벌하였다. 그보다 앞선 1893년에는 헌법 개정을 통하여 마취 없이 동물을 도살하는 행위를 금지하는 조항을 신설하였다. 1978년에는 스위스 최초의 연방 「동물보호법」이 제정되었는데 당시 법률의 목적은 동물에 대한 행위를 규율하고 동물의 보호와 복지를 증진시키기 위한 것으로[29] 주로 동물에게 부당한 고통을 부과하는 것을 금지하는 것이 주요 목표가 되었다.[30]

이후 1992년 스위스 연방헌법은 제120조 제2항에 "연방은 동물, 식물 및 다른 생명체의 배아형질 및 유전형질의 사용에 관한 법률을 정한다. 이를 통해 연방은 모든 생명체의 존엄성Würde der Kreatur과 인간, 동물, 환경의 안전을 존중하고, 동·식물종의 유전적 다양성을 보호한다"고 규정하였다. 이는 1970년 생태운동의 영향으로 제정된 1980년 스위스 아르가우Aargau주 헌법을 모델로 한 것으로,[31] 스위스 연방헌법은 동물보호의 근거를 동물 그 자체의 존엄성에서 구한다. 동물보호법에 관한 입법안에 따르면 존엄성을 정확하게 정의하기는 어려우

---

29 1978년 3월 9일 「동물보호법」 제1조 제1항: "이 법은 동물에 대한 행위를 규제하며 동물의 보호와 복지를 증진시킨다." Tierschutzgesetz vom 9. März 1978 Art. 1 Abs. 1: "Dieses Gesetz ordnet das Verhalten gegenüber dem Tier; es dient dessen Schutz und Wohlbefinden."

30 Margot Michel, "Tierschutzgesetzgebung im Rechtsvergleich: Konzepte und Entwicklungstendenzen," *Animal Law–Tier und Recht*, Hrsg. Margot Michel, Daniela Kühne und Julia Hänni, Dike, 2012, S. 609.

31 한민지, 〈스위스법에 따른 동물의 법적 지위에 관한 동향〉, 《서울법학》 28(4), 2021, 347쪽.

며, 그러한 존엄성의 존중 여부는 사안별로 이해관계를 형량하여 결정해야 한다.[32] 스위스 연방법원 역시 모든 생명체의 존엄성이 인간의 존엄성과 동일하게 취급될 수 없음을 선언한 바 있는 것처럼,[33] 여기서 말하는 동물의 존엄성이 곧바로 인간과 동일한 법적 권리를 인정하는 것으로 연결되는 것은 아니다.[34]

그러나 모든 생명체의 존엄성을 존중해야 한다는 헌법적 요청은 단순히 동물에게 불필요한 고통을 가하는 행위를 규제하는 차원을 넘어 생명체의 고유한 가치 보호가 전체 법체계를 지배하는 원칙으로 기능한다는 의미를 지닌다. 이에 따라 2003년에는 동물의 비물건성을 선언(제61a조 제1항)한 「민법」 개정, 2008년에는 "동물 존엄성의 보호"를 법률의 목적에 포함한 「동물보호법」 개정이 뒤따랐다.

동물보호의 근거를 그 자체의 존엄성에서 구하는 스위스 헌법과 법률의 태도는 좀 더 적극적이고 구체적인 동물보호 관련 조항을 이끌어 내고 선진적인 동물복지 시스템을 선도하고 있다.

동물보호에 관한 헌법적 이념은 반려동물의 대중교통 이용 정책에도 반영되어 있다. 스위스에서는 독일과 마찬가지로 케이지를 이용한 소형 반려견은 무료로, 그 외 반려견은 성인 요금의 절반가량을 비용으로 지불하면 모든 대중교통을 이용할 수 있다. 특히 반려견 전용 요금제를 도입하여, 반려견이 일 단위 또는 연 단위로 스위스 전역의 대

---

32 2002년 12월 9일 「동물보호법」 개정 공고 Botschaft zur Revision des Tierschutzgesetzes vom 9. Dezember 2002, S. 675.

33 한민지, 〈스위스법에 따른 동물의 법적 지위에 관한 동향〉, 349쪽.

34 Lorenz Engi, "Die Würde des Gewordenen und die Unverfügbarkeit der Tiere," *Animal Law – Tier und Recht*, Hrsg. Margot Michel, Daniela Kühne und Julia Hänni, Dike, 2012, S. 74.

중교통을 이용할 수 있는 승차권을 발매하고 있다. 예를 들어 스위스 대부분의 도시에서 철도, 선박, 버스, 트램 등을 제한 없이 이용할 수 있는 반려견 전용 요금은 25스위스프랑[35]이고, 1개월 동안 이용할 수 있는 요금은 60스위스프랑, 1년 동안 이용할 수 있는 요금은 350스위스프랑으로 책정하고 있다.[36]

스웨덴

동물보호에 관한 입법 수준을 단계별로 살펴보면, 일단 첫 번째로 다수가 바람직하지 않다고 여기는 행동을 금지하는 처벌 법규를 마련하는 단계, 그다음으로는 동물복지를 위한 최소한의 보호 기준을 설정하는 단계, 세 번째는 이러한 복지 규정을 제도화할 수 있는 행정 당국의 구제책과 제재 조치 마련 단계 등으로 나누어 볼 수 있다.[37]

앞서 언급한 독일·스위스와는 달리 스웨덴 헌법은 동물보호나 존중에 관한 규정을 두고 있지 않다. 그러나 스웨덴 「동물복지법」은 동물의 복지를 보장하는 것뿐 아니라 "동물에 대한 존중Respect for animals"을 입법 목적 중 하나로 밝히고 있다. 이 법은 "학대 행위의 처벌"과 같은 사후 처리 방식을 중심으로 한 것이 아니라 동물의 복지를 실질적으로 증진시킬 수 있는 사전적 준수 사항을 총 11개 장, 87개 조항을 통하여 엄격하고 자세하게 규정해 두고 있다. 예를 들어 동법 제

---

35 2023년 6월 현재 환율 기준으로 우리 돈 약 3만 6,000원에 해당한다.

36 스위스 연방철도 홈페이지; https://www.sbb.ch/de/reiseinformationen/individuelle-beduerfnisse/reisen-mit-hund.html (최종열람일: 2023년 12월 25일)

37 Helena Striwing, "Animal Law and Animal Rights on the Move in Sweden," *Animal Law* 8, 2002, pp. 95-106.

2장은 동물의 취급, 기르기 및 돌봄에 대한 일반적 규정에 관한 장으로, 이에 따르면 동물들은 필요한 경우에 한하여 묶어 두거나 이와 유사한 방법으로 이동의 자유를 일시적으로 제한할 수 있으며(제5호), 축사 또는 동물이 휴식을 취할 공간은 충분한 공간이 확보되어야 하고 청결해야 하며, 온도·소음 및 조명 등이 사육에 적합한 수준으로 조정되어야 한다(제6호 및 제7호). 제4장은 동물의 건강관리 및 수술절차에 관한 사항으로 다치거나 병에 걸린 동물은 즉시 필요한 치료를 받아야 하고, 이때 부상 또는 질병이 심하여 동물이 극심한 고통을 받고 있는 경우에는 안락사를 할 것을 규정한다(제1호). 이처럼 동물에게 고통을 부과하는 행위를 금지하는 차원을 넘어 동물이 살아 있는 동안 적정한 수준의 복지가 보장될 수 있도록 실천적 규정을 두고 있는 것이다. 나아가 행정 당국은 이 법의 위반 행위에 대한 제재 권한을 가지고 다른 당국과의 협력 의무도 지닌다(제8장).

이와 같이 스웨덴의 「동물복지법」은 동물복지를 위한 초보적 단계를 훨씬 상회하여 동물의 존중에 기반한 동물복지 실천을 위한 지침을 제공하고 있다.

반려동물을 동반한 대중교통 이용과 관련하여 흔히 스웨덴 스톡홀름의 반려동물 전용칸이 정책 모델 중 하나로 언급되기도 한다. 스톡홀름 시내를 운행하는 지하철SL은 반려동물 전용칸을 운영하고 있다. 그 구체적인 내용에 관한 SL의 이용약관SL's General Sales and Travel Terms and Conditions에 따르면 ①개, 고양이, 토끼와 같은 반려동물에 한하여 동반 탑승할 수 있고, ②동반 동물은 목줄을 하거나 케이지 안에 넣어야 하며, ③안내견을 제외하고는 동반이 허용되는 전용칸만을 이용할 수 있다. 또한 ④가방이나 케이지 안에 넣지 않은 상태의 동물은

동반 탑승이 두 마리까지만 허용된다.[38]

스웨덴 철도SJ 역시 운영하는 철도의 종류(주간열차·야간열차 등)에 따라 반려동물 동반에 관한 세세한 규정을 두고 있다. 주간열차를 기준으로 살펴보면, 철도의 경우에도 마찬가지로 전용칸을 운영하는데, 2등석 기준으로 두 마리까지 반려동물을 동반할 수 있다. 다만 좌석을 이용할 수 없는 것이 원칙이나, 만일 반려동물이 좌석 앞 바닥 공간에 들어갈 수 없는 크기인 경우에는 청소년 티켓을 추가하여 좌석을 구매할 수 있다. 새, 토끼, 기니피그와 같이 크기가 작은 반려동물은 케이지에 넣고 동반할 수 있으며 비어 있는 좌석에 케이지를 놓을 수 있다. 접이식 침대가 있는 야간열차도 해당 객실을 전체 예약하는 경우 반려동물과 함께 이용할 수 있다.[39]

위에서 살펴본 국가들은 모두 동물복지정책의 선진국으로서 사회 전반적으로 반려동물 친화적인 분위기를 형성하고 있으며, 반려동물을 동반할 수 있는 시설이나 장소가 제한적인 우리나라와 달리 반려동물과 함께하는 문화의 수용도가 높다는 특징이 있다. 이렇듯 지역 내 문화나 상업시설을 반려동물과 함께 창유할 수 있는 사회에서는 그 전제가 되는 이동의 문제에 있어서도 반려동물 친화적 성격을 수반한다는 점을 보여 주고 있다.

위 지역들은 이미 오래전부터 반려 문화에 대한 고민을 통해 문화

---

38 스톡홀름 지하철 홈페이지; SL's General Sales and Travel Terms and Conditions: https://sl.se/sok?query=SL%E2%80%99s%20General%20Sales%20and%20Travel%20Terms%20and%20Conditions&page=1 (최종열람일: 2023년 12월 26일)

39 스톡홀름 지하철 홈페이지; Pets are welcome on board!: https://www.sj.se/en/travel-info/pets.html (최종열람일: 2023년 12월 26일)

의 성숙도를 제고할 수 있는 제도적, 실천적 방안들을 모색해 왔다. 동물보호나 동물 자체에 대한 존중을 헌법이나 법률에 명시함으로써 규범화하고, 이것이 모든 세부 정책의 바탕으로 기능하고 있다. 민법 상 물건의 지위에 불과한 동물이 대중교통을 이용할 때에도 물건으로 취급되는 것처럼, 헌법과 법률을 통해 존중과 보호의 대상임이 확인된 동물들은 대중교통 이용 시에도 이에 마땅한 지위를 보장받고 있다. 시민의식을 고양하고 정책을 추진할 수 있는 기본 전제로서 동물에게 물건이 아닌 지위를 보장하며 동물보호 및 복지에 대한 규범화가 필수적인 일임을 확인할 수 있다.

한편, 반려동물의 대중교통 이용은 반려동물, 그리고 그와 함께하는 사람 위주의 일방향적인 방법이 아니라, 반려동물이 없는 일반 승객을 고려한 정책이 추진되고 있다. 즉, 전면적 허용보다는 반려동물을 동반한 자에게 위험을 최소화할 수 있는 의무를 부여하고, 장소나 시간에 따라 반려동물의 이용을 제한하기도 하며, 대중교통 이용에 따른 일정 금액을 부과하는 등 반려인과 비반려인 사이의 갈등의 소지를 줄이기 위한 노력을 모색하고 있다.

반려동물 대중교통 이용 활성화를 위한 제안 - 결론에 갈음하여

법 체제 정비

운송약관 및 「화물자동차 시행규칙」의 즉각적인 개정
가장 단기적이고 즉각적인 대응 방안으로 현재 통용되고 있는 각종 운송약관과 「화물자동차 시행규칙」의 개정이 시급하다. 구체적으로는 동물을 지칭하는 용어 중 "물품", "화물" 등의 용어 및 사람과 반려동물의 동반 탑승을 의미하는 "휴대"의 용어를 순화하고, "원칙적 불가"의 입장을 "원칙적 가능"의 입장으로 수정할 것이 요구된다. 이를 위해서는 동물의 승차에 관한 새로운 조항을 신설하여 승차 조건을 구체적으로 명시하는 방향으로 개정되는 것이 바람직하다. 아울러 모든 동물을 이동장에 넣을 것을 요구함으로써 중대형견의 대중교통 이용을 원천적으로 봉쇄하는 내용과 "용기 안이 보이지 않도록"과 같이 이동장에 갇혀 보호자와 교감할 수 없는 상태에서 반려동물이 느낄 수 있는 두려움이나 공포를 전혀 고려하지 않은 내용은 폐기해야 한다.

반려동물 정의 규정의 정비

현행 「동물보호법」과 「농림축산식품부령」에 따르면 반려동물은 "반려의 목적으로 기르는", "개, 고양이, 토끼, 패럿, 기니피그 및 햄스터" 등 6종에 지나지 않는다. 현행법에 따르면 반려동물에 속하는 동물의 범위가 지나치게 한정적일 뿐 아니라, 반려동물이 사람과의 정서적 유대와 밀접한 관련이 있다는 점을 고려하면 이러한 동물들로 한정할 만한 특별한 법리적 이유도 없다. 비슷한 입법례로 미국 연방 규정을 들 수 있는데 이에 따르면 반려동물은 "통상 미국 가정에서 기르는 개, 고양이, 기니피그, 토끼, 햄스터 같은 동물"(9 C.F.R. §1.1)로서, 우리나라와 같은 열거적 규정이 아닌 예시적 규정이라는 점에 주목해야 한다.

반려동물의 정의 규정은 동물의 종류가 아니라 "반려"에 중점을 두어서 규정하되, 구체적으로는 "영리 목적이 아닌", "가정 내에서 함께

하는", "감정적 유대가 존재하는" 등의 지표를 제시하는 것이 바람직해 보인다. 다만, 반려동물의 대중교통 이용에 관해서는 사람과의 이동이 필요한 빈도, 다른 승객에 대한 위험성 여부 등을 고려하여 이용 가능한 반려동물의 종류를 제한하거나 이동의 구체적인 방법을 제시할 수 있다.

민법 개정안의 통과

앞서 현행법상 물건으로서의 동물이 대중교통 이용약관에서 생명이 전혀 없는 물건으로 취급되고 있으며, 실제로 대중교통 이용의 현저한 곤란함으로 이어지고 있다는 사실을 확인하였다. 반려동물의 대중교통 이용 증진을 위해서 가장 즉각적으로는 위에서 언급한 바와 같이 운송약관의 개정이 시급하지만, 현재 동물에 관한 인식 변화와 더불어 향후 동물에 대한 다방면의 정책적 접근을 고려할 때 근본적으로는 「민법」상 동물의 물건성을 부정하는 방향으로의 개정이 요구된다.

동물복지문제연구소 어웨어가 2022년 2천 명을 대상으로 실시한 여론조사에 따르면, "민법에 "동물은 물건이 아니다"라는 조항을 신설하는 것에 동의한다"고 응답한 비율이 94.3퍼센트로 매우 높게 나타났다. 동물을 사육하지 않는 조사 대상자 중에서도 93.5퍼센트가 「민법」상 동물의 법적 지위 명시에 동의하였다.[40] 이러한 결과는 대중의 인식과 법 감정이 동물의 물건성을 부정하고 새로운 법적 지위를 인정하는 법 개정을 이루기에 충분하다는 사실을 대변한다.

---

40   AWARE, 《2022 동물복지에 대한 국민인식조사》, 2023, 143~144쪽.

오랜 논의의 끝에 동물의 물건성을 부정하는 「민법」 개정안이 마련되어 본회의 통과를 기다리고 있다. 「동물보호법」 등 공법을 통하여 동물을 보호하거나 복지 차원에서 접근하는 것과 달리, 사인과 사인 사이의 법률 관계를 다루는 「민법」상 동물이 물건이 아니라는 선언은 종래 물건 개념에 대한 변화이자 「민법」상 다른 제도에도 변화를 수반하는 "획기적인 것"[41]이라고 평가할 수 있다. 구체적으로 압류, 강제집행, 손해배상, 이혼 시의 양육권 문제 등 「민법」상의 제도뿐 아니라 「형법」상 재물손괴의 객체가 될 수 있는지, 물건이 아닌 지위를 가진 동물에 대한 학대 행위에 부과되는 현행법상 처벌이 적정한지 등 모든 법령에 대한 확인과 검토를 요하는 일이기도 하다.[42] 또한 동물은 태어나서 죽을 때까지 인간의 삶에 관여하는 방식이 매우 다양한 양태로 나타난다. 즉, 동물은 반려동물일 수도 있고, 야생동물일 수도 있으며, 가축일 수도 있고, 실험동물일 수도 있다.[43] 모든 동물의 물건성을 부정할 때 이렇듯 다양한 유형으로 인간의 삶과 연관된 동물들을 어떻게 포섭하여 처우할 것인가의 문제도 남아 있다. 「민법」 개정안은 2023년 8월 현재 국회 소관위원회(법제사법위원회)에 회부된 상태로 본회의 통과를 기다리고 있는데, 개정안이 발의된 이후 2년 동안 눈에 띄는 진전이 이루어지지 않은 것도 이러한 후속 과제에 대한 합의가 쉽게 이루어지지 않은 탓으로 보인다.

---

[41] 윤철홍, 〈동물의 법적 지위에 관한 입법론적 고찰〉, 《민사법학》 56, 2011, 401쪽.
[42] 김도훈, 〈민법상 동물의 법적 지위에 관한 소고 – 민법 일부개정법률안을 중심으로 – 〉, 《서강법률논총》 11(3), 2022, 75쪽.
[43] 김판기·홍진희, 〈동물의 비물건화를 위한 민법개정 논의에 대한 비판적 고찰〉, 《법과 정책연구》 21(3), 2021, 338쪽.

그러나 역으로 「민법」 개정안을 통해 동물이 무생물체와는 달리 생명을 지닌 존재라는 점을 분명히 함으로써 모든 동물 관련 법령을 지배하는 준거 기준을 제공할 수 있다. 아울러 개정안 제98조의2 제2항은 "동물에 관하여는 법률에 특별한 규정이 있는 경우를 제외하고는 물건에 관한 규정을 준용한다"고 하여 동물의 물건성을 완전히 배제하지 않고 있으므로 개정안이 통과되어도 대부분의 경우 현행법과 충돌하거나 극심한 혼란을 야기시키지는 않을 것이라 생각된다. 특히 본 연구의 주제인 대중교통 이용에 있어 운송약관의 즉각적인 개정은 물론, 후술하는 바와 같이 반려동물에 대한 요금제나 장기적 과제로서 반려동물 보유세 신설을 고려할 때, 해당 개정안은 이러한 제도의 우선적 근거로 기능할 수 있다. 동물을 무생물체와 같은 물건과 동일한 것으로 전제한다면, 동물을 보유한 것에 대하여 그 소유자에게 일종의 경비 소요나 조세의 의무를 부담시키고 그 의무 위반에 대해 일정한 제재를 가하는 제도를 상정하기 어렵기 때문이다.

반려동물의 대중교통 이용을 위한 단계적 접근

반려동물 전용칸 신설 및 중대형 동물 탑승 허용 시간 설정

반려동물에 대한 모든 정책적 접근은 비반려인과의 갈등의 소지를 줄이고 조화와 공존을 모색하는 방향으로 진행되어야 한다. 앞에서 살펴본 국가에서는 이미 100여 년 전부터 동물보호를 위한 법제화가 진행되어 왔으며, 그에 상응하는 반려동물 친화적인 문화가 자리 잡고 있다. 이에 비하여 우리나라의 경우는 현재까지 반려동물에 대한 개인적·사회적 책임이 충분히 제도로 구현되지 못한 상황이기 때문에 반려동물을 기르지 않는 사람과의 갈등 문제는 물론, 사람과의 동반 생활의 결핍으로 사회성이 부족한 반려동물이 일으킬 수 있는 위험의 가능성까지 고려할 필요가 있다. 따라서 대중교통 이용에 관한 정책적 접근은 산책을 비롯한 반려인들의 의무를 강화하고 사회 전반적인 펫프렌들리 정책과 수반하여 대중교통 이용 범위를 확대해 나가야 할 것이다.

특히 서울과 같이 대중교통 혼잡도가 높은 대도시의 경우에는 대중교통 차량의 일부를 반려동물 동반 탑승 구역으로 설정하거나 반려동물이 탑승할 수 있는 시간대를 설정하는 등의 방법을 모색할 수 있다. 예를 들어 미국 메사추세츠주는 출퇴근 시간(오전 7시~10시, 오후 4시~7시)을 제외한 시간에 반려동물을 동반한 교통 서비스 이용이 가능하다.[44] 이와 같은 모델을 기반으로 서울 지하철을 중심으로 전용 칸 설정+운영 시간 제한의 병용을 시범적으로 운영하는 방법도 고려해 볼 수 있다.

반려동물 승차요금 신설

2020년 초에 발표된 〈2020~2024년 동물복지 종합계획〉은 반려동물 보유세에 관한 검토를 포함한 과제를 제시한 바 있다. 반려동물의 복지 증진을 위한 세수稅收 확보 및 반려동물을 기르는 사람들에 대한 의무와 사회 전반의 의식 제고를 위해서[45] 향후 반려동물 보유세를

---

44 메사추세츠 교통공사 홈페이지; Rider Rules and Regulation: https://www.mbta.com/safety/rider-rules-and-regulations#rideretiquette (최종열람일: 2023년 12월 26일)

45 권용수 · 이진홍, 〈반려동물 보유세 도입에 관한 기본적 고찰〉, 《조세와 법》 13(1), 2020, 139~140쪽.

신설하는 것이 바람직하다.

다만, 반려동물 보유세 신설에 앞서 반려동물 대중교통 승차요금 제도의 정비를 고려해 볼 수 있다. 승차요금은 운송계약에 있어 급부적 성격을 지니는 것으로 조세에 해당하는 보유세와 그 법적 성격이나 지배 원리 등을 달리하지만, 운송업체 측에서는 반려동물 승차 시에 소요되는 관리 비용을 확보할 수 있고, 반려동물을 동반한 승객 역시 정당한 운임에 대한 권리를 요구할 수 있다는 측면에서 논의의 가치가 있다.

대부분의 반려인들이 반려동물을 동반한 대중교통 이용의 대가로 요금을 지불할 의사가 있음은 앞서 설문조사의 결과를 통해 살펴본 바와 같다. 아울러 지난 2022년 5월에는 일본 철도기업 JR이 신칸센의 반려견 전용칸을 시범운행한 바 있는데, 시범운행에 참가한 사람들을 대상으로 한 조사에서 펫프렌들리 차량을 반려견과 함께 이용하는 대가로 성인 요금의 두 배까지 지불할 의향이 있는 참가자의 비율이 85퍼센트에 달할 정도로 적극적인 의사를 표명하고 있다.[46] 이를 참고하여 적정 운임 수준은 해당 대중교통의 운임 정도, 반려동물을 위한 좌석 허용 여부, 이동장 이용 여하 등 다양한 요소를 고려할 수 있다.

---

46 PRTIMES 홈페이지; https://prtimes.jp/main/html/rd/p/000000097.000015317.html.
(최종열람일: 2022년 6월 12일)

참고문헌

미미 셸러, 《모빌리티 정의》, 최영석 옮김, 앨피, 2019.
뱅상 카우프만, 《도시를 다시 생각한다》, 최영석 옮김, 앨피, 2021.
존 어리, 《모빌리티》, 김태한 옮김, 앨피, 2022.
피터 애디, 《모빌리티 이론》, 최일만 옮김, 앨피, 2017.

권용수 · 이진홍, 〈반려동물 보유세 도입에 관한 기본적 고찰〉, 《조세와 법》13(1),
    2020, 127~161쪽.
김판기 · 홍진희, 〈동물의 비물건화를 위한 민법개정 논의에 대한 비판적 고찰〉, 《법
    과 정책연구》21(3), 2021, 323~345쪽.
송정은, 〈"동물은 물건이 아니다"의 의미 – 동물의 새로운 법적 지위를 위한 시론적
    고찰〉, 《사법》59, 2022, 259~287쪽.
양천수 · 이동형, 〈문화와 법체계 그리고 비교법학〉, 《민족문화논총》28, 2007,
    121~152쪽.
윤신희 · 노시학, 〈새로운 모빌리티스(New Mobilities) 개념에 관한 이론적 고찰〉,
    《국토지리학회지》49(4), 2015, 491~503쪽.
윤철홍, 〈동물의 법적 지위에 관한 입법론적 고찰〉, 《민사법학》56, 2011, 399~
    435쪽.
이용균, 〈모빌리티가 여행지 공공공간의 사적 전유에 미친 영향: 터키 여행 공간을
    사례로〉, 《한국도시지리학회지》22(2), 2019, 47~62쪽.
최희수, 〈헌법 안에서의 동물의 위치와 국가의 의무 – 독일 동물헌법조항의 규범적
    의미를 중심으로 –〉, 《환경법과 정책》19, 2017, 1~30쪽.
한민지, 〈스위스법에 따른 동물의 법적 지위에 관한 동향〉, 《서울법학》28(4), 2021,
    343~379쪽.
_____, 〈동물의 법적지위에 대한 민법 개정논의에 즈음하여 보는 동물보호법제
    발전방향 – 독일 동물보호법 · 정책 변화를 중심으로 –〉, 《환경법과 정책》28,
    2022, 83~111쪽.
홍완식, 〈독일의 동물보호법제에 관한 고찰〉, 《유럽헌법연구》25, 2017, 523~544쪽.

Leesun Park, "Before Entering Games: The Base and Accessibility of Games," *International Journal of Diaspora & Cultural Criticism* 12(2), 2022, pp. 103-140.

농림축산식품부, 〈2020~2024년 동물복지 종합계획〉, 2020.
농림축산식품부 보도자료, 〈농식품부, 동물의료 서비스 체질 개선에 나선다 - 동물의료개선 전담(TF) 가동, 「동물의료 개선 종합대책」 마련(10월) - 〉, 2023년 3월 14일.
법무부 보도자료, 〈친양자 입양제도 개선 방향 및 동물의 비물건화 후속 법안 논의 - 법무부 사공일가(사회적 공존을 위한 1인가구) TF 제3차 회의 결과 - 〉, 2021년 9월 6일.
AWARE, 《2022 동물복지에 대한 국민인식조사》, 2023.

Albert Lorz, Ernst Metzger, *Tierschutzgesetz*, 5. Aufl., C.H.Beck, 1999.
Lorenz Engi, "Die Würde des Gewordenen und die Unverfügbarkeit der Tiere," *Animal Law–Tier und Recht*, Hrsg. Margot Michel, Daniela Kühne und Julia Hänni. Dike, 2012, S. 69-86.
Margot Michel, "Tierschutzgesetzgebung im Rechtsvergleich: Konzepte und Entwicklungstendenzen," *Animal Law–Tier und Recht*, Hrsg. Margot Michel, Daniela Kühne und Julia Hänni. Dike, 2012, S. 593-624.
Helena Striwing, "Animal Law and Animal Rights on the Move in Sweden," *Animal Law* 8, 2002, pp. 93-106.

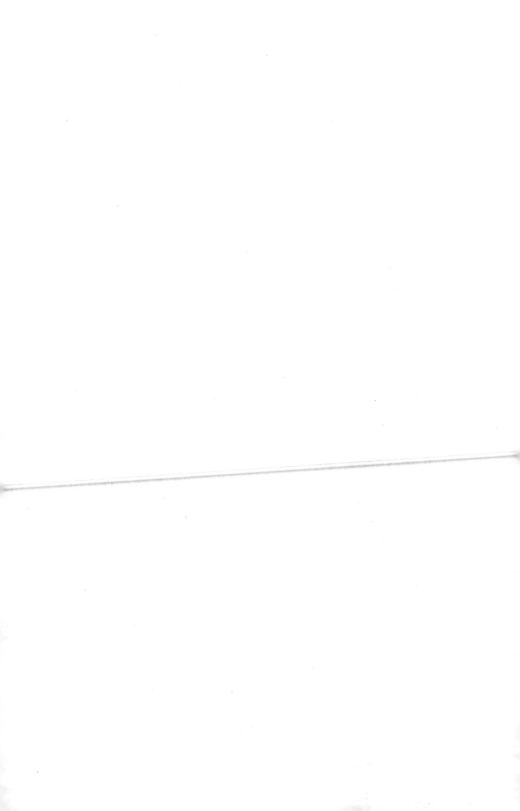

2부

공간과 미디어

사고-되기와 결합-되기의 정치

| 이용균 · 길광수 |

이 연구는 2023년 2월 한국지역지리학회지에 게재된 〈사고-되기와 결함-되기의 정치: 저먼윙스Germanwings 항공사고를 중심으로〉를 재구성한 것임.

들어가며

현 사회는 고-모빌리티 사회이다. 모빌리티가 사회적 관심을 끄는 이유는 현 사회가 이동과 긴밀한 관계를 갖기 때문이다. 모빌리티는 이동하는 주체와 대상에 의해서만 발생하는 것이 아니라, 교통과 정보통신(인터넷 및 모바일) 등의 이동적 매개의 수준, 그리고 사회의 문화와 가치관과 같은 제도적 요소, 특히 이동을 자극하는 경험과 정서로 대표되는 정동적affective 요소에 의해 발생한다.[1]

모빌리티는 다양한 분야와 관점에서 주목받고 있는데, 최근 항공과 관련된 이동도 주목을 받고 있다. 항공모빌리티aeromobility는 공항과 비행을 중심으로 형성되는 다양한 이동의 생산과 결합이 갖는 모빌리티를 의미한다.[2] 항공모빌리티가 주목받는 이유는 항공 이용이 일상의 일부가 되면서 현재의 삶이 직·간접적으로 다양한 항공서비스와 항공 인프라에 의존하고 있기 때문일 것이다.

이동의 빈도, 규모 및 범위의 복잡성이 증대하는 고-모빌리티 사회는 다양한 형태의 이동 사고를 수반하는데, 그중에서도 항공사고는 치명적 결과를 가져온다는 점에서 사회적 관심이 높다. 항공사고는 항공모빌리티를 정지시키는 등의 큰 변동을 가져오기에 비상사태 모

---

1 고민경, 〈공유 퍼스널 모빌리티 이용에 다른 도시경험: 정동적 플랫폼 도시론(affective platform urbanism)을 위한 시론적 연구〉, 《한국도시지리학회지》 23-3, 2020, 35~47쪽; 이용균, 〈모빌리티의 구성과 실천에 대한 지리학적 탐색〉, 《한국도시지리학회》 18-3, 2015, 147~159쪽; 팀 크레스웰, 《온 더 무브: 모빌리티의 사회사》, 최영석 옮김, 앨피, 2021.
2 길광수·이용균, 〈COVID-19로 인한 항공모빌리티의 변화와 공항의 재-구성: 인천국제공항을 사례로〉, 《한국도시지리학회지》 25-1, 2021, 87~106쪽.

빌리티emergency mobility로 불리기도 하며, 사고의 치명성 때문에 재앙 모빌리티disaster mobility라 불리기도 한다.[3] 국제민간항공기구ICAO: International Civil Aviation Organization는 항공사고를 '비행을 목적으로 사람이 탑승한 시점부터 내릴 때까지 항공기 운항과 관련하여 발생한 사고'로 정의하고 있다(ICAO, 2016).[4] 항공사고는 전 세계적으로 복잡하게 얽혀 있는 항공 운영의 공통 프로토콜이 사고에 의해 정지되거나 변형되는 다-국가적 공동의 문제이기도 하다. 따라서 항공사고는 글로벌 규정에 의해 조사되는데, 대개의 경우 사고 조사는 국제민간항공기구의 규정에 따라 이루어진다.

2015년 '저먼윙스 9525편'(4U9525) 항공사고는 독일과 유럽뿐만 아니라 전 세계에 큰 충격과 파장을 일으켰다. 조종사의 과실을 예방해야 한다는 안전 담론security discourse이 또다시 주목받는 계기가 되었고, 푸코Michel Foucault의 통치성governmentality 논리가 주류 사회를 위한 안전장치로 작동되어야 하며 동시에 주변부의 존재는 호모 사케르homo sacer로 전락해도 무방하다는 담론과 미디어 정치의 진면목이 드러난 사건이었다.[5] 항공사고의 파장이 크다는 것은 이에 대한 원인 조

---

3 P. Adey, "Emergency mobilities," *Mobilities* 11, 2016, pp. 32-48; J. Boelle, *The Media's Representation of Airplane Diasters: an Analysis of Themes, Language and Moving Images*, Unpublished PhD. Thesis, Cardiff University, 2020.

4 ICAO 부록 13에는 항공사고에 대한 다양한 정의, 표준, 권고 등이 상세하게 제시되어 있다. 우리나라는 「항공법」 제50조 제5항에 근거하여, ①항공기 추락, 충돌, 화재, ②항공기로 인한 사람의 사상 또는 물건의 손괴, ③항공기 안에 있는 사람의 사망 또는 행방불명, ④기타 건설교통부령이 정하는 항공기에 관한 사고로서 항공법 시행규칙 제146조(사고 범위)에 해당하는 것을 항공사고로 규정하고 있다.

5 P. Kinderman, "There are some people who commit 'murder-suicide' but they are extremely rare," The Conversation, 2015; T. Laukkala, A. Vuorio, R. Bor, B. Budowle, P. Navathe, E. Pukkala, A.

사와 결과 해석이 권력주도적으로 진행될 가능성을 내포한다. TV·인터넷·신문 등의 미디어와 SNS가 관심사 위주로 보도 및 소통하면서, 사고에 연루된 피의자 및 피의자 가족은 '존재 부재absence of being'의 상황에 놓이게 된다. 이는 사건을 둘러싼 담론이 권력과 자본 중심의 생명정치biopolitics에 의해 작동됨을 보여 준다.[6]

항공사고는 한두 개의 요인에 의해 발생하는 것이 아니라 다양한 요인의 직·간접적 연루와 결합에 의한 것임에 주목해야 한다. 항공사고의 발생은 좀 더 큰 맥락과 관계를 통해 밝혀질 필요가 있는데, 이를 위해선 들뢰즈Gilles Deleuze와 가타리Félix Guattari의 되기devenir/becoming 개념, 즉 현상 또는 존재가 고정된 것이 아니라 변화의 과정 중에 있다는 관점이 항공사고를 이해하는 토대를 제공할 수 있다. 이는 항공사고를 인간–비인간이 복잡하게 연루된 사고라는 점에 주목하도록 하고, 궁극적으로 미디어 정치가 어떻게 항공사고를 구성하는지를 이해하도록 한다.

항공사고는 여러 국가의 지정학적 관계를 수반하고, 복잡한 사고 조사와 수습의 정치를 요구한다. 이 글은 조종사의 고의 추락(자살)으로 추정되는 독일 저먼윙스 9525편을 사례로, 어떻게 이 사고가 조종사의 과실에 의한 비정상적이고 일탈적 행동으로 규정되고, 환자의 진료 기록이 어떻게 결함된 신체로 구성되는지에 주목한다.

Sajantila, "Copycats in pilot aircraft-assisted suicides after the Germanwings incident," *International Journal of Environmental Research and Public Health* 15(3), 2018, pp. 491-498.

6 박준홍·정희선, 〈지역축제를 통해 본 인간–자연의 관계와 생명정치: 화천 산천어축제의 사례〉, 《한국지역지리학회지》 27-2, 2021, 179~198쪽; 멜린다 쿠퍼, 《잉여로서의 생명》, 안성우 옮김, 갈무리, 2016.

항공모빌리티와 항공사고-되기

항공모빌리티와 항공사고

고-모빌리티 사회는 항공모빌리티에 의존한다. 항공을 매개로 하는 여러 부문과 활동, 예를 들어 비행기의 조립과 생산, 항공사와 항공서비스, 공항터미널의 여러 기능들, 글로벌 및 로컬 항공시스템의 통제 등이 상호 긴밀하게 결합된 것이 항공모빌리티이다.

    항공모빌리티가 주목을 받은 것은 국제여행의 증가와 모빌리티 패러다임의 등장 때문이라 할 수 있다.[7] 특히, 국제여행의 증대는 항공기 생산, 항공서비스의 증가, 공항의 확대, 저가항공의 성장, 여행사를 비롯한 관광서비스의 증가 등은 물론 국제관광의 지정학에도 많은 영향을 미치고 있다.[8] 이는 항공모빌리티가 글로벌 연결에서 핵심적 위치를 차지할 뿐만 아니라 항공 이용이 일상의 일부가 되는 시대적 변화를 이끌었기 때문이다.[9] 항공모빌리티는 항공 경영과 정책, 글로벌 항공네트워크의 연결성, 사회 변화기 항공서비스에 미치는 영향, 항공 여행의 구성과 실천 등에 대해 관심을 갖는다.[10]

    모빌리티 사회학자 어리J. Urry에 의하면, 항공모빌리티는 비행기 ·

---

7   V. Zuskáčová, "How we understand aeromobility: mapping the evolution of a new term in mobility studies," *Transfers* 10(2-3), 2020, pp. 4-23.

8   E. Yorgason, "Toward a Geopolitics of Korean Tourism," *The Korean Association of Regional Geographers* 28-4, 2022, pp. 489-508.

9   C. Lassen, "Aeromobility and work," *Environment and Planning A* 38, 2006, pp. 301-312.

10   P. Adey, W. Lin, "Social and cultural geographies of air transport," in A. Goetz, L. Budd, (ed), *The Geographies of Air Transport*, Taylor and Francis Group: UK, 2014, pp. 61-71.

여행자·공항·규칙·기술 등 수많은 구성 요소가 매우 복잡하게 조직되는 시스템이고, 또한 다양한 인간과 비인간 행위자들의 집합체이다.[11] 생산과 기술, 자본과 인프라, 서비스와 제도가 긴밀하게 결합된 아상블라주가 바로 항공모빌리티이다.

항공모빌리티의 특성은 복잡성complexity의 맥락에서 이해될 수 있다. 복잡성이 강조하는 것은 개별적 요소로 이해될 수 없는 시스템적 요소의 중요성으로, 이러한 복잡한 시스템은 우연적이고 창발적 관계로 생성된다.[12] 즉, 항공모빌리티의 시스템을 구성하는 요소인 자본·기술·권력·인프라·지식은 개별적 역량보다 서로 결합된 시스템적 역량에 의해 모빌리티를 주도하고, 시간이 지날수록 이러한 시스템은 공동-진화하고 자기-조직화의 과정을 거치면서 복잡한 모빌리티를 구성한다는 것이다.[13] 한편으로는 표준화되고 다른 한편으로는 상황에 따라 수시로 변화하는 글로벌 관리 시스템과 제도, 그리고 국제정치와 지정학적 관계가 모빌리티의 구성과 실천에 많은 영향을 미친다. 특히 지정학적 관계, 권력, 자본은 다양한 형태의 모빌리티 생성에서 매우 복잡하면서도 중요한 요소가 된다.[14]

한편, 항공모빌리티는 선진국과 개발도상국, 허브공항과 로컬공항,

11 존 어리, 《모빌리티》, 강현수·이희상 옮김, 아카넷, 2014.

12 이용균, 〈모빌리티와 일상의 세계: 복잡성, 리듬, 정동〉, 《모빌리티 생활세계학》, 고민경·박용하·손정웅·김명현·정은혜·오정준·이지선·이영민·배진숙·김재기·파라 셰이크·이용균, 앨피, 2021, 295~354쪽.

13 존 어리, 《모빌리티》, 2014; N. Thrift, "The place of complexity," *Theory, Culture and Society* 16, 1999, pp. 31~70.

14 박준홍·정희선, 〈COVID-19 백신 보급에 따른 경계와 모빌리티의 재구조화〉, 《공간과사회》 31(4), 2021, 9~51쪽; 백지혜·박준홍·김희순·정희선, 〈중국의 COVID-19 백신외교에 투영된 생명지정학〉, 《국토지리학회지》 56-1, 2022, 13~33쪽.

부자와 빈자, 메이저 항공과 저가항공에 따라 규모·빈도·연결성에서 차이가 나타난다. 이런 점에서 항공모빌리티의 복잡성을 이해한다는 것은 변화하고 적응하는, 그리고 시간의 경과 속에서 스스로를 조직하는 시스템을 탐색하는 것을 의미하며, 권력과 자본이 주도하는 통제와 관리 시스템의 작동 방식에 주목하는 것이다.

항공사고는 항공모빌리티에 막대한 영향을 미치는데, 이는 항공 운항과 관련하여 항공기의 손상, 사망과 상해 등의 인명 피해, 항공사의 운항 책임에 영향을 미치는 비정상적 상황을 의미한다. 비행은 인간과 최첨단 기계 시스템의 결합에 의해 작동하는 것으로, 항공사고는 인간과 기계의 동시적 추락이란 점에서 주목을 받는다. 항공모빌리티가 복잡한 구성 요소들 간 우연적이고 창발적 관계의 결합이라는 것은 항공사고가 발생했을 때 사고의 원인을 파악하고 항공기 운항을 재개할 때까지 매우 복잡한 과정과 절차가 필요함을 의미한다.

본 연구가 주목하는 항공사고는 조종사의 고의적 선택에 의한 추락을 의미하는 사고로서, '조종사 자살suicide by pilot', '항공기-동반 자살aircraft-assisted suicide', '살인-자살murder-suicide' 등으로 불리기도 한다.[15] 1993~2002년 미국에서 발생한 항공사고 3,648건 중 단 16건(전체의 0.44퍼센트)만이 조종사에 의한 고의적 추락 사고로 추정된다. 2003~2012년까지 3,596건의 항공사고 중 조종사에 의한 고의 추락

---

15 C. Bills, J. Grabowski, G. Li, "Suicide by aircraft: a comparative analysis," *Aviation, Space, and Environmental Medicine* 76-8, 2005, pp. 715-719; A. Vuorio, T. Laukkala, P. Navathe, B. Budowle, A. Eyre, A. Sajantila, "Aircraft-assisted pilot suicides: lessons to be learned," *Aviation, Space, and Environmental Medicine* 85-8, 2014, pp. 1-6.

사고는 8건으로 전체의 0.22퍼센트에 불과하나 그 여파는 막대하다.[16]

항공사고를 조종사 자살로 규정하는 것은 신중할 필요가 있는데, 이는 ICAO 부록 13에도 명시되어 있듯이 자살에 의한 추락으로 규정할 수 있는 명확한 근거가 부족하기 때문이다(ICAO, 2016). 실제, 항공사고에 대한 조사결과보고서 중에서 조종사의 자살에 의한 추락으로 단정된 사고는 극히 일부에 불과하다.[17]

비정상적 상황에서 모빌리티가 제한된다는 점에서 항공모빌리티의 취약성이 존재한다. 항공사고는 항공모빌리티 시스템을 멈추게 하거나 비정상적 상황에 놓이게 하는데, 크레스웰과 마틴Cresswell and Martin은 이를 시스템적 난기류turbulences라 표현한다.[18] 즉, 예기치 못한 정지는 모빌리티 시스템에 새로운 변화·질서·진화·전복 등을 가져오고, 시스템이 재작동하면 원래와는 다른 시스템으로 구성될 가능성도 있다.

애디p. Adey는 예기치 못한 모빌리티의 정지 상황을 비상사태 모빌리티라는 개념으로 접근한다.[19] 이는 모빌리티를 작동시키는 기계·정치·제도·거버넌스 등의 시스템이 작동하지 않는 비정상적 조건이나 재난 또는 정치적 불안 등의 예외상황도 포함한다. 이러한 비상사

---

16 T. Laukkala, A. Vuorio, R. Bor, B. Budowle, P. Navathe, E. Pukkala, A. Sajantila, "Copycats in pilot aircraft-assisted suicides after the Germanwings incident," pp. 491-498.

17 유사한 고의 추락 항공사고인 모잠비크 항공 470편, 실크에어 185편의 최종 조사보고서의 경우 사고와 직접적으로 연관된 자살이라는 단어가 한 차례도 등장하지 않았다. T. Laukkala, A. Vuorio, R. Bor, B. Budowle, P. Navathe, E. Pukkala, A. Sajantila, "Copycats in pilot aircraft-assisted suicides after the Germanwings incident," pp. 491-498.

18   T. Cresswell, C. Martin, "On turbulence: entanglements of disorder and order on a Devon Beach," *Tijdschrift voor Economische en Sociale Geografie* 113(2), 2012, pp. 516-529.

19 P. Adey, "Emergency mobilities," pp. 32-48.

태는 새로운 기술, 제도, 시스템의 발명이나 재배치가 이루어지는 토대가 되기도 한다. 또한, 모빌리티의 비상사태는 이동이 정치적 및 지정학적 관계와 연루된다는 점에 주목할 필요가 있다. 특히, 항공사고는 여러 국가가 동시에 연루되는 정치적 및 지정학적 상황을 만들고, 이들 관계 속에 조사 · 분석 · 조치가 취해진다.[20]

한편, 항공사고는 재앙disater의 관점에서 접근하기도 하는데, 재앙은 직접 경험하지 않더라도 미디어에서 흔히 접하게 되는 현상이므로 이를 명확히 정의하기 힘들다. 대체로 재앙은 자연의 변동(홍수, 산불, 태풍 등), 기술 및 산업재해(항공사고, 기차 탈선, 독가스 유출, 붕괴 등), 정치적 및 장기적 시스템 실패(빈곤, 인권 남용, 기후변화 등) 등으로 구분될 수 있다.[21] 하지만 재앙은 미디어의 역할 없이는 이해되기 힘든데, 일반인이 경험하는 대부분의 재앙이 미디어의 설명에 의존하기 때문이다.[22]

재앙으로서의 항공사고는 발생 비율이 낮기에 더욱 미디어의 주목을 받는다. 미국 국가안전위원회의 자료에 의하면, 일생 동안 항공사고는 9,821명 중 1명, 심장마비나 암은 7명 중 1명, 그리고 자동차 사고는 114명 중 1명꼴로 발생한다.[23] 이처럼 매우 드물게 발생함에도

20 T. Laukkala, A. Vuorio, R. Bor, B. Budowle, P. Navathe, E. Pukkala, A. Sajantila, "Copycats in pilot aircraft-assisted suicides after the Germanwings incident," pp. 491-498.

21 P. Adey, "Emergency mobilities," pp. 32-48; M. Pantti, K. Wahl-Jorgensen, S. Gottle, *Disasters and the Media*, Peter Lang Publishing: New York, 2012; J. Boelle, *The Media's Representation of Airplane Diasters: an Analysis of Themes, Language and Moving Images*, 2020.

22 J. Boelle, *The Media's Representation of Airplane Diasters: an Analysis of Themes, Language and Moving Images*, 2020.

23 National Safety Council, *Injury Facts, 2017 Edition*, Itasca, Illinois, 2017.

항공사고가 재앙으로 인식되고 미디어의 관심을 끄는 이유는 죽음·
파괴·미스터리·갈등·자극·비극 등 인간의 감정에 호소하는 모든
요소가 항공사고에 내재하기 때문일 것이다.[24] 이런 점에서 항공사고
가 단순한 사고가 아닌 비상사태나 재앙으로 인식되는 것에 대한 맥
락적 이해가 필요하다.

항공사고-되기

들뢰즈는 그리스 철학자 헤라클레이토스의 신전에 대한 설명에서 영
감을 얻어 '되기'의 개념을 착안한 것으로 알려진다.[25] 헤라클레이토
스는 존재를 있는 것이 아니라 되기 중인 것이라 주장하였다. 들뢰즈
와 가타리에 의하면 '되기'란 변화를 의미하며, 모든 되기는 분자-되
기의 과정을 거친다. 되기로 변화한다는 것은 새로운 것이 만들어지
는 것이지만 이는 변화, 모방 또는 동일화는 아니다.[26] 되기란 현상과
사건을 이해함에 있어 과정과 변화를 강조한다. 즉, 이질적인 것의 만
남과 결합에 의해 질적으로 다른 변화의 상태와 새로운 환경이 구성
되는 것을 의미한다.[27] 되기의 관점에서 정지 상태란 존재하지 않으
며, 오직 변형의 과정만이 존재한다. 이런 점에서 움직이고 이동하는

---

24 R. Cobb, D. Primo, *The Plane Truth: Airline Crashes, the Media, Transportation Policy*,
    The Brooking Institution, Washington, D.C., 2003; J. Boelle, *The Media's Representation of
    Airplane Diasters: an Analysis of Themes, Language and Moving Images*, 2020에서 재인용.

25 아르노 빌라니·로베르 싸소,《들뢰즈 개념어 사전》, 신지영 옮김, 갈무리, 2012.

26 질 들뢰즈·펠릭스 가타리,《천개의 고원: 자본주의와 분열증》, 김재인 옮김, 새물결, 2001.

27 김은주, 〈들뢰즈의 행동학(éthologie): 되기(devenir)개념과 실천적 의미〉,《시대와 철
    학》25(2), 2014, 71~110쪽.

것이 사물의 존재 방식이고,[28] 이동하는 실체는 관계적으로 구성되는 되기(들)의 결합이다[29]

되기는 '기관 없는 신체body without organs' 개념과 긴밀하게 관련된다. 들뢰즈에 의하면, 우리가 발견할 진실에 대해 미리 할 수 있는 것이 없기에 미리 계획을 세울 수도 어떻게 사고할 것인지에 대한 인식도 없이 마치 거미처럼 사소하게 던져진 기호만을 유일한 단서로 삼아 되기(생성)를 이해해야 한다.[30] 우리는 미리 아는 것이 없는 신체를 가지며, 되기란 무엇으로 변화할지를 정확히 모르는 상태를 의미한다. 들뢰즈가 차이의 의미에 강조를 두면서, 무수한 생명의 차이들은 인간이란 단일한 규범으로 이해될 수 없다고 주장하듯이, 수많은 형태와 특징을 갖는 사고를 특정 유형이나 범주로 구분하는 것은 바람직하지 않다. 우리는 항공사고를 이해함에 있어 사고를 구성하는 모든 분자적 특성에 주목할 필요가 있다.

항공사고의 유형은 미리 정해진 것이 아니라, 사고가 발생하고 이에 대한 조사가 이루어지면서 사고의 성격이 부여된다. 들뢰즈의 표현대로 항공사고란 '기관 없는 신체'이고, 인간-비인간의 연결, 결합, 교차 등에 의해 새로운 상태나 특성으로 변화하는 사고-되기이다. 여성이 어머니 · 주부 · 아내 · 직장인 · 시민 등과 결합되어 여성-되기로

---

28 S. Lash, "Lebenssoziologie: Georg Simmel in the information age," *Theory, Culture and Society* 22, 2005, pp. 1-23.

29 이용균, 〈이주의 관계적 사고와 이주자 공간의 위상 읽기: 관계, 위상 및 아상블라주 관점을 중심으로〉, 《한국도시지리학회지》20(2), 2017, 113~128쪽.

30 신지영, 《내재성이란 무엇인가》, 그린비, 2009; 클레어 콜브룩, 《들뢰즈 이해하기》, 한정헌 옮김, 그린비, 2007.

구성되듯,[31] 사고는 인간과 장소·권력·재앙·감정·치유 등이 서로 결합되어 사고-되기가 된다. 같은 유형의 항공사고라 하더라도 어떤 나라에서 발생했는지에 따라서, 어느 국가 또는 회사 소속의 항공기인가에 따라서, 어떤 재앙을 가져왔는지에 따라서, 관련된 희생자는 누구인지에 따라서, 추후 안전을 위해 어떤 대책이 마련되는지에 따라서 사고-되기는 다르게 구성된다. 이는 들뢰즈의 주장처럼 '사고'라는 개념이 미리 정해진 원형으로서의 의미를 갖는 것이 아니라 상황에 따라 구성되는 것임을 의미한다.[32] 따라서 사고를 하나의 정형화된 것, 즉 '고정된 것'으로 이해하는 것은 서로 다른 메커니즘에서 창발하는 사고의 복잡성을 간과하는 것이다.

들뢰즈의 견해를 차용하면, 사고는 하나의 개체 즉, 기계machine가 되고, 인간의 욕망(즉, 욕망-기계)에 따라 항공사고가 범주화된다. 예를 들어, 조종사의 과실에 의한 사고는 다른 사고와 차이생성différentiation의 과정을 거치면서 사고-되기가 된다. 항공 관련 국제 및 국내 조직, 미디어, 시민 등이 상호 접속connection되면서 사고-되기라는 기계적 배치가 형성되는 것이다.

한편, 차이differentiation가 들뢰즈에게 중요한 이유는 서양 사유를 지배한 것이 차이에 대한 '동일성의 특권화'였기 때문이다.[33] 즉, 서양의 이성적 사고가 세계를 보는 진리라는 생각에 대한 반대가 들뢰즈로 하여금 차이를 강조하는 토대가 되었다. 다르게-되기란 어떤 개념이

---

31 로지 브라이도티, 《변신: 되기의 유물론을 향해》, 김은주 옮김, 꿈꾼문고, 2020; 로지 브라이도티, 《포스트휴먼》, 이경란 옮김, 아카넷, 2015.
32 클레어 콜브룩, 《들뢰즈 이해하기》, 2007.
33 클레어 콜브룩, 《들뢰즈 이해하기》, 2007.

나 사건에 대해 차이를 인식하는 것으로, 항공사고가 결함으로 인식되는 것은 결함이 정상과 다른 것으로 인식됨과 동시에, 치료할 무엇, 수정할 무엇, 개선할 무엇으로 대상화되기 때문이다. 이런 점에서 항공사고는 결함-되기로 (비)재현된다.

결함-되기는 곧 비정상적 행위와의 결합이다. 어떤 사고-되기는 사회적으로 용인될 수 있는 작은 결함이지만, 어떤 사고-되기는 사회가 용납할 수 있는 범위를 넘어서는 결함-되기가 된다. 즉, 결함-되기란 정상적 범주를 넘어서는 탈주ligne de fuite로 일종의 탈영역화deterritorialization의 과정이다. 사회는 이런 결함-되기를 치유하고자 정상을 강조하는 영토화의 과정을 거치고, 결함-되기에 대한 치유 · 대책 · 방안과 같은 재영역화re-territorialization가 대두된다.

이런 점에서 사고-되기와 결함-되기는 인간 지각 작용의 코드화와 조직화를 통해 구성된다. 어느 선(탈주)을 넘어서는 순간 사고-되기(예: 조종사의 의도적 추락에 의한 항공사고)가 되고, 어떤 선(탈주)을 넘어서는 순간 결함-되기(예: 조종사의 우울증에 의한 항공사고)가 된다.

저먼윙스 사고의 발생과 조사

사고의 발생

저먼윙스는 루프트한자에서 운영하는 자회사로 독일과 유럽 일대를 주로 운항하던 저가항공사였다. 저먼윙스 9525편은 2014년 3월 24일 오전 9시(GMT 기준)에 스페인 바르셀로나를 출발하여 독일의 뒤셀

도르프에 오전 10시 39분 도착 예정이었으나, 이륙 40분 후에 프랑스 알프스에 추락하여 승객 144명과 승무원 6명 전원이 사망하였다. 사고 직후 독일을 비롯한 유럽 그리고 전 세계의 주목을 받았고, 독일 항공사고 역사상 가장 치명적인 사고로 인식되었다.

사고 비행기는 1991년 에어버스에서 생산된 것으로 중·단거리 비행에 적합한 기종이다. 예정 시간보다 약 26분이 지연되어 오전 9시에 출발한 저먼윙스 9525편은 9시 27분경 관제탑으로부터 지정받은 순항고도 3만 8,000피트(1만 1,600미터)에 도달하였고, 9시 30분 프랑스 항공 관제사의 지시를 확인하였다(그림 1). 약 1분 후 관제사의 허락 없이 비행기는 하강을 시작하였고, 9시 41분 블랙박스에 마지막 녹음을 남기고 추락하였다.

추락까지 비정상적 하강이 약 10분간 지속되었다. 1초당 18미터씩 하강하여 고도 1,880미터의 프랑스 알프스 산자락에 시속 700킬로미터 속도로 추락하였다(그림 2). 비행 속도는 하강 초반에만 다소 빨랐고, 안정적인 속도를 유지하였기에 승객들은 비행기의 충돌을 예상하

| 그림 1 | 저먼윙스 9525편의 항로

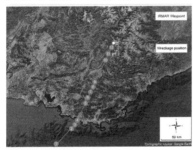

출처: BEA, *Final Report*, 2016.

| 그림 2 | 저먼윙스 9525편 하강고도

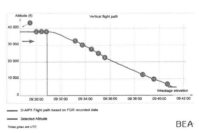

출처: BEA, *Final Report*, 2016.

기 힘들었다. 사망자는 대부분 독일(72명)과 스페인(51명) 승객이었고 그 외 세계 여러 국적의 시민들이 사망자 명단에 포함되었다.

사고 조사

유럽의 항공 규정에 따라 프랑스의 항공사고조사국BEA: bureau of enquiry and analysis for civil safety에서 사고 조사에 착수하였다. 독일 연방항공사고조사부BFU: federal bureau of aircraft accident investigation가 공동으로 조사에 참여하였고, 또한 미국 연방수사국FBI의 지원이 있었다. 바르셀로나 공항에 대한 정보는 스페인 민간항공사고사건조사위원회CAAIIC: civil aviation accident and incident investigation commission의 참여를 통해 확보했고, 항공 의료정보 확인을 위해 영국항공사고조사위원회AAIB와 미국 연방교통안전위원회NTSB의 협조를 받았다. 이 밖에도 기술 및 의료와 관련하여 다양한 기구의 협조가 이루어졌다.

사고 발생 하루 만인 2015년 3월 25일 조종실 음성녹음장치CVR가 발견 및 분석되면서 사고 원인 분석이 신속하게 이루어졌다. 기장이 화장실에 가느라 조종실을 비운 사이 조종실에 혼자 남아 있던 부기장과 본 사고의 관련성이 곧바로 제기되었다. 3월 26일 프랑스 마르세유 소속의 정부 검사 로빈B. Robin은 이 사고가 부기장 루비츠A. Lubitz에 의한 고의 추락 사고로 보인다고 발표하였다.

사고 발생부터 저먼윙스 9525편은 국제적으로 미디어의 집중적 관심을 받았다. 실시간 뉴스를 통해 사고의 정황과 원인이 전 세계로 보도되었다. 조종실 음성녹음장치가 분석된 사고 2일째에 독일 경찰은 루비츠의 자택과 거처, 루비츠의 지인에 대한 조사를 시작하였다. 사고 발생 6주 후인 2015년 5월 6일 프랑스 항공사고조사국은 사고에 대한 예비보고서Preliminary Report를 발표하였고,[34] 사고 발생 약 1년 후인 2016년 3월 13일 109쪽에 달하는 최종보고서Final Report를 발표하였다.[35]

프랑스 항공사고조사국의 최종보고서에서는 사고의 주된 요인을 조종석에 혼자 앉아 있다가 자살을 결심한 부조종사(1등 항해사)의 계획적인 행동에 의한 추락이라 밝혔다.[36] 사실 정보factual information에는 비행기 상태와 운행 전반에 대한 요약(비행 역사, 기체의 상태, 기상 조건, 운영과 안전 점검 등), 음성녹음장치 분석 결과, 부기장의 질병 이력, 비행과 정신건강의 관계, 권고 사항 등이 제시되었다. 특히, 부기장의 경력 및 질병 이력에 대한 상세한 분석 내용이 포함되어 있다.

한편, 사고 조사 과정에서 조종실 2명 상주 규정(2 person rule)과 조종실 안전 잠금에 대한 개선의 필요성이 제시되었는데, 이는 항공사의 의무가 아닌 권고 사항으로 제시된 것이다. 최종보고서에서 제시한 비행 안전을 위한 6개의 권고 사항은 ①조종사에 대한 의료 검사 실시, ②조종사의 비행 능력에 대한 상시 검사, ③항공사는 조종사가 치료 때문에 면허가 취소될 경우 발생할 사회-경제적 위험을 완화하는 방안 마련, ④조종사가 항우울제를 복용할 경우 비행에 이상이 없다는 증거를 제시하도록 할 것, ⑤개인 의료기록에 대한 비밀과 공공 안전 사이의 상호 균형을 유지할 수 있는 방안 마련, ⑥조종사 정신건

---

34 Bureau d'Enquêtes et d'Analyses, *Preliminary Report*, BEA: Paris, 2015.

35 Bureau d'Enquêtes et d'Analyses, *Final Report*, BEA: Paris, 2016.

36 Bureau d'Enquêtes et d'Analyses, *Final Report*, 2016.

강을 위한 프로그램 지원이다.

2022년 프랑스 법정은 저먼윙스 9525편 사고를 의도적 살인 involuntary manslaughter으로 명명하면서, 더 이상의 법정 진술은 필요하지 않다는 45쪽 분량의 자료를 발표하였고, 이를 통해 본 사건은 종결되었다.[37] 판사는 루비츠의 정신병이 알려지긴 하였으나 어느 누구도 그의 행동을 예측하는 것은 불가능하였다고 밝혔다. 이 사고의 종결이 시사하는 것은 더 이상 저먼윙스나 루프트한자는 이 사고와 관련하여 위반, 과실 등에 대한 책임이 없음을 의미한다.

사고-되기와 결함-되기의 구성

사고-되기의 구성

들뢰즈와 가타리의 사고thought를 차용하면,[38] 항공사고가 무엇인지는 미리 정해진 것이 아니라 사고가 발생하면서 그 의미와 영향이 형성되는 사고-되기의 과정이다. 비슷한 형태의 추락 사고가 시대적 배경과 상황, 그리고 관련된 권력과 거버넌스에 의해 서로 다른 항공사고로 구성된다. 항공사고는 다양한 관련 주체와 대상, 즉 인간-비인간

---

37 《Deutsche Welle》, 2022년 3월 3일자, 〈France drops Germanwings crash inquiry〉. (https://www.dw.com/en/germanwings-crash-france-drops-manslaughter-proceedings/ a-61000671)

38 질 들뢰즈 · 펠릭스 가타리, 《천개의 고원: 자본주의와 분열증》, 2001; 클레어 콜브룩, 《들뢰즈 이해하기》, 2007.

의 결합을 포괄하는 사고이다. 하지만 많은 항공사고가 사고 원인과 예방 조치와 관련된 부분에서 주류 사회의 지배적 담론과 미디어, 그리고 당시의 사회-정치적 상황에 의해 주도된다는 점을 시사한다.[39]

또한, 항공모빌리티는 매우 다양하고 복잡한 상황 속에서 발생하고, 국가와 지역 그리고 항공사에 따라 다른 모빌리티의 특징을 보이며, 무엇보다 인간-기계의 결합체인 항공기가 어떤 시스템적(기상, 기계 정비 등) 상황에서 그리고 어떤 인적 구성(기장, 승무원, 항공 관계자 등) 상황에서 운영되었는지에 따라 사고-되기가 달라질 수 있다.

항공사고 분석은 사고가 비정상적 상황에서 발생한 것으로 규정하는 '비정상적 사고-되기'의 과정을 수반한다. 사고는 늘 발생하는 사건이지만, 항공사고는 특별한 것으로 그리고 발생하지 않아야 하는 비정상적 상황으로 인식되는데, 이는 특정 항공사고를 특별한 사고-되기로 구성함을 의미한다.

저먼윙스 9525편 추락 이틀째인 3월 25일 《뉴욕 타임스》는 조종실에 있었던 것으로 판단되는 음성녹음장치가 발견되었다는 것과, 사고 당일 루프트한자 부회장 비르렌바크H. Birlenbach가 이 사건이 사고에 의한 것으로 추정된다고 말한 인터뷰 내용을 보도하였다.[40] 이후 미디어는 이 사고가 비정상적 사고임에 주목하였고, 특히 부기장의 행동에 주목하게 되었다. 사고 발생 이틀 만에 저먼윙스 항공사고는 부기

---

39 T. Laukkala, A. Vuorio, R. Bor, B. Budowle, P. Navathe, E. Pukkala, A. Sajantila, "Copycats in pilot aircraft-assisted suicides after the Germanwings incident," pp. 491-498.

40 《The New York Times》, 2015년 3월 24일자, 〈Germanwings crash in French Alps kills 150; Cockpit voice recorder is found〉. (https://www.nytimes.com/2015/03/25/world/europe/germanwings-crash.html)

장이 고의로 비행기를 프랑스 알프스산맥에 추락시켜 탑승자 전원이 사망한 사건으로 보도되었다.[41] 즉, 사고 발생 이틀 만에 이 사고는 비정상적 사고-되기로 간주된 것이다.

미디어는 조종실이 9·11 사건 후 테러에 견딜 수 있도록 설계되었고, 사고 당시 조종실에는 부기장 한 명만 있었음을 강조하였다. 사고 3일째인 2015년 3월 26일 항공사고를 조사하던 마르세유 지역의 로뱅B. Robin 검사는 이 사고가 루비츠 부기장에 의한 고의 추락 사고로 보인다고 밝혔다. 즉, 사고 3일째에 이 사고는 부기장의 고의적 행동에 의한 비정상적 사고로 명명되었다.

미디어는 항공사고를 비정상적 사고로 명명하는 경향이 있는데,[42] 저먼윙스 항공사고는 사고 초반부터 비정상적 사고로 명명되었다. 미디어는 사고 이틀째부터 이 사고가 고의적 추락 사고라는 점에 초점을 맞추고 있었다. 사고 4일째인 2015년 3월 27일 유럽의 주요 방송은 항공사고가 부기장에 의한 의도적 추락 사고라고 대대적으로 보도하였다.[43] 미디어는 독일 경찰이 부기장 루비츠의 거주지를 수색하는 이미지를 보도하면서, 이 사건이 비정상적 상황에서 발생한 사고임을 명시함과 동시에, 조종사 개인에 의한 의도적 사고임을 부각시켰다.

---

41 《The Guardian》, 2015년 3월 26일자, 〈Germanwings crash raises questions about cockpit security〉. (https://www.theguardian.com/world/2015/mar/26/germanwings-crash-raises-questions-about-cockpit-security)

42 J. Boelle, *The Media's Representation of Airplane Diasters: an Analysis of Themes, Language and Moving Images*, 2020.

43 《BBC news》, 2015년 3월 27일자a, 〈Germanwings crash: Co-pilot 'treated for depression'〉. (https://www.bbc.com/news/world-europe-32081681)

미디어는 비주얼 이미지를 통해 사고-되기를 재현하였는데, 이는 사고 현장, 정치 지도자, 루프트한자 관계자, 조사 관계자, 사고 항공기의 블랙박스, 부기장 등의 이미지를 통해 이루어졌다. 가족과 지인, 의회와 교회, 희생자 학교, 사고 현장, 거리 등에서의 애도는 비행기 참사의 잔혹함과 무고한 인명의 살해를 재현하였다. 특히, 사망자의 사진은 대부분 밝게 웃고 있는 모습을 보도하여 이들의 사망과 대조적인 이미지를 연출하였다.

저먼윙스 항공사고는 복잡한 지정학적 관계를 담고 있다. 항공사고 조사는 프랑스가 주도하며, 독일은 사고 전반에 대한 조사 참여와 국내 현장 조사를 주도하고, 스페인은 저먼윙스가 출발한 곳이라는 지정학적 관계를 갖는다. 사고 이틀 후 사고 현장에 프랑스, 독일, 스페인의 정치 지도자가 참석한 것은 이러한 지정학적 관계와 사고 조사에 대한 상호 협력을 의미한다. 이는 또한 본 사고를 이례적이고 비정상적인 참사로 규정하는 토대가 된다.

최종보고서는 저먼윙스의 사고 요인을 기체 결함이나 항공사의 안전조치 미이행에 의한 것이 아니라, 부기장의 자살에 의한 항공사고로 규정하고 있다.[44] 저먼윙스 항공사고에 의한 또 다른 비정상적 사고-되기는 비행 정책의 실패로 구체화되었다. 첫 번째는 조종실 2명 배치 원칙으로, 9·11 사건 이후 승객과 비행기를 보호하기 위한 조종실 안전장치가 고의 추락 사고로 이어졌다는 비판이 제기되었다. 유럽비행안전기구European Aviation Safety Agency가 조종실 2인 상주 규정을

---

44 Bureau d'Enquêtes et d'Analyses, *Final Report*, 2016.

| 표 1 | 사고-되기의 아상블라주

주체	사고-되기의 구성
국제기구 및 정부	조종사의 고의적 추락 사고. 비정상적 사고-되기로 간주. 조종실 2명 상주 원칙 도입. 이해당사국 간 상호 협력에 의한 사고 조사.
항공사	루프트한자 중심의 사고 경위 조사 및 사고 후 대책 마련. 항공사 구조 조정 및 희생자 보상을 통한 이미지 개선. 항공사의 책무 이행 강조 및 항공사고를 조종사의 고의적 추락 사고로 간주.
미디어	비정상적 사고-되기를 강조. 사망자에 대한 사회적 애도 분위기 조성. 조종사 및 승무원 정신건강에 대한 모니터링 필요성 제기.
개인 및 단체	희생자 애도. 비정상적 사고를 예방하는 안전장치를 강조.

출처: 저자 정리

권고하게 되었고, 독일을 비롯한 유럽의 많은 국가들이 이 권고안을 받아들였다. 두 번째 비행 정책의 실패는 조종사의 건강 및 심리검사로 나타났다. 특히, 항공사는 조종사의 정신건강을 모니터링할 수 있는 방안을 도입하라는 권고가 제시되었다.

　이처럼 저먼윙스 항공사고는 다양한 차원의 관계들이 중첩되고 교차되고 접합되면서, 사고-되기(들)를 구성하였다(표 1). 국제기구와 정부, 항공사, 미디어, 개인 및 단체는 서로 다른 영향력 속에 서로 다른 사고-되기를 구성하였지만, 지배적 담론은 이 사고를 조종사의 고의적 추락에 의한 비정상적 사고-되기로 간주한 것이다.[45]

45　저먼윙스의 사고 여파 중 하나는 모방자살의 가능성으로 미디어는 이에 대한 우려와 가능성을 보도하였다(T. Laukkala, A. Vuorio, R. Bor, B. Budowle, P. Navathe, E. Pukkala, A. Sajantila, "Copycats in pilot aircraft-assisted suicides after the Germanwings incident," pp. 491-498). 하지만 항공사고 중 자살비행은 미미하며, 자살비행의 50퍼센트 이상은 조종사의 스트레스와 관련된다(T. Laukkala, A. Vuorio, R. Bor, B. Budowle, P. Navathe, E. Pukkala, A. Sajantila, "Copycats in pilot aircraft-assisted suicides after the Germanwings incident," pp. 491-498). 이는 자살비행이 개인의 책임만이 아니라 사회

결합-되기의 구성

근대화와 개발주의는 서구의 진보 관점에서 정상의 범주를 설정하고 이에 포함되지 않는 것을 비정상적인 것으로 타자화하는 경향이 있다.[46] 이러한 서구 중심적 관점을 항공사고에 적용하면, 저먼윙스 9525편 추락 사고는 다른 조건은 문제 없으나 오직 조종사의 정신적 상태, 즉 '개인적 결함'이 사고의 주된 요인이라 인식될 수 있다.

들뢰즈와 가타리에 의하면 정신적 병리는 개인적 현상이 아니라 사회적인 것으로 자본주의가 만든 병폐이다. 이런 점에서 항공사고는 단순한 사고가 아닌 사고-되기이며, 더 구체적으로 말하면 결함-되기의 과정이다. 항공사고는 결함을 찾는 것으로, 누구에게 결함이 부여될지 결정하는 과정은 권력 메커니즘을 따른다. 예를 들어, 저먼윙스 사고는 재난과 자살이라는 주제가 결합되면서, 미디어가 이를 자극적으로 보도하고 대중의 관심을 끌었다.[47] 미디어는 특히 감정에 호소하면서 항공사고를 결함-되기로 구성하였다. 2015년 3월 28일 독일의 《슈피겔》은 표지에 '한 명의 조종사가 149명을 죽였다'는 문구와 이미지를 실었고(그림 3), 지방지인 《함부르크 모르겐포스트 Hamburger Morgenpost》는 2015년 3월 27일 표지에 '조종실의 살인자'란

의 책임임을 의미한다. 이런 점에서 '자살비행'과 '무고한 사람의 살인' 등과 같은 미디어의 보도는 사고 발생과 사회의 책임 간의 관계를 간과하는 것이다.

46 로지 브라이도티, 《포스트휴먼》, 2015; 이용균, 〈모빌리티의 구성과 실천에 대한 지리학적 탐색〉, 《한국도시지리학회》 18-3, 2015, 147~159쪽; 볼프강 작스 외, 《반자본 발전 사전》, 이희재 옮김, 아카이브, 2010.

47 T. Laukkala, A. Vuorio, R. Bor, B. Budowle, P. Navathe, E. Pukkala, A. Sajantila, "Copycats in pilot aircraft-assisted suicides after the Germanwings incident," pp. 491-498.

| 그림 3 | 《슈피겔》 표지

출처: https://www.spiegel.de/spiegel/print/
index-2015-14.html

| 그림 4 | 《함부르크 모르겐포스트》 표지

출처: https://www.pressreader.com/germany/
hamburger-morgenpost/20150327/page/19

문구를 넣었다(그림 4).

항공사고 직후 미디어는 기장의 조종실 이탈을 보도하였고, 이는 항공 운영에서의 정책 실패로 비춰졌으나, 루프트한자는 사고 당일부터 사고에 의한 추락을 강조하였다. 사고 발생 2일 뒤부터 부기장 루비츠에 의한 고의 추락 가능성이 제기되면서 독일 미디어는 루비츠 개인에 대한 조사를 통해 결함 찾기를 실시하였다.

2015년 3월 25일 미디어에는 자택 수색, 페이스북 정보 등을 바탕으로 한 루비츠의 개인 신상이 공개되었다.[48] 이는 비행 훈련 이력, 대

---

48 《Daily Mail》, 2015년 3월 25일자, 〈Mass-killer co-pilot who deliberately crashed Germanwings plane had to STOP training because he was suffering depression and 'burn-

인 관계, 사회 활동 등을 망라하는 내용이었고, 가장 미디어의 주목을 받은 것은 우울증을 포함한 정신건강 및 심리적 치료를 받았다는 사실이었다. 미디어는 프랑스 총리가 사고 조사의 초점이 범죄·정신이상·자살에 맞춰져 있다고 언급한 것을 부각시켰고, 루프트한자는 루비츠의 경력과 프로파일 조사에 집중하였다.[49]

영국의 일간지 《데일리 메일Daily Mail》은 사고 2일째에 "오랜 우울증의 병력을 가진 살인자가 무고한 생명을 희생시켰다"는 원색적 비난 기사를 실었다.[50] 이에 대해 영국의 다른 언론들은 해당 사고를 '우울증에 의한 자살비행'으로 낙인찍는 것에 대해 우려하였다. 특히 정신건강 관련 주요 단체인 'Mind', 'Time to Change & Rethinking', 'Mental Illness'는 공동성명을 통해 우울증을 항공사고의 원인으로 삼는 것은 사회적으로 심각한 낙인의 정치라고 비판하였다.[51] BBC는 "이 사건이 만약 한 명의 조종사와 관련된 것이라면, 영국에는 수백만 명의 우울증 환자가 있음을 명심하는 것이 좋다"라는 심리학자 웨슬리S. Wessely 교수의 주장에도 주목하였다.[52]

중요한 점은 사고 3일째 미디어 기사부티 루비츠는 '살인자', '우울증 환자'로 낙인찍히고, 승객은 사망자에서 '희생자'로 재현되었다는

out'〉. (https://www.dailymail.co.uk/news/article-3012053/Andreas-Lubitz-Germanwings-flight-9525-French-alps-crash-French-alps-Germanwings-plane-crash-Airbus-A320-Barcelonnette.html)

49 《BBC news》, 2015년 3월 27일자a, 〈Germanwings crash: Co-pilot 'treated for depression'〉.

50 《Daily Mail》, 2015년 3월 25일자, 〈Mass-killer co-pilot who deliberately crashed Germanwings plane had to STOP training because he was suffering depression and 'burn-out'〉.

51 《BBC news》, 2015년 3월 27일자c, 〈Andreas Lubitz depression headlines add to stigma〉. (https://www.bbc.com/news/newsbeat-32084110)

52 《BBC news》, 2015년 3월 27일자c, 〈Andreas Lubitz depression headlines add to stigma〉.

| 그림 5 | 저먼윙스

| 그림 6 | 프랑스 알프스 사고현장

출처: https://www.bbc.com/news/world-europe-32072218

출처: https://www.dailymail.co.uk/news/article-3012053

것이다.[53] 미디어, 루프트한자, 그리고 주류 사회는 루비츠를 인간의 지위에서 살인자의 지위로 전락시키는 '죽음의 정치politics of death'를 실현하였다(그림 5, 그림 6). 이런 점에서 저먼윙스 항공사고는 개인의 결함-되기를 다양한 각도에서 조명하고, 매일 새로운 결함-되기를 추가하는 통치성의 정치를 반영한 사건이며, 동시에 타자를 '호모 사케르homo sacer' 또는 '서발턴subaltern'에 위치시키는 사건이었다.[54] 이는 음벰베A. Mbembe가 주장한 '죽음의 정치'가 단지 이민자에만 적용되는 수사가 아닌 사회 전반에 걸친 수사가 될 수 있음을 시사한다.[55]

낙인의 정치는 미디어의 수사를 통해 다양한 재현 양식과 결합되는데, 가장 대표적인 것은 감수성과 고통을 재현하는 방식이다.[56] 항

---

53 《BBC news》, 2015년 3월 27일자a, 〈Germanwings crash: Co-pilot 'treated for depression'〉.

54 조르조 아감벤, 《호모 사케르: 주권 권력과 벌거벗은 생명》, 박진우 옮김, 새물결, 2008; 가야트리 스피박, 《서발턴은 말할 수 있는가?: 서발턴 개념의 역사에 관한 성찰들》, 태혜숙 옮김, 그린비, 2013.

55 A. Mbembe, *Necro-Politics*, Duke University Press, Durham, 2019.

56 J. Boelle, *The Media's Representation of Airplane Diasters: an Analysis of Themes, Language and Moving Images*, 2020.

공사고에 대한 미디어 보도에서 감정을 다루는 것은 재앙 설명과 소통에서 감정이 핵심적 역할을 하기 때문이다. 대개 미디어는 감정 내용emotion content과 감정 구축emotion construction을 전략적으로 사용하는데, 항공사고에서 강조하는 감정은 고통의 재현representation of suffering이다.[57] 이를 위해 다양한 설명·언어·기술적 도구가 활용된다. 개인 스토리텔링, 감정의 외부 도입, 상세한 설명, 병렬과 대조, 조건적 완벽성, 그리고 정서적 언어·비주얼·소리 등이 항공사고의 감정을 전달하면서 고통을 재현하는 주요 방식이다.

희생자에 대한 감정적 보도가 그들이 비행기에 탑승한 배경과 함께 미디어를 통해 전달되면서 항공사고는 비극적 사건으로 재현된다. 망가진 상태로 발견된 조종석 음성녹음장치(그림 7), 루비츠 거처에 대한 독일 수사관의 조사(그림 8), 사고 현장을 방문한 독일·프랑스

| 그림 7 | 조종석 음성녹음장치

출처: https://www.bbc.com

| 그림 8 | 부기장 루비츠 자택 수색

출처: https://www.dw.com

---

57   J. Boelle, *The Media's Representation of Airplane Diasters: an Analysis of Themes, Language and Moving Images*, 2020.

| 그림 9 | 프랑스, 독일, 스페인 정상의 현장 방문

출처: https://www.dw.com

| 그림 10 | 사고현장의 애도 모습

출처: https://www.dailymail.co.uk

| 그림 11 | 사망자 지인의 애도 모습

출처: https://www.dailymail.co.uk/news/article-3009151

| 그림 12 | 사망자 시신의 운구

출처: https://www.dailymail.co.uk/news/article-3117394

·스페인 지도자(그림 9), 사고 현장의 애도(그림 10), 사망자 학교에서의 애도 분위기(그림 11), 사망자 시신의 운구 행렬(그림 12)은 사고의 감수성과 고통 재현의 일환이다. 특히, DNA 분석을 통해 사망자로 확인된 유해가 영구차에 실려 독일로 이송되는 장면은 감수성과 고통을 재현하는 가장 강렬한 이미지로 보인다. 사망 소식을 접한 동료 또는 친구의 감정적 분위기가 미디어를 통해 반복적으로 소개되면서 루비츠의 결함-되기는 새로움을 추가하고, 이를 통한 감수성의 강화

와 고통의 재현은 루비츠의 결함-되기를 지속적으로 강조하는 루비츠-죽이기의 정치로 실현된다.

국제민간항공기구는 예상되는 항공사고를 사전에 방지하고자 하지만, 실제 권고 사항의 대부분은 사고 분석 결과에 따른 것이다. 사전에 예방되지 못한 사고 요인은 개인적 결함에 의한 사고로 정의되기 쉽다. 저먼윙스 9525편에 대한 최종보고서는 조종사의 개인적 결함이 치명적 항공사고를 가져옴을 강조하면서, 자살 시도 경험이 있거나 우울증이 확인될 경우 비행을 금지해야 한다고 권고하였다.[58] 조종사와 승무원의 정신건강에 대한 모니터링을 각국 항공통제기구와 항공사가 지속적으로 실천하도록 권고하는 것은 단순히 항공서비스의 안전을 지향하는 수단일 뿐만 아니라, 모든 조종사와 승무원을 잠재적 위험 요소 또는 결함 요소로 인식함을 의미한다.

항공사고의 탈-정치화와 재-정치화

항공사고의 탈-정치화

항공사고에 내재하는 낙인(정치)의 우려에도 불구하고, 한편에서는 사고-되기 또는 결함-되기가 정당하고 이전의 조치들로 되돌아가야 한다는 주장이 제기된다. 이러한 주장은 시민사회의 토론이나 공론화

---

58 T. Laukkala, A. Vuorio, R. Bor, B. Budowle, P. Navathe, E. Pukkala, A. Sajantila, "Copycats in pilot aircraft-assisted suicides after the Germanwings incident," pp. 491-498.

의 과정을 거치지 않았다는 점에서 탈-정치화de-territorizalization에 해당한다.

루프트한자는 회사의 이미지 개선을 위해 저먼윙스와 유로윙스를 합병하여 지배권을 유지하였고, 오스트리아항공Austria Airlines과 스위스항공Swiss Airlines의 지분도 보유하고 있다. 항공사고 당시 저먼윙스와 함께 루프트한자도 기업 이미지에 심각한 타격을 받을 것으로 생각되었으나, 루프트한자는 루비츠 개인의 결함에 의한 항공사고임을 강조하였고, 결국 독일범죄조사위원회German Criminal Investigation는 루프트한자의 '책임 없음'을 인정하였다.[59]

루프트한자는 사고 직후부터 루비츠가 우울증 경력이 있었다는 점과 조종사 훈련 과정에서 심리적 문제로 비행 훈련을 중단한 것은 그가 '비행에 적합하지 않음unfit to fly' 상태였음을 의미한다고 주장하고, 또한 조종사가 된 후에 우울증 치료를 회사에 알리지 않았음을 은연중에 강조하였다.[60] 결과적으로 루프트한자는 항공사고에 대한 책임을 면죄받고, 조종사의 결함-되기에 적극 대응하는 기업으로 이미지 메이킹에 성공하였다. 이는 곧 결함-되기가 자본의 논리에 의해 탈-정치화되었음을 보여 주는 대목이다.

저먼윙스 사고 후 조종실 2인 상주 규정이 유럽비행안전기구에 의해

---

59 루프트한자는 사망자 1인당 5만 유로씩 지원했으며, 사망자 가족 중 치료가 필요한 경우 1인당 1만 유로씩 지급하고, 독일 사망자에게는 가구당 2만 5천 유로의 보상금을 지급한다고 보도하였다. 보상금에 불만을 품은 사망 가족들이 소송을 제기했으나 대부분 루프트한자에 유리한 판결이 내려졌다(DW, 2020년 7월 1일).

60 《BBC news》, 2015년 3월 27일자b, 〈Germanwings crash: Media say co-pilot had 'depression'〉. (https://www.bbc.com/news/world-europe-32087322)

유럽 전역에서 실시되었으나, 이 조치는 2016년 항공사 자율로 바뀌었다. 독일항공연합BDL은 2017년 6월부터 조종실 2명 상주 원칙을 항공사 자율에 맡겼고, 이후 루프트한자는 2명 상주 원칙을 철회하였다.[61] 중요한 것은 사고 2년 후 조종실 2명 상주 원칙 철회에 대한 사회적 비판이 미디어에서 거의 다루어지지 않았다는 점이다. 조종실 2명 상주 원칙이 항공사의 자율로 선택되는 배경에 작용하는 것이 바로 탈-정치화로, 이는 승객 안전과 관련된 긴밀한 사항임에도 불구하고 사회적 공론화의 과정을 거의 거치지 않았다는 점에서 대중 다수의 의견이 무시된 결정이다.

이러한 탈-정치화의 배경으로 등장한 것은 유럽항공안전기구의 설문조사 결과 조종실 2명 상시 탑승이 비효율적이며 동시에 안전을 담보하지도 않는다는 것이었다.[62] 이는 조종실 2명 상주 원칙이 비효율적이라는 주장에 힘을 실어 주었고, 결국 조종실 2명 원칙은 폐기되었다. 이처럼 탈정치화 실천의 토대를 구성하는 것은 항공사의 문제와 책임은 없다는 것이다. 모든 항공사고가 직·간접적으로 사회적

---

61 《BBC news》, 2017년 3월 23일자b, 〈Germanwings crash leaves unanswered questions〉. (https://www.bbc.com/news/world-europe-32084956)

62 유럽항공안전기구는 저먼윙스 사고 1년 후 조종실 2명 상주 원칙이 비효율적이라는 항공업계와 관련 이해당사자들의 주장에 따라 56개국 3,784명(조종사 3,287명, 승무원 270명, 항공사 관계자 87명, 항공협회 65명 등)을 대상으로 설문조사를 실시하였다. 설문 대상자 중 54퍼센트는 이 조치가 안전을 담보하지 않는다고 반대하였고, 28퍼센트는 찬성하였다. 조종사가 자리를 비울 때 승무원이 조종실에 있는 것이 오히려 위험할 수 있으며, 가장 안전한 것은 조종실을 비상시 열 수 있도록 개선하는 것이라고 조사되었다. 설문조사에 조종사의 참여가 많았기에 이런 조사결과가 나왔을 것으로 보이며, 정부 관계자의 경우 2명 상주 원칙을 더 선호하는 것으로 나타났다. European Aviation Safety Agency, *Assessment of effectiveness of 2-persons-in-the-cockpit recommendation included in EASA SIB 2015-04*, EVSA: EU, 2016.

문제라는 점을 감안한다면, 조종실 2명 상주 원칙 등을 포함한 항공 안전 담론은 사회적 대화와 토론을 거쳐 결정될 사안일 것이다.

항공사고의 재-정치화

통치성은 주류 사회의 제도화를 분석할 수 있으나, 이는 주변부 존재의 위치성을 간과하는 경향이 있다. 사고의 책임 소재는 무수한 관련 요소들의 상호연결과 복잡성의 결합에 기인한다. 사고가 우연적 요소의 결합에 의한 것이라면 '원인과 결과'를 명확히 파악하기는 힘들 것이다. 즉, 결함-되기는 사고의 유일한 원인일 수 없다. 주류 담론의 이면에서 꿈틀거리는 담론-되받아치기의 재-정치화re-politicization가 사고의 원인과 의미를 해석하는 토대가 될 수 있다.

정부 · 미디어 · 항공사 · 사망자 가족 등 사회 전반에서 루비츠를 '우울증에 걸린 살인자'로 낙인찍자 루비츠의 가족은 2016년 전문가를 고용하여 사고 전반을 재조사하기로 하였고, 이는 사회적 비판에 직면하였다. 조사 전문가에 의뢰받은 것은 '미디어에서 보도된 내용이 신뢰할 수 있는 것인지'에 대한 조사였다.[63] 특히, 민간항공의 운항 중에 조종사 자살은 매우 드문 일로, 이 사고가 자살에 의한 것이 맞는지 아니면 다른 요소가 개입된 것인지를 조사하기 위함이었다. 이는 부기장 루비츠에 대한 사회적 낙인이 상당히 심각한 상태였으며, 우울증이 자살로 연결되었을 개연성이 낮다는 여러 정신과 의사와 심리학자의 주

---

63   T. Beveren, *Expert Report: Regarding Germanwings accident Flight 4U9525 Airbus A320-211 D-AIPX*, Lubitz family: Berlin, 2017.

장이 제기되었기 때문으로 보인다.[64]

우울증에 걸린 대량살해자a depressive mass murder라는 오명에 맞서 부기장 루비츠의 아버지는 기회가 있을 때마다 자신의 아들은 2008~2009년 우울증을 앓았으나 그 후 우울증을 극복하고 조종사가 되었다면서, 항공사고의 원인은 자살 이외의 다른 요인이 있을 것이라 주장하였다. 루비츠 가족의 요청으로 조사에 착수하였던 사고 전문가 베베렌T. Beveren은 조사보고서를 통해 사건 3일째부터 개인의 결함-되기가 강조되면서 사고와 관련되었거나 관련될 수 있는 다른 것들이 조사 과정에서 배제되거나 간단한 조사에 그치는 결과를 가져왔다고 주장하였다.[65] 이는 사고의 원인이 하나로만 설명될 수 없는 우연적이고 복잡한 관계의 구성임을 주장하는 것이다.

저먼윙스 사고를 개인의 결함으로 몰아 가는 것은 사고와 관련된 다른 견해와 입장을 무력화시킨다. 대중의 대화와 참여를 통해 정치적 결정의 변화를 지향하는 재-정치화 운동에서 알 수 있듯이,[66] 항공사고의 경우에도 말해져야 하는 타자의 주장이 사회적으로 공론화될 필요가 있다. 즉, 항공사고의 원인과 대응이 사회적 이슈로서 공론화되고, 상황에 맞는 문제 해결과 취약계층에 대한 보호가 필요하다. 이는 항공사고 발생 직후 사고의 원인이 루비츠에 의한 고의 추락

---

64   《BBC news》, 2015년 3월 27일자c, 〈Andreas Lubitz depression headlines add to stigma〉. (https://www.bbc.com/news/newsbeat-32084110)

65   T. Beveren, *Expert Report: Regarding Germanwings accident Flight 4U9525 Airbus A320-211 D-AIPX*, 2017.

66   에릭 스윈게도우, 〈탈정치화〉, 《탈성장 개념어 사전》, 자코모 달리사 · 페데리코 데마리아 · 요르고스 칼리스 편, 강이현 옮김, 그물코, 2018.

deliberate crash에 초점이 맞추어지면서 사고에 영향을 미쳤을 다른 요인에 대한 관심과 조사가 간과되었을 수도 있었다는 의미이다.[67] 항공사고가 다양한 요인의 결합에 의한 것일 수 있다는 것은, 항공사고와 연루된 다양한 사안을 동시적으로 고려하고 조사하여 미래의 사고를 예방하는 사회적 실천이 필요함을 의미한다.

지인과 동료들은 루비츠가 자살을 통해 타인을 살해할 사람은 아니라고 진술했다.[68] 프랑스의 조사보고서와 독일의 조사를 종합하면, 루비츠는 2008년 이후 우울증 등 정신건강의 문제를 갖고 있었으나, 2009년 의료기록에 따르면 그는 건강한 상태였다. 루비츠가 주로 치료받은 것은 불면증과 시력이었다. 조사관들은 루비츠가 사고 당일에도 아픈 흔적이 있었다면서 우울증에 의한 심리적 불안을 주된 사고의 원인으로 지목했다. 또한 루비츠의 태블릿에서 자살하는 방법ways to commit suicide이라는 키워드를 검색한 흔적을 강조하면서, 그가 조종실 문과 안전에 대한 내용을 인터넷으로 검색했다는 것을 토대로 사전에 자살비행이 계획되었다고 단정 지었다. 이는 개인의 결함−되기를 사회화하는 정치적 수단의 일환으로 해석된다. BBC는 〈저먼윙스 사고의 풀리지 않는 점들〉이란 기사에서 만약 루비츠가 자신과 승객을 모두 죽이기로 작정했다면, 왜 비행기의 급강하를 시도하지 않았는지 의문을 제기한다.[69]

---

67 《BBC news》, 2015년 3월 27일자b, 〈Germanwings crash: Media say co-pilot had 'depression'〉. (https://www.bbc.com/news/world-europe-32087322)

68 《BBC news》, 2015년 3월 27일자a, 〈Germanwings crash: Co-pilot 'treated for depression'〉.

69 《BBC news》, 2015년 3월 27일자b, 〈Germanwings crash: Media say co-pilot had 'depression'〉.

살인-자살 사건은 단순히 개인의 정신적 질병으로 인식하기보다 개인적 특수성 또는 특정한 상황과 관련된 것으로 이해하는 것이 타당하다.[70] 루비츠가 사고 당일 원래 휴무였으나 근무를 결정한 것은 일에 대한 강박관념이 작동한 것으로 볼 수 있다.[71] 여자친구의 진술에 의하면, 루비츠는 보수가 낮고 언제든 해고될 수 있는 근로조건으로 인해 심한 스트레스를 받고 있었다.

특히, 조종석 음성녹음장치의 내용에 따르면 이륙 후 루비츠는 기장의 말에 20분간 정중하게 응답하다가 비행 중간부터 퉁명스럽게 응답하였다고 한다.[72] 퉁명스러운 답변 후 기장이 개인 용무를 위해 조종실을 비웠고, 그 뒤 비행기록장치FDR 기록에 해당 기체가 하강한 것으로 나타났다. 기장과 부기장의 관계 등 근무 환경이 항공사고에 미쳤을 영향이 사고 분석 과정에서 누락 또는 간과되었다. 또한, 기장이 개인적 용무를 위해 자리를 비운 것, 항공기가 1991년에 생산된 노후화된 비행기이고 사고 전날에도 시스템 점검을 했다는 점, 저먼윙스와 모회사인 루프트한자의 운영 방침 등도 항공사고와 직·간접적으로 연루되었다는 점을 간과할 수 없다.

저먼윙스 항공사고를 단순히 젊은 부기장의 정신적 질병 또는 우울증 탓으로 돌릴 수 없는 부분이 존재한다. 중요한 점은 살인-자살

70   P. Kinderman, "There are some people who commit 'murder-suicide' but they are extremely rare," 2015.

71   G. Harvey, P. Turnbull, "Germanwings prompts pilot review but industry must also deal with workplace stress," *The Conversation*, 2015.

72   《BBC news》, 2017년 3월 23일자, 〈Germanwings crash: What happened in the final 30 minutes〉. (https://www.bbc.co.uk/news/world-europe-32072218)

은 살인보다 자살에 가까운 행동이며, 살인-자살 사고는 사회 또는 특정 조직에 대한 반감과 증오로부터 발생한다는 것이다.[73] 유사한 항공사고가 젊은이에 의해서, 고립된 감정, 사회에 대한 적대감, 환멸과 절망감 속에서, 악명을 추구하는 사람에 의해 발생했음을 인정한다고 하더라도 우울증과 정신질환을 항공사고의 원인으로 설명하거나, 이런 이력의 조종사에게 비행을 허락하지 않도록 하는 조치는 잘못일 수 있다.

상당수 의사와 심리학자의 견해에 의하면, 우울증은 치명적이고 대인관계를 힘들게 하지만 대부분의 우울증은 타인에게 손해를 입히지 않는다.[74] 정신질환 병력에 대한 낙인label은 인격을 손상시킬 뿐만 아니라 상황을 다른 각도에서 이해하도록 만들기도 한다. 특히, 미디어에서 우울증 등 정신건강에 문제가 있는(또는 있었던) 사람을 비행기 조종에 부적격한 몸으로 규정하는 것은 '질환의 병력'을 사회가 부정적으로 바라보게 한다.[75]

저먼윙스 항공사고 요인을 밝히는 데 있어 항공 시장에서의 안전과 효율의 접합articulation에 대한 이해가 필요하다. 예를 들어, 630시간의 비행 경험을 가진 루비츠가 조종사가 되었다는 것은 항공 시장의 경쟁이 치열해지면서 안전보다 효율을 강조한 항공사의 전략에

---

73 P. Kinderman, "There are some people who commit 'murder-suicide' but they are extremely rare," 2015.

74 L. Hogg, P. Salkovskis, "We tested whether mental health workers were prejudiced against personality disorders: here's what we found," *The Conversation*, 2015.

75 L. Hogg, P. Salkovskis, "We tested whether mental health workers were prejudiced against personality disorders: here's what we found," 2015.

문제가 있음을 보여 준다.[76] 항공노선이 증가하고 가격경쟁이 심화될수록 비행 경험이 부족한 조종사가 고용되는 것이 현실이며, 이는 단기간의 속성 비행학교가 인기 있는 이유 중 하나이다. 미국은 상용 비행기의 조종사가 되는 최소 비행시간을 1,500시간으로 늘렸지만, 전문가들은 조종사의 전문성과 경험을 신장시켜야 한다고 주장한다.[77]

저가항공사의 증가는 조종사와 승무원의 근무 조건에 많은 영향을 미치고 있다. 유럽조종사협회European Cockpit Association, 유럽교통종사자연합European Transport Workers' Federation의 자료에 따르면, 저임금 계약직이 항공 시장에 만연하였음을 알 수 있다.[78] 2014년 유럽조종사협회가 2,700명의 조종사와 승무원을 대상으로 실시한 설문조사에서 약 50퍼센트는 직업의 안정성이 보장된다고 응답한 반면에 나머지는 직업이 불안정하다고 응답하였다.[79] 응답자 중 약 70퍼센트만이 정규직인 것으로 나타났다. 이 조사에 의하면, 저먼윙스는 직원에 대한 처우가 낮은 편이고 임금 수준도 메이저 항공에 비해 40퍼센트 정도 낮았다. 또한, 해고의 가능성이 있다는 것이 조종사와 승무원의 사기를 저하시키는 요인 중 하나로 밝혀졌다.

항공사고가 사회적 문제라면, 항공 시장에서 안전과 효율이란 시장논리가 어떻게 접합을 이루는지에 대한 심도 있는 연구가 필요할 것이

Conversation, 2015.

77 A. Fraher, "Rising number of inexperienced pilots may lead to more crashes," 2015.

78 G. Harvey, P. Turnbull, "Germanwings prompts pilot review but industry must also deal with workplace stress," *The Conversation*, 2015.

79 G. Harvey, P. Turnbull, "Germanwings prompts pilot review but industry must also deal with workplace stress," 2015.

라 판단된다. 약자의 취약성은 단순히 서발턴의 위치성을 지속하는 것이 아니라 변화를 위한 신체body들의 연대와 정치를 추구하는 원동력이 될 수 있다.[80] 저먼윙스와 같은 항공사고를 줄이기 위한 노력은 중요하지만, 모호한 정의와 해석을 지닌 '정신건강'을 토대로 비행기 조종의 자격을 부여하는 것은 바람직하지 않다. 정신건강은 우리 일상에서 매우 흔한 질병이며,[81] 기장과 승무원의 건강 상태를 모니터링하는 것은 이들을 항공사의 권력과 지배구조 하에 놓는 결과를 가져온다.

저먼윙스 9525편 항공사고에 직접적으로 연루된 루비츠는 우울증 환자, 자살자, 대량학살자로 낙인찍혔으며, 이는 루비츠 가족과 지인에게도 정신적 상처가 되고 있음을 인식해야 한다. 중요한 것은 사회의 어떠한 힘이 사고-되기와 결함-되기에 연루되는지를 이해하는 것으로 들뢰즈와 가타리의 견해를 빌리자면, 힘(들)의 지층(들)이 서로 얽히면서 새로운 층을 구성하는 시스템을 이해하는 것이 본 사고의 사회-공간적 함의를 이해하는 데 중요하다고 판단된다. 이러한 사고의 사회-공간적 함의에서 미디어의 역할을 간과할 수 없을 것이다.

나가며

이 연구는 항공사고를 들뢰즈와 가타리의 되기의 관점을 통해 재해

---

80 주디스 버틀러, 《연대하는 신체들과 거리의 정치: 집회의 수행성 이론을 위한 노트》, 김응산·양효실 옮김, 창비, 2020.

81 P. Kinderman, "There are some people who commit 'murder-suicide' but they are extremely rare," 2015.

석하였다. 독일의 저가항공인 저먼윙스 9525편은 스페인 바르셀로나를 출발하여 독일 뒤셀도르프로 향하던 중 프랑스 알프스에 추락하였다. 비행기 추락이라는 사고의 치명성으로 인해 그 파장은 관련 국가뿐 아니라 국제사회에 큰 영향을 미쳤다. 특히, 현대와 같은 고-모빌리티 사회에서 항공사고는 이동 통제라는 비상사태를 가져왔고, 자본·기술·권력·인프라·지식 등이 상호 긴밀하게 결합된 항공모빌리티의 교란을 가져왔다. 이 사고는 여러 국가가 동시에 관련되는 지정학적 상황 속에서 조사가 진행된 다-국가적 사건이었고, 항공사·사망자·가족과 지인 등이 연루되면서 서로 다른 정서emotion와 정치가 작동하는 정동의 정치politics of affect를 구성하였다.

  항공사고의 원인 분석은 사고 발생 후 그 구체성이 생성되는 '기관 없는 신체-되기'에 해당한다. 저먼윙스 9525편 항공사고는 발생 당일부터 '사고'로 추정되었고, 곧 비정상적 사건으로 규정되었다. 미디어는 사고 현장, 발생 및 원인을 집중적으로 보도하면서, 이 사고가 부기장에 의한 의도적 추락 사고임을 강조하였다. 즉, 사고는 항공사고로 축소되고, 다시 항공사고는 의도적 추락 사고로 축소되면서 사고-되기의 중층적 반복이 나타났다. 사고 발생 3일째부터 이 사고는 부기장의 고의적 행동에 의한 비정상적 사고로 명명되었다. 이후 미디어는 블랙박스, 사고 현장, 정치 지도자, 항공사, 사망자, 지인과 사회적 애도를 통해 비정상적 사고-되기를 재현하였다. 또한 사고의 잔혹함이 주는 느낌, 무고한 인명의 살해라는 감정과 정서, 생전 사망자의 밝은 모습이 교차하면서 살인-비행의 충격이란 정동이 사고-되기를 구성하였다.

  비행 정책의 실패가 사회적 화두로 부상하면서 유럽비행안전기구는 조종실 2인 상주를 권고하였고, 유럽의 항공사들은 이를 수용하였다. 또한, 조종사에 대한 건강과 심리검사를 지속적으로 모니터링할 것과, 모방범죄 가능성에 대한 사전 예방이 필요하다는 주장도 제기되었다. 이처럼 사고-되기는 국제기구와 정부·항공사·미디어·단체·개인 등이 서로 다른 영향력을 통해, 저먼윙스 9525편 항공사고를 부기장의 의도적 선택에 의한 추락으로 규정하는 아상블라주였다.

이 사고는 고의 추락 사고로 규정됨과 동시에, 사고 원인이 부기장의 무모한 행동에 의한 것임이 강조되었다. 이 과정에서 부기장의 정신적 상태가 결함으로 인정되면서 사고의 직접적 원인으로 규정되었다. 미디어는 이 사고를 부기장의 우울증과 정신건강 문제에 의한 것이란 결함-되기로 규정하였고, 부기장은 살인자·우울증 환자 등과 같은 이미지로 낙인찍히게 되었다. 동시에 사망자는 희생자로 재현되었다. 미디어는 시간이 지날수록 부기장의 결함을 새롭게 조명하였고, 새로운 결함-되기가 지속적으로 생성되었다. 이는 낙인의 정치가 개인의 결함을 지배하는 통치성의 일면, 또한 주변부에 놓인 타자의 위치성이 죽음의 정치로 재현됨을 드러내었다. 사고와 사망자에 대한 다양한 정서적 언어와 비주얼 이미지는 이 사건을 비극적 사건으로 구성하였고, 이 과정에서 감수성과 고통의 재현이 사회적 신체에 체화되면서, 부기장 개인의 결함이 비극적 사건의 원인으로 지목되었다.

루프트한자는 저먼윙스 사고 이후 유족에 대한 배상과 기업의 이미지 제고에 노력하였다. 그러면서도 지속적으로 사고 책임이 부기장 개인에게 있음을 강조하였고, 독일을 비롯한 유럽의 주요 항공 관련 기구는 이 사고에 대해 루프트한자의 책임 없음을 언명하였다. 또한, 조종실 2인 상주 원칙도 유럽비행안전기구, 독일항공연합 등에 의해 비현실적이라고 결론 내려졌다. 중요한 것은 이러한 결정이 사회적 공론화 없이 주류 담론과 미디어 중심의 탈-정치화 속에서 추진되었다는 것이다.

한편, 사회 일각에선 저먼윙스 사고를 개인의 결함으로 몰아가는 것은 사고와 관련된 다른 요인들을 간과하는 일이라고 주장하면서, 서로 다른 각도에서 사고의 원인과 의미를 조명하려는 시도가 나타났다.[82] 특히, 이 사고를 다양한 개연성을 배제한 채 우울증에 걸린 부기장의 비정상적 행동에 의한 것으로 규정하는 것에 대한 비판이 제기되었고, 우울증을 사회에 적응할 수 없는 질병으로 간주하는 낙인의 정치에 대한 우려도 제기되었다.[83] 이와 함께, 저가항공 근무 조건의 열악함, 항공 시장의 경쟁과 안전의 관계 등에 주목해야 한다는 주장이 제기되었다. 필자는 항공사고의 원인 규명은 항공모빌리티의 복잡한 시스템 상황 속에서 해석되고, 미디어와 담론 정치의 이면에 놓여 있는 복잡한 관계들에 주목할 필요가 있음을 강조한다.

---

82 T. Beveren, *Expert Report: Regarding Germanwings accident Flight 4U9525 Airbus A320-211 D-AIPX*, 2017.

83 P. Kinderman, "There are some people who commit 'murder-suicide' but they are extremely rare," 2015.

참고문헌

가야트리 스피박, 《서발턴은 말할 수 있는가?: 서발턴 개념의 역사에 관한 성찰들》, 태혜숙 옮김, 그린비, 2013.

로지 브라이도티, 《포스트휴먼》, 이경란 옮김, 아카넷, 2015.

_____, 《변신: 되기의 유물론을 향해》, 김은주 옮김, 꿈꾼문고, 2020.

멜린다 쿠퍼, 《잉여로서의 생명》, 안성우 옮김, 갈무리, 2016.

볼프강 작스 외, 《반자본 발전사전》, 이희재 옮김, 아카이브, 2010.

신지영, 《내재성이란 무엇인가》, 그린비, 2009.

아르노 빌라니 · 로베르 싸소, 《들뢰즈 개념어 사전》, 신지영 옮김, 갈무리, 2012.

에릭 스윈게도우, 〈탈정치화〉, 《탈성장 개념어 사전》, 자코모 달리사 · 페데리코 데 마리아 · 요르고스 칼리스 편, 강이현 옮김, 그물코, 2018.

이용균, 〈모빌리티와 일상의 세계: 복잡성, 리듬, 정동〉, 《모빌리티 생활세계학》, 고민경 · 박용하 · 손정웅 · 김명현 · 정은혜 · 오정준 · 이지선 · 이영민 · 배진숙 · 김재기 · 파라 셰이크 · 이용균, 앨피, 2021, 295~354쪽.

조르조 아감벤, 《호모 사케르: 주권 권력과 벌거벗은 생명》, 박진우 옮김, 새물결, 2008.

존 어리, 《모빌리티》, 강현수 · 이희상 옮김, 아카넷, 2014.

주디스 버틀러, 《연대하는 신체들과 거리의 정치: 집회의 수행성 이론을 위한 노트》, 김응산 · 양효실 옮김, 창비, 2020.

질 들뢰즈 · 펠릭스 가타리, 《천개의 고원: 자본주의와 분열증》, 김재인 옮김, 새물결, 2001.

클레어 콜브룩, 《들뢰즈 이해하기》, 한정헌 옮김, 그린비, 2007.

팀 크레스웰, 《온 더 무브: 모빌리티의 사회사》, 최영석 옮김, 앨피, 2021.

헬무트 베르킹 편, 《국경 없는 세계에서 지역의 힘: 공간과 사회의 결합에 대한 사유 방법》, 조관연 · 하용삼 · 안영철 옮김, 에코, 2017.

A. Mbembe, *Necro-Politics*, Duke University Press; Durham, 2019.

Bureau d'Enquêtes et d'Analyses, *Preliminary Report*, BEA: Paris, 2015.

_____, *Final Report*, BEA: Paris, 2016.

European Aviation Safety Agency, *Assessment of effectiveness of 2-persons-in-the-cockpit recommendation included in EASA SIB 2015-04*, EVSA: EU, 2016.

International Civil Aviation Organization, *Annex 13 to the Convention on International Aviation: Aircraft Accident and Incident Investigation*, 11th edition, ICAO, Montreal, 2016.

J. Boelle, *The Media's Representation of Airplane Diasters: an Analysis of Themes, Language and Moving Images*, Unpublished PhD. Thesis, Cardiff University, 2020.

M. Pantti, K. Wahl-Jorgensen, S. Gottle, *Disasters and the Media*, Peter Lang Publishing: New York, 2012.

National Safety Council, *Injury Facts*, 2017 Edition, Itasca, Illinois, 2017.

P. Adey, W. Lin, "Social and cultural geographies of air transport," in A. Goetz, L. Budd, (ed), *The Geographies of Air Transport*, Taylor and Francis Group: UK, 2014, pp. 61-71.

R. Cobb, D. Primo, *The Plane Truth: Airline Crashes, the Media, Transportation Policy*, The Brooking Institution: Washington, D.C., 2003.

T. Beveren, *Expert Report: Regarding Germanwings accident Flight 4U9525 Airbus A320-211 D-AIPX*, Lubitz family: Berlin, 2017.

고민경, 〈공유 퍼스널 모빌리티 이용에 다른 도시경험: 정동적 플랫폼 도시론 (affective platform urbanism)을 위한 시론적 연구〉, 《한국도시지리학회지》 23(3), 2020, 35~47쪽.

길광수 · 이용균, 〈COVID-19로 인한 항공모빌리티의 변화와 공항의 재-구성: 인천국제공항을 사례로〉, 《한국도시지리학회지》 25(1), 2021, 87~106쪽.

김은주, 〈들뢰즈의 행동학(éthologie): 되기(devenir)개념과 실천적 의미〉, 《시대와 철학》 25(2), 2014, 71~110쪽.

박준홍 · 정희선, 〈지역축제를 통해 본 인간-자연의 관계와 생명정치: 화천 산천어 축제의 사례〉, 《한국지역지리학회지》 27(2), 2021, 179~198쪽.

_____, 〈COVID-19 백신 보급에 따른 경계와 모빌리티의 재구조화〉,《공간과사회》31(4), 2021, 9~51쪽.

백지혜 · 박준홍 · 김희순 · 정희선, 〈중국의 COVID-19 백신외교에 투영된 생명지정학〉,《국토지리학회지》56(1), 2022, 13~33쪽.

이용균, 〈모빌리티의 구성과 실천에 대한 지리학적 탐색〉,《한국도시지리학회》18(3), 2015, 147~159쪽.

_____, 〈서구 중심적 개발담론의 재해석과 지속가능한 개발로서 포스트개발의 미래〉,《한국지역지리학회지》21(1), 2015, 137~152쪽.

_____, 〈이주의 관계적 사고와 이주자 공간의 위상 읽기: 관계, 위상 및 아상블라주 관점을 중심으로〉,《한국도시지리학회지》20(2), 2017, 113~128쪽.

A. Fraher, "Rising number of inexperienced pilots may lead to more crashes," *The Conversation*, 2015.

A. Vuorio, T. Laukkala, P. Navathe, B. Budowle, A. Eyre, A. Sajantila, "Aircraft-assisted pilot suicides: lessons to be learned," *Aviation, Space, and Environmental Medicine* 85-8, 2014, pp. 1-6.

C. Bills, J. Grabowski, G. Li, "Suicide by aircraft: a comparative analysis," *Aviation, Space, and Environmental Medicine* 76(8), 2005, pp. 715-719.

C. Lassen, "Aeromobility and work," *Environment and Planning A* 38, 2006, pp. 301-312.

E. Yorgason, "Toward a Geopolitics of Korean Tourism," *The Korean Association of Regional Geographers* 28(4), 2022, pp. 489-508.

G. Harvey, P. Turnbull, "Germanwings prompts pilot review but industry must also deal with workplace stress," *The Conversation*, 2015.

L. Hogg, P. Salkovskis, "We tested whether mental health workers were prejudiced against personality disorders: here's what we found," *The Conversation*, 2015.

N. Thrift, "The place of complexity," *Theory, Culture and Society* 16, 1999, pp. 31-70.

P. Adey, "Emergency mobilities," *Mobilities* 11, 2016, pp. 32-48.

P. Kinderman, "There are some people who commit 'murder-suicide' but they are extremely rare," *The Conversation*, 2015.

S. Lash, "Lebenssoziologie: Georg Simmel in the information age," *Theory, Culture and Society* 22, 2005, pp. 1-23.

T. Cresswell, C. Martin, "On turbulence: entanglements of disorder and order on a Devon Beach," *Tijdschrift voor Economische en Sociale Geografie* 113(2), 2012, pp. 516-529.

T. Laukkala, A. Vuorio, R. Bor, B. Budowle, P. Navathe, E. Pukkala, A. Sajantila, "Copycats in pilot aircraft-assisted suicides after the Germanwings incident," *International Journal of Environmental Research and Public Health* 15(3), 2018, pp. 491-498.

V. Zuskáčová, "How we understand aeromobility: mapping the evolution of a new term in mobility studies," *Transfers* 10(2-3), 2020, pp. 4-23.

《BBC news》, 2015년 3월 27일자a, 〈Germanwings crash: Co-pilot 'treated for depression'〉. (https://www.bbc.com/news/world-europe-32081681)

《BBC news》, 2015년 3월 27일자b, 〈Germanwings crash: Media say co-pilot had 'depression'〉. (https://www.bbc.com/news/world-europe-32087322)

《BBC news》, 2015년 3월 27일자c, 〈Andreas Lubitz depression headlines add to stigma〉. (https://www.bbc.com/news/newsbeat-32084110)

《BBC news》, 2017년 3월 23일자a, 〈Germanwings crash: Who was co-pilot Andreas Lubitz?〉. (https://www.bbc.com/news/world-curope-32072220)

《BBC news》, 2017년 3월 23일자b, 〈Germanwings crash leaves unanswered questions〉. (https://www.bbc.com/news/world-europe-32084956)

《BBC news》, 2017년 3월 23일자c, 〈Germanwings crash: What happened in the final 30 minutes〉. (https://www.bbc.co.uk/news/world-europe-32072218)

《BBC news》, 2017년 3월 24일자, 〈Germanwings crash families angered by pilot's father〉. (https://www.bbc.com/news/world-europe-39379724)

《Daily Mail》, 2015년 3월 25일자, 〈Mass-killer co-pilot who deliberately crashed Germanwings plane had to STOP training because he was suffering depression and 'burn-out'〉. (https://www.dailymail.co.uk/news/article-3012053/Andreas-Lubitz-Germanwings-flight-9525-French-alps-crash-French-alps-

Germanwings-plane-crash-Airbus-A320-Barcelonnette.html)

《Daily Mail》, 2015년 3월 27일자, 〈Why on earth was he allowed to fly? Suicide pilot had a long history of depression〉. (https://www.pressreader.com/uk/daily-mail/20150327/281479274912867)

《Deutsche Welle》, 2020년 7월 1일자, 〈Germanwings crash relatives lose case against Lufthansa〉. (https://www.dw.com/en/germanwings-crash-relatives-lose-lufthansa-compensation-case/a-54018513)

《Deutsche Welle》, 2022년 3월 3일자, 〈France drops Germanwings crash inquiry〉. (https://www.dw.com/en/germanwings-crash-france-drops-manslaughter-proceedings/a-61000671)

《The Guardian》, 2015년 3월 26일자, 〈Germanwings crash raises questions about cockpit security〉. (https://www.theguardian.com/world/2015/mar/26/germanwings-crash-raises-questions-about-cockpit-security)

《The New York Times》, 2015년 3월 24일자, 〈Germanwings crash in French Alps kills 150; Cockpit voice recorder is found〉. (https://www.nytimes.com/2015/03/25/world/europe/germanwings-crash.html)2

렘 콜하스의 '살아 있는' 플랫폼, 〈보르도 하우스〉, 포스트휴먼 신체

| 이재은 |

이 글은 이재은, 〈포스트휴먼 시대 현대건축과 인간 신체의 상호관계성에 대한 연구: 렘 콜하스의 〈보르도 하우스〉를 중심으로〉, 《미술사학보》 53집, 2019, 247~267쪽의 내용을 수정 및 보완한 것이며, 2017년 대한민국 교육부와 한국연구재단의 지원을 받아 수행된 연구다(NRF—2017S1A5B5A07064400).

콜하스의 〈보르도 하우스〉와 르무완느 신체의 모빌리티

네덜란드 출신의 건축가 렘 콜하스Rem Koolhaas는 보르도 근처 플루아락Floirac 언덕에 〈보르도 하우스Bordeaux House〉를 1994년부터 1996년까지 디자인하고 1996년부터 1998년까지 건축했다. 〈보르도 하우스〉는 장 프랑수아 르무완느Jean-Francois Lemoîne 가족의 집이다. 르무완느는 1991년 교통사고 이후 휠체어 생활을 하면서 자신의 모빌리티를 고려한 새로운 집을 콜하스에게 의뢰했다. 그러나 그가 꿈꾼 집은 콜하스의 예상과 달리 휠체어의 이동이 편한 단층 평면 구조의 집이 아니었다. "복잡한 집을 원합니다. 왜냐하면 집은 나의 세계를 규정할 것이기 때문입니다…."[1] 복잡한 구조 속에서 르무완느 신체의 모빌리티를 위해 콜하스는 세 개의 층으로 이루어진 주택 바닥의 한 부분에 피스톤을 설치했다.

콜하스가 피스톤을 설치한 바닥은 그레고리 베이트슨Gregory Bateson이 언급한 '맹인의 지팡이' 또는 '과학자의 전자현미경'처럼 르무완느의 신체와 〈보르도 하우스〉 간 상호적 관계의 통로다. "맹인의 지팡이나 과학자의 전자현미경이 그것을 사용하는 사람의 '일부분'인가 아닌가를 묻는 것은 커뮤니케이션적으로 무의미하다. 지팡이와 현미경은 커뮤니케이션의 중요한 통로이며, 그 자체로서 우리가 관심을 기울이는 네트워크의 일부다. 그러나 이 네트워크의 위상기하학을 설명

---

[1] Koolhaas, *Masion à Bordeaux* cit., p. 134, in Roberto Gargiani, *Rem Kool Haas OMA* (Lausanne: EPFL Press, 2008), p. 206 재인용.

하는 데 관련될 수 있는 경계선은 아무것도 없다."[2] 즉, 르무완느 신체가 피스톤을 설치한 바닥을 통해 이동할 때, 르무완느와 집 사이에는 경계가 존재하지 않는다.

신체 바깥 대상과 결합해 확장하는 인간 신체 능력의 가능성에 대한 모색은 뉴욕 록랜드주립병원Rockland State Hospital의 책임연구과학자인 클라이스Manfred E. Clynes와 클라인Nathan S.Kline의 《사이보그와 우주Cyborg and Space》(1960)에서부터 살펴볼 수 있다. 두 과학자가 소개한 자가조절통제 기능을 확장해 주는 사이버네틱스와 결합한 유기체, 사이보그는 인간 신체의 한계를 뛰어넘는 방법론임에도 불구하고 인간중심의 세계관에서 인간의 기술적 타자, 단지 괴물로 분류되어 왔다.[3] 그러나 4차 산업혁명 시대가 도래함에 따라 사이보그는 오늘날 인간과 기계의 공진화 과정으로, 포스트휴먼으로 재조명되고 있다.

'포스트휴먼' 또는 '포스트휴먼적'이라는 단어는 20세기 말부터 등장하기 시작해 일반적으로 두 관점으로 정의된다. 하나는 닉 보스트롬Nick Bostrom과 레이 커즈와일Ray Kurzweil, 한스 모라벡Hans Moravec 등과 같은 트랜스휴머니스트들이 말하는 과학과 정보의 융합을 통해 각종 질병에 구애받지 않으며 삶의 장소도 실재 공간과 디지털 공간 사이 횡단이 가능한 인류다. 다른 하나는 사이버페미니즘 중심으로

---

2   그레고리 베이트슨, 《마음의 생태학》, 박대식 옮김, 책세상, 2006, 399~400쪽.
3   사이버네틱스는 수학자인 노버트 위너가 《사이버네틱스 혹은 동물과 기계에 있어서의 제어와 소통Cybernetics or control and communication in the animal and the machine》(1948)을 발표한 이후 활발히 논의되었다. 위너는 사이버네틱스를 '동물과 기계에서 이루어지는 제어와 소통'의 과학이라고 정의하였다. 사이버네틱스는 스스로 '자기조직화의 시스템self-organising system'을 추구하는 시스템적인 이론으로서, 이러한 자기조직화는 '피드백feedback'을 중심으로 지속적인 자기조절과 수정을 통해 이루어진다.

도나 해러웨이Donna J. Haraway, 로지 브라이도티Rosi Braidotti, 캐서린 헤일스N. Katherine Hayles가 논의해 온 백인 남성중심주의를 근간으로 한 근대적 의미의 휴머니즘을 극복하고 새로운 휴머니즘의 가능성을 모색하는 인간 존재를 가리킨다. 두 관점의 공통점은 전통적 인류의 세계상과 인간상이 더 이상 지속할 수 없다는 확신이다. 더불어 포스트휴먼에게 신체란 우리 모두가 조작법을 배우는 최초의 인공기관으로서, 신체를 다른 인공기관으로 확장·대체하는 것은 우리가 태어나기 전부터 시작된 과정의 연속일 뿐이다.[4]

인간 신체가 비인간nonhuman의 구성 요소와 결합을 통해 언제든 확장 가능하다는 포스트휴먼석 사유의 연속선상에서 〈보르도 하우스〉에 나타난 거주자의 모빌리티 능력 확장의 의미를 고찰해 보자. 이를 위해 먼저 1960·70년대 현대건축에 나타난 사이보그 상상력을 영국의 건축 그룹인 아키그램Archigram의 사유와 작업을 통해 살펴볼 것이다. 이는 첨단 과학기술을 매개로 주변 환경과 상호작용하는, 즉 포스트휴먼 징후가 살펴지는 건축의 등장 배경을 건축사적 흐름에서 조망할 수 있는 기회를 세공해 줄 것이다. 다음으로 〈보르도 하우스〉의 구조를 살펴본 다음, 〈보르도 하우스〉에 나타난 거주자의 신체 확장의 성격과 그 의미를 포스트휴먼 담론을 기반으로 논의해 볼 것이다.

---

4 캐서린 헤일스, 《우리는 어떻게 포스트휴먼이 되었는가》, 허진 옮김, 플래릿, 2013, 24쪽 참조.

아키그램과 사이보그 건축

디지털화된 정보통신기술과 생명공학기술의 발달이 만들어 낸 인간 신체와 주체를 연상시키는 '포스트휴먼'이라는 단어는 건축비평에서 "기술 친화적 미래를 향한 제스처라는 의미를 제외한다면 아직은 설명되지 않은 새로운 형용사"이다.[5] 그럼에도 불구하고 현대건축의 동향에서 그 함의를 살펴보자면, 그것은 "건축의 내적 비평-재현 목표와 세계 정치·사회의 복잡성에 연루된 야망 사이에서 개념 분리를 유지해 온 형식주의 담론과 달리", "환경에서 자율적인 학문 내재성에 지배받는 오브제라는 건물의 오랜 개념에 도전한다."[6] 요컨대 건축사에서 포스트휴먼은 첨단 과학기술을 통해 인간-자연-기계가 하나의 그물망을 형성하는 환경과 상호작용하는 유기체로서 건물을 디자인하려는 움직임에서 그 개념과 성격을 마련해 가고 있는 중이다.

환경에서 일어나는 변화를 감지하고 이에 대한 피드백이 가능한 열린 시스템으로 작동하는 유기체로서 '살아 있는' 건물에 대한 아이디어는 1961년부터 잡지 《아키그램Archigram》을 발행하기 시작한 아키그램 그룹의 일련의 콜라주와 드로잉에서 찾아볼 수 있다. 이 그룹의 주요 구성원은 워런 초크Warren Chalk(1927~1988)와 피터 쿡Peter Cook(1936~), 데니스 크롬튼Dennis Crompton(1935~), 데이비드 그린David Greene(1937~), 론 헤론Ron Herron(1930~1994), 마이클 웹Michael Webb

---

5   Ariane Lourie Harrison, "Charting Posthuman Territory," in Ariane Lourie Harrison ed., *Architectural Theories of the Environment: Posthuman Territory*, New York: Routledge, 2013, p. 3.

6   Ariane Lourie Harrison, "Charting Posthuman Territory," p. 3.

(1937~)이다.[7]

　생명계—나무, 식물, 꽃, 동물, 새와 인간 자신—는 경이적인 피드백
능력을 지닌 메커니즘이다. 인간이 자신의 환경을 위해 만든 싸구려 건
물들은 이보다 훨씬 성능이 떨어진 것들이다. … 우리는 생명계와 기계
사이에서 자연스런 관계를 허용할 수 있는 시스템을 지속적으로 만들어
가야 한다.[8]

위와 같은 초크의 말에서 확인할 수 있듯이, 아키그램은 생명체와
같이 피드백 능력이 가능한 시스템으로 건물이 구축될 수 있는 길을
모색했다. 엔트로피 증가 방향으로 운영되는 닫힌 시스템의 건물을
열린 시스템으로 전환하는 일은 노버트 위너Nobert Wiener가 고안한 자
동제어 장치인 사이버네틱스에 의해 가능하다. '조타수'를 뜻하는 그
리스어에서 이름을 따온 사이버네틱스에서는 정보, 제어, 커뮤니케이
션이라는 세 가지 행동 인자가 함께 작용하여 유기체와 기계의 전례
없는 통합을 일으켰다.[9] 위너에게 사이버네틱스는 기계가 인간처럼
기능할 수 있음을 증명하는 것이었다.[10] 초크를 포함한 아키그램 구성

7　아키그램 그룹의 구성원 모두가 만난 것은 《아키그램》 3권이 출판된 1976년이다. 멤버
　들 가운데 마이크 웹, 피터 쿡, 데이비드 노팅험은 막 대학을 졸업했을 때고 다른 세 사
　람은 런던 지방 의회 건축부의 전문가로 활동 중이었다.
8　Warren Chalk, "Touch not.." in *Architectural Design*, 1972, p. 182. 권제중, 〈아키그램 건
　축과 도시에서 나타나는 사이보그적 경향에 관한 연구〉, 《대한건축학회 논문집》 28(12),
　2012, 250쪽 재인용.
9　캐서린 헤일스, 《우리는 어떻게 포스트휴먼이 되었는가》, 33쪽.
10　캐서린 헤일스, 《우리는 어떻게 포스트휴먼이 되었는가》, 32쪽.

원들도 위너의 목표와 다르지 않게 사이버네틱스를 건축 원리에 적용함으로써 건물이 인간 신체처럼 살아 있는 길을 열고자 했다. 1960년대 런던 건축계에 적극적으로 사이버네틱스를 소개한 학자는 고든 패스크Gordon Pask다. 1968년 패스크가 아키그램 잡지 8호에 〈미학적으로 강렬한 사회적 환경An Aesthetically Potent Social Environment〉이라는 글을 게재했다는 사실은 당시 아키그램이 사이버네틱스에 대한 논의에 주목하고 있었음을 우회적으로 말해 준다. 아울러 "자동화기술은 인간의 근육이 하는 역할을 대체하였고, 전자공학기술은 중앙신경계를, 정보통신기술은 인간의 판단력을 대신할 것이다"[11]라는 초크의 언급은 사이버네틱스가 인간 신체의 기능, 그리고 그것의 확장과 관계한다는 것을 아키그램이 간파하고 있음을 보여 준다.

1960년대에 접어들면서 사이버네틱스를 포함한 과학 분야의 전문 용어는 1950년대 중·후반 SF만화 및 영화의 인기에 힘입어 더 이상 과학자 또는 몇몇 지식층들의 전유물이 아니게 되었다. 레이너 밴험 Reyner Banham이 제2기계시대의 출발점으로 보았던 1950~60년대는 기계문명의 대중적 확신에 힘입어 관련 화두의 전시들이 활발히 열린 때이다. 〈생활과 예술의 평행Parallel of Life and Art〉(1953), 〈인간, 기계, 움직임Man, Machine and Motion〉(1955), 〈이것이 내일이다This is Tomorrow〉(1956)가 대표적 전시다. 이 같은 분위기는 1970년대까지 지속한다. 1971~1972년이 SF영화계의 황금기였다는 사실도 첨단 과학기술에

---

11 Warren Chalk, "No-where Man" in *Architectural Design*, 1966, p. 478. 권제중, 〈아키그램 건축과 도시에서 나타나는 사이보그적 경향에 관한 연구〉, 250쪽 재인용.

대한 대중의 높아진 관심을 방증한다.[12] 당시 아키그램은 밴험의 지적처럼, "건축에 SF라는 새로운 영역을 최초로 도입하고, 미래에 대한 비전을 팝적 감수성으로 탁월하게 표현"했다.[13] 1964년 《어메이징 아키그램 4-줌 이슈Amazing Archigram 4-Zoom Issue》 표지에 출현한 로켓과 동일한 높이에서 도시의 마천루를 향해 레이저를 쏘는 사이보그는 이 그룹의 건축적 상상력이 SF가 생산하는 이미지와 스토리 속 과학기술과 공진화하고 있음을 잘 보여 준다.

아키그램의 아이디어들 가운데 특히 그린의 〈리빙 포드Living Pod〉(1966), 웹의 〈쿠쉬클Cushicle〉(1968)과 〈수탈룬Suitaloon〉은 클라이스와 클라인의 사이보그와 상응한다. 두 과학자는 우주에 적응 가능한 인간 신체를 고안하기 위해 사이버네틱스와 유기체의 결합을 시도했다. 웹이 어떻게 건축의 문맥에서 거주 공간을 인간 신체의 확장으로 풀어내고 있는지를 우주복을 연상케 하는 〈쿠쉬클〉을 예를 들어 살펴보자. 〈쿠쉬클〉은 이용자가 등에 장착해 필요할 때 부풀려 사용하는 개인용 이동식 주거 유닛unit이다. 여기에는 난방시설은 물론 라디오와 텔레비전도 장착돼 있다. 거주자는 〈쿠쉬클〉을 사용하는 동안 "마치 연체동물이 자신의 껍질 속에서 사는 것처럼" 주택과 하나의 시스템을 이룬다.[14] 즉, 아키그램은 사용자를 포함한 환경과 집을 각기 다른

---

12 이 시기 제작된 〈2001 스페이스 오디세이2001: A Space Odyssey〉(1968), 〈시계태엽 오렌지A Clockwork Orange〉(1971), 〈오메가 맨Omega Man〉(1971), 〈테스 1138THX 1138〉(1971), 〈사일런트 러닝Silent Running〉(1972), 〈솔라리스Solaris〉(1972) 등의 영화들은 오늘날 SF의 수작으로 평가받고 있다.

13 김원갑, 〈제2기계시대와 SF적 감성의 연속성〉, 《아키그램과 함께 춤을》, 공간사, 2005, 193쪽.

14 권제중, 〈아키그램 건축과 도시에서 나타나는 사이보그적 경향에 관한 연구〉, 253쪽.

개별적 존재가 아닌 경계 없는 하나의 유기체라는 가정 아래, 과학기술을 통해 주택이 거주자의 신체적 움직임의 연장선상에서 상호작용하는 오브제로서 나아갈 수 있는 길을 모색한 것이다. 이러한 '살아 있는' 건축과 도시에 대한 아키그램의 아이디어는 이탈리아 미래주의자 안토니오 산텔리아Antonio Sant'Elia의 그것처럼 현실에 옮겨지지는 못했지만, 그 자체로 근대건축의 형식주의에 반反하는 새로운 건축을 모색한 네오아방가르드 경향의 젊은 건축가들의 상상력을 자극했을 뿐만 아니라, 과학기술을 SF 장르가 제공하는 기계적 쾌락주의의 문맥에서 접근할 수 있는 디자인의 토대를 마련해 주었다는 점에서 충분한 의의가 있다.

아키그램과 콜하스의 만남

1944년 로테르담에서 태어난 콜하스는 1968년 런던 AA건축학교 Architectural Association School of Architecture에 등록했다. 당시 피터 쿡을 포함한 몇 명의 아키그램 멤버들은 AA 교수진이었다.[15] 1960년대 AA 교육은 건축에 과학기술을 접목시켜 나갈 수 있는 아이디어와 디자인을 적극적으로 장려했다. 재학 당시 피터 쿡을 사사한 콜하스는 이러한 분위기에서 다른 학생들과 함께 사용자 의지에 따라 움직이는

---

[15] 콜하스가 재학 당시 AA 교수진에는 아키그램 멤버들 외에도 피터 스미슨Peter Smithson, 세드릭 프라이스Cedric Price, 찰스 젱스Charles Jencks, 달리보 베슬리Dalibor Veseley, 앨빈 보야르스키Alvin Boyarsky가 있었다.

동적인 유기체의 피드백을 지향하는 아키그램의 사이보그 건축을 자연스레 접했을 것이다. 콜하스가 1972년 AA에서 학위 취득과 함께 아테네 출신 건축가 엘리아 젱겔리스Elia Zenghelis와 공동 작업해 발표한 〈엑소더스, 혹은 건축의 자발적 수감자들Exodus, or The Voluntary Prisoners of Architecture〉을 구성하는 정방형 속 일련의 콜라주들에서, 아키그램의 드로잉과 콜라주에서 살펴볼 수 있는 원색 중심의 색채와 SF적 이미지의 흔적을 어렵지 않게 만날 수 있다. 그중 〈영접 구역으로 이끌리고 있는 지친 망명자들〉에서 길을 걸어가는 군중의 초상은 프리츠 랑Fritz Lang의 〈메트로폴리스Metropolis〉(1927)의 한 장면이다. 〈메트로폴리스〉의 로봇 마리아, 사이보그 모형은 '로비 더 로봇Robbie the Robot'과 함께 1956년 인디펜던트 그룹Independent Group이 주최한 전시 〈이것이 내일이다〉에 이어 1963년 6월 런던 현대미술회관에서 아키그램 구성원 모두가 참여한 첫 프로젝트인 〈리빙시티Living City〉에서도 전시될 만큼 영향력 있는 대중문화의 아이콘이었다.[16] 즉, 콜하스는 제1기계세대와 달리 과학기술이 소수 지식층의 전유물이 아닌 대중소비사회의 하나의 일상으로 파급되기 시작한 1960~70년대 도시 일상에 파고든 과학기술에 대한 팝적 해석을 건축으로 풀어낸 아키그램과 동시대를 공유하며, 그 연장선상에서 과학기술과 건축 그리고 인간을 성찰해 나갈 수 있는 기회를 마련했다고 할 수 있다.

　1970년대 콜하스의 과학기술에 대한 단상은 그의 저서 《광기의 뉴욕Delirious New York》(1978)에서 살펴볼 수 있다. 이 책 2장에서 콜하스

16　1963년 〈리빙시티〉에서 아키그램은 '로비 더 로봇'를 전시했다. '로비 더 로봇'은 1950년대 공상과학의 산물이며, 〈이것이 내일이다〉(1956)의 그룹 투Group Two 마스코트였다.

는 코니아일랜드Coney Island를 19세기와 20세기의 연결목에 등장한 "맨해튼의 인큐베이터"로 조명했다.[17] 그는 20세기 초 맨해튼을 창조할 '환상의 기술technology of fantastic'의 실험 무대가 바로 코니아일랜드라고 생각했다. 이 책에서 콜하스가 말하는 '기술'이란, 대도시인들의 무의식적 욕망, 내적 공간의 구현을 위한 미디어이다. 이탈리아 건축사가인 로베르토 가르지아니Roberto Gargiani는 이를 "초현실주의의 잠재의식, 라이너 밴햄의 잘 다듬어진 환경Well-Tempered Environment, 미스 반 데어 로에Ludwig Mies Van Der Rohe와 해리슨의 건축들의 관점에서 젱스Charles Jencks가 쓴 '초월적 기술', 아키그램 프로젝트에 나타난 SF류 기술,《실험건축Experimental Architecture》에서 쿡이 기록한 실제 기술—거대한 스크린 벽에 비디오 영사, 우주시대의 기술 정복, '환경'과 '생활 방식'을 변화시킨 로봇 자동차와 전기의 폭넓은 사용 등—의 영역들로 나아가는 진화의 첫 걸음"으로 평가했다.[18] 1995년 콜하스 스스로는《광기의 뉴욕》에서 당시 언급한 기술의 실재에 대해 다음과 같이 언급한 바 있다; "여기서 난 엘리베이터와 철, 에어컨을 '환상의 기술'로 간주했다."[19] 요컨대 1970년대 콜하스가 주목한 기술이란 건축의 구조를 구축하는 과정에서 필요한 도구가 아닌 대도시라는 공간을 만들어 낸 인간의 욕망을 포착하고 그 욕망을 만족시키고 쾌락을 주는 그것이다. 다시 말하자면, 1970년대 콜하스가 건축에서 바라본 기술의 가능성이란 근대 건축사들이 기능주의 아래 추구한 구조 혁

---

17 Rem Koolhaas, *Delirious New York*, New York: The Monacelli Press, 1994, p. 30.

18 Roberto Gargiani, *Rem Kool Haas OMA*, Lausanne: EPFL Press, 2008, p. 64.

19 Roberto Gargiani, *Rem Kool Haas OMA*, p. 64.

신 혹은 인간 노동 효율성의 증진이 아닌 인간의 무의식이 만들어 내는 이미지, 내적 공간의 구현이다. 이는 콜하스의 기술에 대한 관심이 건물 구축 과정에서가 아닌 인간 내적 공간의 구현에서 발생하고 있음을 말해 주는 것이라 할 수 있겠다. 즉, 콜하스에게 기술은 건물과 인간 간 상호관계의 형성을 가능케 하는 방법론인 것이다.

〈보르도 하우스〉의 구조

〈보르도 하우스〉가 위치한 보르도 전경이 펼쳐지는 플루아락 언덕은 지상 9미터 이상 높이의 건물을 올릴 수 없으며 원거리로부터 건물의 가시성을 확보할 수 있는 색채 사용이 불가한 장소다.[20] 이곳에 주택을 의뢰한 르무완느는 휠체어 생활을 하지만 복잡한 공간 구조의 집을 원했다. 그의 아내 엘렌느는 남편에게 감옥이 되어 버린 옛집과 달리, 새집은 남편의 자유로운 이동이 가능한 구조이기를 희망했다. 이러한 상충하는 요구 아래 콜하스는 르무완느와 신체 조건이 다른 가족 모두를 염두에 두고 주택 디자인에 접근해 나갔다.

르 코르뷔지에의 〈빌라 사보아Villa Savoye〉(1929)를 연상시키는 필로티pilotis와 유리벽으로 구성된 〈보르도 하우스〉의 주택 앞에는 중정 그리고 욕실을 갖춘 손님 침실과 관리인 숙소(욕실, 주방, 식당)가 위치해 있다. 주택으로 가 보자. 가장 아래층 주방은 반지층으로 부분적으

---

20 〈보르도 하우스〉는 〈플루아락 하우스〉 혹은 〈르무완느 하우스〉로도 칭해진다.

로 땅 아래 침몰해 있어 동굴 같아 보인다. 그리고 바로 위층의 거실은 유리벽을 사용함으로써 실내 공간이 플루아락 언덕의 전원 풍경 속에 위치한 듯하다. 마지막으로 가족 침실은 갈색 톤의 강철 재료의 직육면체 모양 상자 안에 위치해 있다. 재료가 주는 무게의 인상을 전복하듯 콜하스는 강철 상자를 맨 위층에 배치시켰다. 그 결과 그것은 마치 지구에 착륙하기 위해 지상 가까이에서 맴돌고 있는 우주선 같은 인상을 준다. 이 아이디어는 콜하스의 〈쿤스트할Kunsthall〉과 〈홀텐 주택 Holten house〉을 함께 작업한 구조공학자 발몽Cecil Balmond이 플루아락 언덕 비탈 부지를 방문했을 때 받은 첫인상 '마술 양탄자Magic Carpet'에 기초한 것이다. 이처럼 콜하스는 다른 세 채의 집이라는 구상 아래 단일한 주택 공간 안에서 거주자가 다른 장소성, 예컨대 동굴과 전원, 우주선이 주는 공간의 분위기를 경험할 수 있는 기회를 마련하고자 했다. 이처럼 〈보르도 하우스〉의 실내는 균형과 통일성의 결정체인 〈빌라 사보아〉에서 찾아볼 수 없는 단절과 이질성의 집합체이다.

'살아 있는' 플랫폼의 아이디어

콜하스는 마지막 층을 수직으로 이등분해 한편에는 부부의 침실과 욕실, 다른 한편에는 아이들의 침실과 욕실을 배치했다. 아이들은 자신의 유닛을 나선형 계단으로 접근한다. 반면 부모의 유닛은 단일-램프 계단single-ramp staircase과 수압식 피스톤 엘리베이터로 움직이는 플랫폼을 통해 접근 가능하다. 이처럼 콜하스는 한 건물 안에 서로 다른 이동 경로들을 병치해 공간 사이의 관계와 동선을 다채롭게 구성했다. 하나의 이동 경로를 거부하는 그의 디자인 경향 속에서 〈보르도 하우스〉의 새로움은 바로 움직이는 플랫폼에서 찾아볼 수 있다. 이것은 아내 엘렌느의 바람, 주택 곳곳을 남편 스스로 자유롭게 산책할 수 있는 공간에 대한 콜하스의 응답이라 할 수 있다.

〈보르도 하우스〉의 은색으로 빛나는 강철 피스톤은 콜하스가 《광기의 뉴욕》에서 "엘리베이터의 거대한 번쩍이는 피스톤들"이라고 묘사한 라디오시티 뮤직홀의 화물용 엘리베이터를 연상시킨다.[21] 그는 라디오시티 뮤직홀에서 "거대한 극장용 기계들"이 "활동을 하지 못함"에 따라 "잠재력을 영화 스크린 뒤에서 낭비하고 있는 것을 용납할 수가 없었다"고 기술한 바 있다.[22] 그 기계가 바로 〈보르도 하우스〉에서 부활한 것이다. 그리고 건물의 일반적인 엘리베이터와 달리 주변 실내 공간과 분리되지 않은 채 천장과 동시에 바닥으로 존재하는 플랫폼으로서의 디자인 출처는 1853년 엘리샤 오티스Elisha Otis가 뉴욕 크리스탈 팔라스Crystal Palace에서 소개한 발명품 '모던' 엘리베이터, 그리고 네덜란드 바지선의 선미船尾 캐빈이다. 네덜란드에서 화물 운송 배가 운하를 지날 때 마주치는 다리의 높이는 다양하다. 선미 캐빈의 높이보다 낮은 다리의 아래를 지나야 할 경우 캐빈의 높이 조정이 필요하기 때문에 네덜란드 바지선의 선미 선실은 상하 움직임이 가능한 플랫폼에 위치한다. 이 둘에서 착안한 보르도의 엘리베이터는 일반적으로 건물에서 생활공간과 분리된 직육면체 상자로서 존재하는 그것과 달리 거주자의 일상생활이 영위되는 공간의 연속선상에서 그의

---

21   Rem Koolhaas, *Delirious New York*, p. 214.
22   Rem Koolhaas, *Delirious New York*, p. 214.

신체의 모빌리티를 구성하는 일부다. 엘리베이터 메커니즘은 루브르 Musée du Louvre 피라미드에서 피스톤으로 작동되는, 장애인을 위한 원형 플랫폼의 그것을 직접적으로 이용한 것이다.

이제 엘리베이터라는 기계에 주목해 보자. 건축사에서 그것은 마천루를 발명한 기계라는 위상을 갖고 있다. 이에 대해 콜하스도 아래와 같이 서술한 바 있다.

> 계단 시대 2층 위에 있는 모든 층들은 상업 목적에 부적합하다고 여겨졌고, 5층 이상의 모든 층들은 인간이 살기에 부적합하다고 여겨져 왔다. 1870년대부터 맨해튼에서 엘리베이터는 지상층 위 모든 수평의 평면들을 해방시켰다. 오티스의 기계는 상상 속 옅은 대기에 부유浮遊해 있던 무수한 평면들을 실현해 주었으면 대도시의 역설에서 그 우월성을 선보였다: 지상으로부터 그 거리가 멀어질수록 빛과 대기와 같은 다른 자연의 요소들과의 소통은 긴밀해진다.[23] (밑줄 필자 강조)

엘리베이터에서 콜하스가 주목한 부분은 땅으로부터 '건축의 해방' 그리고 '땅 아닌 자연의 다른 요소'와의 소통이다. 이를 포스트휴머니즘 담론에 적용해 보자. 주지하다시피 인간 신체는 서구 건축의 은유였으며, 이런 점은 콜하스에게서도 찾아볼 수 있다. 예컨대《광기의 뉴욕》에서 콜하스는 내노시의 마천루를 밀레Jean-François Millet(1814 ~1875)의 〈만종L'Angélus〉(1895)에 등장하는 부부에 대한 달리Salvador

---

23   Rem Koolhaas, *Delirious New York*, p. 82.

Dalí(1904~1989)의 해석을 차용해 인간 욕망의 의인화로 조명한 바 있다: "매일 저녁 뉴욕의 마천루들은 밀레의 〈만종〉의 수많은 거대한 의인화 … 움직이지 않은 채, 성행위를 수행하고 서로를 탐하기 위해 준비하는 … 철골의 뼈로 된 구조체 안에 그들을 비추고, 모든 중앙난방과 중앙의 시詩를 순환시켜 주는 것은 살벌한 욕망인 것이다."[24] 콜하스에게 뉴욕의 마천루는 인간의 욕망에서 발생한 물질인 것이다. 이는 콜하스의 시선을 기술을 매개로 '주어진' 신체에서 벗어나고자 한 포스트휴먼 논의의 연속선상에서 바라볼 수 있는 토대다. '땅으로부터 해방'은 유한하고 고정적인 인간 신체의 한계 극복의 방법론으로서 첨단 과학기술을 환영하는 트랜스휴머니즘과, 그리고 엘리베이터를 통해 땅에서 멀어지면서 형성되는 다른 자연과의 새로운 관계는 백인 남성의 타자인 여성·동물·자연·기계와의 수평적 관계 맺기의 기회로서 첨단 과학기술을 환영하는 포스트휴머니즘과 맞닿아 있다.

그렇다면 〈보르도 하우스〉의 피스톤 엘리베이터에서 발생하는 '해방'과 '소통'에 주목해 보자. 르무완느는 플랫폼을 사무실이라는 사적 공간이자 동시에 다른 공간과의 연결을 위한 인터페이스로 활용할 수 있다. 다시 말하자면, 주택에서 이 장소는 개인의 사무 공간이면서 지하의 부엌과 중간층의 서재, 마지막 층인 침실까지로의 이동을 가능케 하는 통로다. 이를 통해 그는 그 자신의 의지에 따라 위치와 동선을 선택할 수 있다. 플랫폼과 주택에서 일어나는 르무완느의 움직임은 서로 분리되지 않는다. 이 주택에서 엘리베이터는 인간이 세계

---

24 Rem Koolhaas, *Delirious New York*, p.265.

와 만나고 활동하는 데 필연적인 미디어로서 작동한다. 베이트슨을 소환해 다시 말하자면 맹인과 지팡이가 연결되어 동작하는 신체를 이루듯, 〈보르도 하우스〉에서 르무완느의 신체와 건축 공간, 기계 사이 경계는 존재하지 않는다. 포스트휴먼 시대에 움직이는 플랫폼과의 상호작용 속에서 하나의 동작을 완성하는 르무완느의 신체에서 기계와의 경계를 찾는 것은 어리석은 일이다.

보철 보조기구에서 발생하는 인간과 기계의 만남은 최근 사건이 아니다. 이는 안경이 등장한 중세보다 더 거슬러 올라가 고대 때부터 있었다. 그런데 오늘날 일어나고 있는 첨단 과학기술이 만들어 내고 있는 기계와의 결합을 통한 신체 확장은 과거와 다르다. 예컨대, 심장박동조율기와 인공심장밸브가 도입되면서 보조기가 인간 신체와 환경 사이 경계선이라고 알려진 피부가 아닌 인간 신체 내부에 개입한다. 기계와 인간 사이의 경계 해체는 스텔락Stelarc과 오를랑Saint Orlan의 퍼포먼스에서 목격할 수 있듯이, 피부에서 시작해 왔다. 여기서 인간과 비인간 사이의 경계를 찾는 것은 무의미하다. 2002년 영국 리딩대학교Reading University의 케빈 워윅Kevin Warwick 교수는 자신의 팔목에 전극 배열을 심는 실험을 시도한 바 있다. 현대미술가의 퍼포먼스 그리고 과학자의 실험은 각기 다른 분야이지만 이는 인간과 기계가 통합되는 날이 멀지 않았음을 말해 준다. 나아가 이를 통해 유기체와 비유기체 간 경계가 더 이상 인간이라는 존재 규정에서 그 의미를 생성하지 않을 수 있음을 예견할 수 있다. 사실 인간중심의 이분법적 가치에서 벗어나 유기체적 세계관의 시각에서 바라볼 때, 인간의 몸은 독립적 존재가 아니라 외부 환경과의 상호반영적인 집합이다.[25] 일찍이 알프레드 화이트헤드Alfred North Whitehead의 말 그대로 "우리는 어디서 외부의 자연이 끝나고 어디서 시작되는지를 정의할 수 없다."[26]

이 지점에서 〈보르도 하우스〉의 피스톤 엘리베이터가 설치된 장소와 모습을 주목해 보자. 콜하스는 가족의 일상생활이 펼쳐지는 바닥 아래 기계를 부착해 피스톤의 운동 과정을 그대로 노출시켰다. 주택 실내에 기계 그리고 그 움직임을 드러낸다는 것은 형식주의 건축가들에게는 상상할 수도 용납할 수도 없는 발상이다. 즉, 콜하스의 주택에서 거주자들은 기계의 운동 그 자체를 주택 공간 그리고 디자인의 일부로 경험하게 되는 것이다. 콜하스에 따르면, "기계는 이 집의 심장이다."[27] 심장은 펌프와 같이 끊임없이 혈액을 받아들이고 내보내면서 혈액을 온몸으로 이동시킨다. 은유 그대로 엘리베이터는 주택 공간에서 순환을 담당하고 있다. 나아가 앞선 그의 언급은 다음을 확인시켜 준다. 하나, 사이보그 건축과 도시를 꿈꾼 아키그램처럼 콜하스는 기계와 건축을 하나의 유기체의 연속선상에서 상이한 별개의 대상으로 간주하지 않는다는 점이다. 그리고 다른 하나, 인간 신체 구조를 토대로 건축 공간과 구조를 파악한다는 점이다. 이를 통해 그의 사유 과정에서 일어나는 기계란 인간의 피부 내 기관으로까지 확장

---

25 이재은, 〈포스트휴먼시대 미술의 사이보그 알레고리 – 아르 오리앙테 오브제의 〈아마도 내 안에 살고 있을지도 몰라〉(2011)〉, 《분열된 신체와 텍스트 – 포스트휴먼의 무대 2》, 아카넷, 2017, 296쪽.

26 화이트헤드, 《열린 사고와 철학》, 오영환·문창옥 옮김, 고려원, 1992, 36쪽.

27 Ingrid Böck, *Six canonical projects by Rem Koolhaas: essays on the history of ideas*, Berlin: Javois, 2015, p. 114

하고 있음을 알 수 있다.

요컨대 〈보르도 하우스〉의 '살아 있는' 플랫폼은 르무완느의 신체의 확장, 프로스테시스prothesis다.[28] 프로스테시스와 결합을 통해 하나의 동작을 완성하는 과정은 '기계 되기'라고 칭할 수 있다. "결합과 해체를 통해 또 다른 연결 관계를 구성할 수 있는 모든 것이 기계"이기 때문이다.[29] 이처럼 기계 되기를 통한 인간해방은 앞서 언급한 포스트휴머니즘의 두 갈래 가운데 우선적으로 트랜스휴머니스트의 태도에서 접근해 볼 수 있다.[30] 트랜스휴머니스트들은 "과학기술의 발전을 통해 인간 개조 과정이 급속도로 진행되면 상상을 초월할 정도로 현대 인간의 성능을 능가하는 '포스트휴먼'이 출현할 것이라 예견한다.

---

28 인간의 신체에 결합되는 프로스테시스란 단어는 원래 그리스어에 어원을 두고 있으나 1553년부터 영어에 들어와 사용되기 시작하였다. 처음엔 한 단어에 다른 음절을 덧붙인다는 의미였다가 1704년경 "신체 일부를 잃었을 경우 인공적인 것으로 대신한다"는 의미로 의학에서 사용되기 시작하였다. 이후 문법에서든 의학에서든 이 말은 '덧붙임addition', '대신함replacement'의 의미를 나타내게 되었고 오늘날까지 그러한 뜻으로 사용되고 있다. 보통 의학(의공학), 시각예술, 인문학에서 인공기관의 의미로 사용하고 있으며, 인간과 기술 사이의 일반적인 상호과정을 말할 때 일세픽으로는 은유적으로든 '덧붙임'과 '내신함' 이외에 '연장extention, 증강augmentation', '향상enhancement' 등의 뜻이 더해져 오늘날의 포스트휴먼 시대의 개념에 이르게 되었다. David Will, *Prosthesis*, Stanford: Stanford University Press, 1995, p. 218. 전혜숙, 〈스텔락의 '사이보그 퍼포먼스'를 통해 본 미술 속의 새로운 신체개념〉,《기초조형학연구》11(2), 2010, 246쪽 재인용.

29 최진석, 〈기술과 인간, 사회의 존재론적 공속에 관한 시론〉,《분열된 신체와 텍스트 – 포스트휴먼의 무대 2》, 아카넷, 2017, 20쪽.

30 1998년 옥스퍼드 철학자 닉 보스트롬이 트랜스휴머니스트 협회WAT를 결성하면서 공식적으로 모습을 드러낸 트랜스휴머니즘은 〈트랜스휴머니스트 선언〉을 발표했다. 그 선언의 내용은 다음과 같다. "트랜스휴머니즘은 응용이성을 통하여, 다시 말해서 노화를 제거하고 인간의 지적, 신체적, 심리적 능력을 대폭 향상시키는 데 두루 이용될 수 있는 기술의 개발을 통하여 인간의 조건을 근본적으로 개선할 가능성과 희망을 높여 주는 지적이고 문화적인 운동이다." Nick Bostrom, *The TranshumanistFAQ*, Oxford: World Transhumanist Assoiciation, 2003. 이종관,《포스트휴먼이 온다》, 사월의 책, 2017, 28쪽 재인용.

〈보르도 하우스〉에서 르무완느는 기계 되기를 통해 트랜스휴머니스트들이 말하는 신체의 물리적 한계를 벗어난 포스트휴먼에 다가가고 있는 것이다. 의미심장하게도 〈보르도 하우스〉가 완성된 1998년은 트랜스휴머니즘 협회가 출범한 해이다.

　다른 한편으로 르무완느의 신체 확장은 트랜스휴머니스트들의 판타지에서 벗어나 들뢰즈Gilles Deleuze와 가타리Félix Guattari가 뒤샹Marcel Duchamp(1887~1968)의 '독신남 기계들bachelor machines'에서 영감을 받은 '기계 되기'의 문맥에서 그 의미를 짚어 볼 수 있다. 들뢰즈의 기계 되기란 트랜스휴머니즘이 강조하는 기능주의에 기반하지 않는 기술과 유희적이고 즐거운 관계 맺음을 의미한다.[31] 건축에 기계가 등장한 것은 18세기 신체교정 장치가 등장하면서부터다. 이를 기점으로 1853년 프랑스 건축가 아돌프 린스Adolphe Lance(1813~1874)의 주택기계House-machine, 1908년 앙리 프로방살Henry Provensal의 폐의 호흡을 재생산하는 인간의 가슴용기 건물, 1921년 르 코르뷔지에가 잡지《새로운 정신L'Esprit Nouveau》에 소개한 '거주-기계Machines for Living on'등, 기계로서의 건축에 대한 사유가 나타났다. 이 흐름에서 나타난 기계로서의 건축은 기계의 기능과 효율성에 주목한 것으로 인간의 효율적 노동을 위한 공간이 그 목표였다. 근대건축에서 말하는 기능주의 중심적 기계-인간-건물의 관계는 〈보르도 하우스〉에 나타나는 인간 신체와 건축 그리고 기계의 유기적 결합이 지향하는 사이보그와는 분명 다르다. 기계와 건축이 하나의 유기체로서 작동하기 시작한 것은 바로

31　로지 브라이도티,《포스트휴먼》, 이경란 옮김, 아카넷, 2015, 119쪽.

아키그램부터다. 이 결합 과정에서 아키그램이 강조하고자 한 것은 기능주의가 아닌 기계와의 유희적 관계다. 콜하스가 아키그램의 쿡에게 사사했다는 사실은 주지한 바다. 《광기의 뉴욕》에서 콜하스가 엘리베이터를 건축의 해방, 소통뿐만 아니라 무의식의 환상을 불러오는 기술의 문맥에 주목했다는 사실 또한 이를 뒷받침해 준다. 들뢰즈가 말하는 사회화된 생산성에서 해방된 기계 되기는 관계성을 통해 기쁨을 얻는다. "이런 의미로 이해된 기계 되기의 주체는" 브라이도티에 따르면 "더 이상 이원론의 틀로 구성되지 않으며, 다수의 타자와 중요한 유대를 맺고 기술로 매개된 지구행성 환경과 융합하는 주체다."[32] 요컨대 〈보르도 하우스〉의 움직이는 플랫폼에서 발생하는 기계 되기는 두 가지 의미의 층위를 형성한다. 하나가 트랜스휴머니즘이 말하는 엔트로피 방향의 인간 신체에서의 탈출이라면, 다른 하나는 비판적 포스트휴머니스트들이 말하는 이분법적 시각에서 벗어난 타자와의 수평적 관계 맺기가 가능한 인간 주체의 생성 과정이다.

건축과 인간의 만남, 사이보그, 포스트휴먼 신체

콜하스의 〈보르도 하우스〉는 기술을 매개로 해 인간 신체의 확장으로 작동하는 주택임을 확인할 수 있다. 그리고 거주자의 모빌리티의 연속선상에 위치한 살아 있는 〈보르도 하우스〉는 포스트휴머니즘 담론

---

32 로지 브라이도티, 《포스트휴먼》, 121쪽.

의 양상에서 트랜스휴머니즘이 말하는 닫힌 시스템으로 운영되는 인간 신체로부터의 탈출에서 그 의미를 살펴볼 수 있다. 뿐만 아니라 기계 되기에서 발생하는 다양한 관계 맺기는 '비판적' 포스트휴머니스트들이 말하는 인간중심주의에서 벗어나는 새로운 주체의 형성 과정으로도 그 의미를 찾을 수 있다. 〈보르도 하우스〉는 르 코르뷔지에의 거주-기계, 〈빌라 사보아〉가 선보인 단일한 완벽한 신체의 구성이 보여 주는 균형과 중심 대신 다양한 장소성과 다양한 접근 경로 그리고 피스톤 운동이 만들어 내는 혼돈과 무질서의 공간이다. 이는 한편으로 계몽주의가 등장한 이래 인간중심주의의 중심을 담당해 온 비트루비우스 인체와 르 코르뷔지에의 모듈러가 표방한 하모니로서의 남성 신체를 르무완느가 상실했기 때문에 일어난 결과다. 그러나 다른 한편으로 분명 이 주택에 구현된 혼돈과 운동성은 포스트휴먼 시대에 새로운 주체로서 주목받고 있는 사이보그 신체의 건축 구조의 방향성을 제시한 사례라고 할 수 있다.

르무완느는 2001년에 세상을 떠났다. 하나의 그물망을 형성했던 존재자가 부재하는 〈보르도 하우스〉의 플랫폼을 콜하스 스스로는 "르무완느 부재의 기념비"라고 언급한 바 있다. 현재 이 공간은 아내 엘렌느가 이동식 내실boudoir로 사용하고 있다. 그의 딸 루이스 르무완느는 그녀가 성장한 이 집을 주제로 다큐멘터리 영화 〈콜하스 하우스라이프Koolhaas Houselife〉(2008)를 제작했다. 루이스는 가정부의 시선에서 보르도 주택의 심장, 움직이는 플랫폼을 조명했다. 이는 관람객에게 주택이라는 사적 공간에서 가정부의 신체가 담당하는 노동과 기계의 관계를 조망할 수 있는 기회를 제공해 준다. 이는 4차 산업혁명이 초래할 사회의 기계화가 여성, 소수자, 사회적 약자들에게 불리한 변화일 것이라고 우려하는 목소리의 연속선상에서 현대건축에서 일어나는 기계화의 문제점을 짚어 볼 수 있게 한다. 그러나 기능주의적 시선에서 벗어나 들뢰즈와 가타리가 제안한 기계와의 유희적이고 즐거운 관계에서 플랫폼을 바라본다면, 가정부와 엘리베이터의 관계는 충분히 유머스럽고 즐겁다. 이처럼 〈보르도 하우스〉는 포스트휴먼 담론의 연속선상에서 계속 질문을 제기하는 건축물이다.

참고문헌

그레고리 베이트슨, 《마음의 생태학》, 박대식 옮김, 책세상, 2006.

권제중, 〈아키그램 건축과 도시에서 나타나는 사이보그적 경향에 관한 연구〉, 《대한건축학회 논문집》 28(12), 2012.

김원갑, 《제2기계시대 현대성의 건축적 구현: 렘 콜하스의 건축》, 시공문화사, 2008.

_____, 〈제2기계시대와 SF적 감성의 연속성〉, 《아키그램과 함께 춤을》, 공간사, 2005.

로지 브라이도티, 《포스트휴먼》, 이경란 옮김, 아카넷, 2015.

이재은, 〈포스트휴먼시대 미술의 사이보그 알레고리 – 아르 오리앙테 오브제의 〈아마도 내 안에 말이 살고 있을지도 몰라〉〉, 이화인문과학원 엮음, 《분열된 신체와 텍스트, 포스트휴먼의 무대 2》, 아카넷, 2017.

이종관, 《포스트휴먼이 온다》, 사월의 책, 2017.

슈테판 헤어브레히터, 《포스트휴머니즘》, 김연순·김응준 옮김, 성균관대학교 출판부, 2012.

장용순, 〈'광기의 뉴욕'에 나타난 초현실주의적 특성에 대한 연구, 편집증적 분석 방법을 중심으로〉, 《대한건축학회 논문집》 35(2), 2019.

전혜숙, 〈스텔락의 '사이보그 퍼포먼스'를 통해 본 미술 속의 새로운 신체개념〉, 《기초조형학연구》 11(2), 2010.

최진석, 〈기술과 인간, 사회의 존재론적 공속에 관한 시론〉, 이화인문과학원 엮음, 《분열된 신체와 텍스트, 포스트휴먼의 무대 2》, 아카넷, 2017.

케서린 헤일스, 《우리는 어떻게 포스트휴먼이 되었는가》, 허진 옮김, 플래닛, 2013.

화이트 헤드, 《열린 사고와 철학》, 오영환·문창옥 옮김, 고려원, 1992.

Chave, Anna C. "Minimalism and the Rhetoric of Power," *Arts Magazine*, vol.64, no.5, January 1990,

Gargiani, Roberto, *Rem Kool Haas OMA: the construction of mervveilles*, Lausanne: EPFL Press, 2008.

Harrison, Ariane Lourie, *Architectual Theories of the Environment: Posthuman Territory*, New York: Routledge, 2013.

Böck, Ingrid. *Six canonical projects by Rem Koolhaas: essays on the history of ideas*, Berlin: Javois, 2015.

Koolhaas, Rem, *Delirious New York*, New York: The Monacelli Press, 1994.

_____, *Elevator*, Venice: Marsilio, 2014.

텔레비전 미디어의 보급과 생활세계

: 오오카 쇼헤이 《구름의 초상》을 중심으로

| 우연희 · 신인섭 |

이 글은 《인문사회21》 제14권 1호(2023.02)에 게재된 원고를 수정하여 재수록한 것이다.

인프라와 텔레비전

이 글은 사람과 사물, 지식과 정보의 (비)가시적 이동을 가능하게 하는 인프라 구축을 소재로 한 일본 문학 텍스트를 대상으로 텔레비전 미디어의 보급과 그와 관계된 복잡한 인간과 사회의 양상을 검토하는 것을 목적으로 한다. 일반적으로 인프라는 우리의 삶을 조직화하는 것으로, 도로·다리와 같은 구조물뿐만 아니라 학교·금융시스템·감옥·가족과 같은 제도나 규범들을 포괄한다. 특히 이 글에서는 우리의 삶을 구성하고 지대한 영향을 끼치면서 영상과 정보가 송출되는 텔레비전의 민간방송국 설치와 관련된 전후 일본소설을 대상으로 그 재현 양상을 살펴보려고 한다.

인프라는 우리의 다양한 사회적 관계들을 연결하고 이동할 수 있거나 없는 틀을 제공한다. 인프라는 불평등과 차별을 초래하기도 하고 우리의 삶을 재구성, 재조직하기도 한다는 점에서 중요하다. 일반적으로 인프라는 국가 또는 조직의 원활한 기능에 필요한 기본 구조, 시설 및 서비스를 말한다. 여기에는 교통 및 통신 시스템, 수도 및 전력 시스템, 학교 및 병원과 같은 공공기관이 포함된다. 역사적으로 인프라는 도로와 관개 시스템을 의미했지만 현대 교통 및 통신 시스템의 등장과 신기술로 인해 새로운 인프라가 도입되었다.[1] 이 글에서 다루는 텔레비전 민간방송국 설치 문제는 영상과 정보 전달을 통한 현대사회 일상 문화를 형성한다는 점에서 우리의 삶을 조직하고 구성

---

1 Korpela, Mari, "Infrastructure," *Keywords of Mobility: Critical Engagements*, Eds. Noel B. Salazar & Kiran Jayaram, New York · Oxford: Berghahn Books, 2016, pp. 113-114.

하는 하나의 인프라로 해석할 수 있다.

전후 일본은 1950년대 중반부터 1970년대 초까지 평균 10퍼센트의 경제성장을 경험했다. 현재 우리가 일본의 모습이라고 이해하고 있는 현대 일본인을 둘러싼 기본적인 생활 유형은 모두 이 '고도성장' 기에 그 형태가 만들어진 것이다.[2] '고도성장'은 일본 사회의 모습을 크게 변화시켰다. 패전 후 한국전쟁을 발판으로 진무경기神武景気, 이와토경기岩戸景気 등의 고도경제성장기를 거치는 동안 일본은 의식주뿐만 아니라 내구소비재의 등장과 도로 건설 등의 인프라 구축으로 생활과 도시의 경관이 급속도로 변해 갔다.

고도경제성장기에 해당하는 1957년은 일본 텔레비전 발전에 있어 획기적인 해였다. 하나의 현에 하나의 민간방송국을 설치(一県一局)한다는 방침이 정해지자 전국에서 84개 사社, 153개 국局이 면허 신청을 하는 등, 이 문제가 일본 전역을 휩쓸었다. 근대의 삶이 인프라의 영향 안에서 형성되고 인프라와 불가분의 관계에 있다는 점에서, 텔레비전이라는 미디어의 전국적 등장이 전후 일본인의 삶에 압도적인 영향력을 미쳤음을 알 수 있다. 이는 텔레비전이라는 진기세품의 소비뿐만 아니라 선명한 영상을 송출할 수 있는 방송국 설치, 그에 따른 산업과 상업적인 움직임까지 매우 복잡하고 유기적으로 관계한다.

인문학적으로 텔레비전을 연구하는 경우 텔레비전의 콘텐츠가 무엇을 이야기하는지, 그리고 그 이야기들을 생산·소비하는 사회와 어떠한 관계가 있는지 다루어 왔다. 사회과학적 접근 방법에서는 미디

---

2   임경택, 〈'고도성장' 하 일본의 사회변동 고찰 - '고도대중소비사회'의 형성을 중심으로 -〉, 《건지인문학》 15, 2016, 301~302쪽.

어 효과에 관한 주제나 수용자와 사회에 미치는 영향력 분석에 초점을 맞추었고, 문화 연구자들은 국가·계급·젠더·청년·인종 등과 미디어의 연관성을 분석해 왔다.[3] 텔레비전 연구가 다양하게 이루어져 왔지만 이 글에서 다루려고 하는 비가시적 이동을 가능하게 하는 인프라로서 텔레비전과 전파를 다룬 문학 연구는 찾아보기 힘들다.

이 글에서 살펴볼《구름의 초상雲の肖像》은 텔레비전 전파 할당을 둘러싼 분쟁을 배경으로 서사의 중심에 있는 남녀 한쌍의 심리를 다룬 소설로 여겨진다.[4] 그러나 복잡하게 얽힌 등장인물들의 관계와 심리의 저변에는 텔레비전의 급속한 보급과 전국적으로 전파를 송출할 수 있는 인프라 구축 문제가 핵심적으로 존재한다. 이 글에서는 일본에서의 텔레비전 등장과 그 성격을 살펴보고, 일본 전후문학의 기수라고 일컬어지는 오오카 쇼헤이大岡昇平의《구름의 초상》을 대상으로 1957년 전파 할당 문제의 전개 양상을 신문 기사 등을 참조하며 검토해 보고자 한다.

일본에서의 텔레비전 등장과 보급

우선 일본에서의 텔레비전 등장과 그 의미에 대해 간략하게 살펴보자. 텔레비전 개발은 19세기 말에 시작되었으며, 움직이는 영상을 송

3　조너선 그레이·어맨다 로츠,《텔레비전 연구》, 윤태진·유경한 옮김, 커뮤니케이션북스, 2017.
4　〈大岡昇平著　雲の肖像－書評〉, 1979年 4月 8日,《朝日新聞》.

신하는 기술로서 등장한 것은 1920년대 후반이었다. 세계 최초로 실용 단계의 텔레비전 송신과 수신을 성공한 것은 다카야나기 겐지로高柳健次郎이다.[5] 텔레비전이 방송 사업의 형태로 대중적으로 보급된 것은 제2차 세계대전 후이지만, 그 기술적인 전제는 이미 1920년대에 완성된 것이다. 1960년대 이후 텔레비전은 대다수 나라에서 영화나 라디오, 신문보다도 훨씬 큰 영향력을 지닌 미디어가 되었다.[6]

21세기에 들어 인터넷, 휴대전화의 보급 등 미디어 환경이 변화하면서 10~20대에서는 텔레비전 시청 시간이 줄어들고 있지만, 텔레비전은 일본 국민 전체로 보면 가장 장시간 접촉하는 매스미디어이다. 일본인 국민 1인당 텔레비전 시청 시간은 하루 평균 3시간 반~4시간 전후에 달하고 있으며, 이 경향은 1970년대부터 거의 변화가 없다.[7] 수면과 노동, 식사와 통근, 그 외 기본적인 생활행동 시간을 제외하면 여가 시간의 압도적인 부분을 텔레비전 시청이 점하고 있는 것이다.[8]

일본에서 텔레비전 연구가 시작된 것은 1930년으로, 그 10년 뒤에 개최가 예정되어 있던 도쿄올림픽을 위해서였다. 1939년 5월에 NHK가 일본방송협회기술연구소에서 시행한 텔레비전 전파 송신 실

---

5 1924년 12월에 전자 표시를 위해 독자적으로 개발한 열음극熱陰極 브라운관의 시제품을 시바우라전기芝浦電氣, 현 도시바에 의뢰했디. 1926년 12월 15일 운모雲母版 위에 쓰여진 'イ'글자를 세계에서 처음으로 브라운관 상에 전자적으로 표시하는 데 성공했다. 高柳健次郎について, 高柳健次郎財団 홈페이지, https://takayanagi.or.jp/sub/takayanagi.html (검색일 2023. 1. 20.)

6 요시미 순야,《미디어 문화론》, 안미라 옮김, 커뮤니케이션북스, 2007, 151쪽.

7 米倉律, テレビ放送,《日本大百科全集》, 小学館, https://japanknowledge.com/contents/nipponica/sample_koumoku.html?entryid=257 (검색일 2023. 1. 20.)

8 川上広編,《大衆文化としてのテレビ》, ダイヤモンド社, 1979.

험에 성공[9]하면서 기술적 진보를 이루었으나 전쟁으로 텔레비전 연구가 중단되었다가 1953년 2월 1일에 드디어 NHK가 텔레비전 본방송을 시작했다. 이어서 1953년 8월에는 민간방송 NTV(현재 니혼테레비) 방송망도 본방송을 시작했다. 당시 영상 뉴스는 극장에서 방영되고 있었고, 그 뉴스 대부분이 일주일 전 뉴스였기 때문에 텔레비전을 통한 뉴스 방송은 정보 전달 속도에 있어서 혁명적 사건이었다.[10] 텔레비전 방송이 개시된 이후 20년 사이에 텔레비전은 라디오에는 없는 영상 미디어로서의 특징을 발휘해 보도, 교양·교육, 오락 프로그램 등 다채로운 방송 프로그램을 제공하며 시민 생활을 풍부하게 해왔다.[11]

공영방송과 민간방송이 본방송을 시작했으나 당시 흑백텔레비전은 매우 고가여서 널리 보급될 수 없었다. NTV는 일반 대중들이 텔레비전을 사지 않아도 텔레비전을 볼 수 있도록 하고 방송의 광고 수입을 올리기 위해 주로 수도권의 역 앞이나 사람들이 많이 모이는 곳에 220대의 대형 텔레비전을 설치했다. 텔레비전이 사람들을 모으는 효과가 있다는 것을 안 음식점 주인이나 상점 주인들이 텔레비전을 설치하면서 서서히 텔레비전은 가두에서 상점 안으로, 그리고 가정 안으로 침투해 왔다. 1959년 4월 10일 황태자 부부의 결혼식은 텔레비전이 가정으로 폭발적으로 보급되는 결정적인 계기가 되었다.

---

9 〈テレヴィ試寫上々 待たれる五月の放送〉, 1939年 3月 28日, 《朝日新聞》.

10 テレビとテレビ局の歴史 https://www.homemate-research-tv-station.com/useful/12298_facil_001/ (검색일 2023. 1. 20.)

11 テレビの普及と市民生活, 《昭和48年版 通信白書》 https://www.soumu.go.jp/johotsusintokei/whitepaper/ja/s48/html/s48a02010102.html (검색일 2023. 1. 20.)

텔레비전은 일본의 고도경제성장기 전후 부흥의 상징이자 1950년 대 말 이후 '3종 신기神器'의 하나로서 일반 가정에 보급되었다. 세탁 기, 냉장고, 흑백텔레비전 세 가지를 지칭하는 '3종 신기'는 당시 일본 인의 생활수준에서는 꽤 고가였음에도 1950년대 말부터 급속하게 보 급되기 시작했다.[12] 전후 일본인들에게 텔레비전은 여러 미디어 중에 서도 압도적인 영향력을 지닌 미디어였다. 전후 일본 사회에서 근대 화의 산물인 매스미디어라는 매개체를 통해 끊임없이 일본(일본인)이 라는 이미지가 전달되었고, 이는 일상생활에서 자연스럽게 내셔널리 즘이 구축되는 기폭제 역할을 하였다.[13] 텔레비전이 시각적 미디어라 기보다 우리의 모든 감각을 깊은 상호작용 속에 참여시키는 촉각적· 청각적 미디어[14]라는 점을 생각하면 쉽게 이해할 수 있다. 이처럼 텔 레비전은 다양한 사람, 시간, 공간, 사회조직을 연결하여 사회와 문화 를 구성하는 데 중요한 역할을 담당해 왔다.

일본 전후 부흥의 상징, 텔레비전

일본에서 텔레비전을 전국적으로 시청할 수 있게 된 것은 텔레비전 의 기술적 진보뿐만 아니라 전파를 송수신할 수 있는 시스템과 인프 라가 만들어졌기 때문이다. 전국적인 텔레비전 서비스가 가능한 전파

---

12 요시미 순야, 《미디어 문화론》, 155쪽.
13 오현석, 〈일본의 미디어와 내셔널리즘〉, 《일본학보》 108, 2016, 238쪽.
14 임영호 외, 《책, 텔레비전을 말하다》, 컬처룩, 2013, 35쪽.

할당 문제를 다룬 오오카 쇼헤이의《구름의 초상》은 1957년 2월 8일부터 11월 19일까지《홋카이도신문北海道新聞》,《주부니혼신문中部日本新聞》,《니시니혼신문西日本新聞》에 282회에 걸쳐 연재되었고, 1979년 신초샤新潮社에서 단행본으로 발간되었다.

'전후' 일본문단을 대표하는 소설가 오오카 쇼헤이는 일본문학사에 큰 발자취를 남긴 인물로 고바야시 히데오小林秀雄·나카하라 추야中原中也 등과 교류하였으며 프랑스 스탕달 연구가로 알려져 있다. 1944년 필리핀 전선으로 출정했다가 구사일생으로 귀환한 오오카는 선후 전쟁 체험을 바탕으로 한《포로기俘虜記》(1948)를 발표하여 소설가로 데뷔하였고, 전쟁문학의 최고봉이라고 불리는《들불野火》(1951), 베스트셀러《무사시노부인武蔵野夫人》등을 발표했다. 그 후에 역사소설, 연애소설 등 다양한 장르의 작품을 다루었고 평론과 번역에도 많은 업적을 남겼다. 오오카 쇼헤이의 작품은 크게 두 부류로 나눌 수 있다. 하나는 자신의 전쟁 체험을 바탕으로 한 전쟁 기록 소설로, 방대한 문헌을 읽고 역사적 사실을 재구성한《레이테 전기》가 대표작이다. 또 하나는 연애소설로, 그 시대의 사회 정세를 배경으로 남자와 여자가 복잡하게 얽히는《무사시노부인》과 같은 일련의 작품군이 있다. 본론에서 다룰《구름의 초상》은 후자에 속하는 작품이다.

《구름의 초상》은 쇼난湘南의 오이소大磯 근처를 무대로, 전후 텔레비전 방송이 본격화될 무렵 민간방송의 채널 싸움을 배경으로 한다. 소설은 한 명의 샐러리맨이 민간방송 신설 러시에 따라 그 이권에 개입하려고 시도하는 것에서 시작된다. 오사카에 본사를 두고 텔레비전 수상기 등 가전제품을 생산하는 주식회사 안도安藤전기의 영업사원 다나베 신타로의 출세를 향한 야심이 서사의 발단이다. 거기에 그의 아내 다치코, 신타로와 같은 회사의 시즈오카출장소 주임인 무라카미 데쓰오, 탤런트를 지망하는 대학생, 방송국 디렉터, 작가, 전기제품 도매상 등 텔레비전과 방송국을 둘러싼 여러 인물이 복잡하게 뒤섞여 만들어 내는 인간 모습을 주축으로 하고 있다.

텔레비전 전파 면허를 둘러싸고 관련 산업 간 치열한 다툼이 일어났던 1957년은 일본의 폭발적인 호경기인 진무경기의 막바지에 해당한다. 고도성장 하에서 사적 욕망이 해방되고 생활양식이 크게 변해[15] 골프, 전기제품, 레저 등을 즐기는 모습이 작품 곳곳에 등장한다. 그러나 소비가 미덕인 시대를 살아가는 등장인물의 모습에서 1945년에 끝난 전쟁의 흔적을 찾아볼 수 있다. 전쟁을 지나온 인물들은 언제 전쟁이 있었냐는 듯 전기제품을 소비하고 해수욕, 골프와 같은 여가를 즐기며 대중소비사회에 스며들었다. 전쟁 중에 그만두었던 골프를 다시 시작한 다나베 신타로의 장인 교스케가 다니는 골프장은 진무경기로 여유가 생긴 많은 사람들이 자유롭게 이용할 수 있도록 넓은 잔디를 구비하고 있다.《구름의 초상》에 등장하는 골프장은 전철로 접근할 수 있고 많은 골프 인구를 수용할 수 있도록 넓게 조성된 곳이다

가마쿠라의 골프 친구 스기노 아키히라와의 약속 시간은 오전 11시이다. 11시에 오다큐선 중앙림 사이의 골프장에 도착하기 위해서는 9시 30분 상행선 쇼난 전철을 타야 한다. 8시 반, 교스케는 눈을 떴다. (《雲の肖像》, p. 14)

15 　나카무라 마사노리, 《일본 전후사 1945~2005》, 유재연·이종욱 옮김, 논형, 2006, 105쪽.

골프장으로 이동하기 위해 열차 시각과 연동해 기상 시각을 정하는 교스케의 모습에서 물리적 이동을 가능하게 하는 인프라인 철도가 삶 속에 깊숙하게 자리 잡아 생활과 행동의 기준점이 되고 있음을 알 수 있다. 단순히 전철을 타고 이동한다는 삶의 변화에 그치지 않고 어떤 행동과 인식을 규정하는 틀로 작용한다는 점에서, 철도와 같은 기반시설은 우리의 삶을 구성하고 조직한다. 그런데 물리적 이동이 아닌 방송과 같은 비가시적 이동은 전파를 매개로 영상을 전달하므로 그 서비스를 가능하게 하는 네트워크와 수상기가 필수적이다. 이를 위해 우뚝 선 방송탑을 가진 방송국이 지역 곳곳에 위치하게 된다.

안도전기가 제공하는 드라마를 제작하는 스튜디오는 다른 곳보다 지대가 높은 도심 가까운 언덕에 위치하고 있다. 푸른 하늘에 높이 솟은 방송탑을 가진 방송국은 현대풍의 외면에 유리를 사용한 하얀 건물로 지어져 밝으면서도 우러러보게 되는 외양을 하고 있다. 방송국이 도쿄 관광 코스의 하나로 편입되어 대형버스로 관람객을 실어나를 만큼 텔레비전과 방송국은 당시 사람들에게 관심의 대상이었다.[16] 매스컴과 오락을 지배하는 텔레비전에 대한 관심은 그 서비스를 가능하게 하는 전파 할당을 위한 전국적인 민영방송 예비면허 신청 경쟁으로 이어졌다.

선생님은 가까운 장래에 소설이 TV에 먹히고 말 것이라는 의견이었다. 소설은 19세기적인 오래된 문학 형식으로 20세기에 들어와서는 묘사, 즉 영상은 영화에, 사건이나 사실의 즉물적 기술로는 다큐멘터리에

16　大岡昇平,《雲の肖像》, 新潮社, 1979, p. 46.

능가할 것이라고 한다.

선생님이 이번에 일찌감치 TV드라마에 손을 댄 것도 '버스를 놓치지 말라'는 격언을 실행에 옮긴 것이었다. (중략)

"진무 경기는 후퇴했지만, 텔레비전만은 50만 대 돌파, 실수 80만 대라고 하더군요. 이 정도면 내년 중에 300만 대, 다음 해에는 600만을 넘어서 일본은 미국에 이어 TV 국가가 될지도 모르겠네요."《雲の肖像》, p. 163)

전후 1950년대 일본은 미국에 이어 'TV 국가'가 될 수도 있을 만큼 텔레비전 판매량이 급격하게 늘었다. 소설을 쓰던 작가가 텔레비전 판매량 증가에 따라 텔레비전 드라마의 유행과 인기에 휩쓸려 소설이 텔레비전에 먹힐지 모른다는 위기감 속에 드라마 작가로 전향할 정도이다. 민간방송의 1현 1국一縣一局 설치 방침이 정해지자 전국에서 84개 사, 153개 국이 예비면허를 신청할 정도로 경쟁이 치열했다. 이는 채널을 할당받아 "일단 면허를 따면 도로와 같이 무제한 사용할 수 있고, 무제한으로 돈을 벌 수 있을 것"[17]이라는 기대에서 기인한 것이다. 전파가 도로와 마찬가지로 사회를 구성하는 기반시설이자 우리의 삶을 구성하고 구조화하는 인프라의 일종이기 때문이다.

전국적으로 전파가 할당되고 텔레비전이 보급되었다는 것은 거리와 상점에 있던 텔레비전이 안방으로 들어왔다는 것을 의미한다. 출시 초기 텔레비전이 고가였을 때 '찻집이나 라멘 가게에서 손님을 모으기 위해 중고품을 사서 텔레비전 시청이 가능하도록 서비스'했던

17　大岡昇平,《雲の肖像》, p. 91.

때와 비교하면, 텔레비전의 가정 보급은 임금 상승과 텔레비전 가격 인하 덕분에 가능한 일이었다. 텔레비전이 안방으로 들어왔다는 것은 무엇을 의미하는가? "수상기를 사는 데 약간의 돈만 나가고 나머지는 무료로 연극, 음악, 무용, 스포츠를 원하면 하루 종일 볼 수 있"[18]는 것, 곧 일상의 삶에서 텔레비전의 비중이 무한대로 확장될 수 있다는 말이다. 텔레비전의 무한한 가능성에 대해 무라카미는 "인간은 말로 생각하는데 텔레비전이 영상만으로 인상을 강요함으로써 내용보다 외관만 포착하는 일억 백치화"[19]를 만들 것이라며 비판한다. 다수가 텔레비전을 소유하고 싶어 하지만 동시에 매체의 부정성을 기반으로 환대받지 못하는 텔레비진의 성격을 잘 포착한 표현이다. 고도경제성 장기 내구소비재의 하나로 대중의 안방에 텔레비전이 들어오자 열광적인 반응을 보이면서도, 책과 활자에 대한 대립으로 텔레비전과 영상을 받아들이고 있음을 보여 준다.

텔레비전 전파 송출의 다층적 의미

오오카 쇼헤이는 일본 전후 문단에서 방대한 정보의 수집, 사실의 정확한 인식을 향한 탐색을 높이 평가받는 작가이다. 더불어 "새로운 사상事象에 대한 호기심, 끊임없는 지적 관심, 판단의 냉엄함, 자기초탈

---

18   大岡昇平, 《雲の肖像》, p. 165.
19   大岡昇平, 《雲の肖像》, p. 252.

경향"[20]을 가진 작가로 받아들여진다. 오오카의 "'사실史実'과 '기록'을 향한 고집"[21]은 여러 형태로 나타나는데,《구름의 초상》에서의 지형 묘사에서도 유감없이 발휘된다. 오오카는 문학자 중에서는 드물게 지질학회 회원일 정도로 지형에 대해서 깊은 관심이 있었다.《구름의 초상》에는 NHK 중계소가 신설된 시즈오카현 니혼다이라日本平의 지형이 마치 공중에서 내려다보는 것과 같이 서술되어 있다. 니혼다이라 정상은 남쪽으로 스루가만을 내려다보고 동쪽에서 서쪽으로 반원을 그리며 이즈伊豆, 하코네箱根, 후지富士, 미노부身延, 아카이시赤石의 여러 산맥을 한눈에 내려다보는 전망대이다.[22] 조망이 넓다는 것은 방해물이 없다는 의미로, 니혼다이라에 방송국을 설치하면 지름 100킬로미터인 지역이 텔레비전 전파의 직사 범위에 속한다. NHK 중계소는 이곳에 공사를 완성해 언제든 전파를 낼 수 있는 상태인데, '텔레비전 방송용 주파수 할당 기본 방침'이 제시되면서 텔레비전 세트 판매도 선명한 화면의 영상 송출도 모두 멈춰 있는 상태가 된다.

당시《아사히신문朝日新聞》기사를 보면 텔레비전 예비면허와 관련하여 "불필요한 혼란을 피하기 위해 진중히게 검토하겠지만, 가능한 빨리 판단하려 한다",[23] "우선 오카사, 나고야 등 어려운 문제가 있는 곳은 9월 전반에 결론을 내고, 그 외 지방도 9월 말에는 모두 예비면허를 마칠 예정이다"[24] 등 다나카 가쿠에田中角栄 우정대신의 발언을

---

20 中野孝次,〈現代文学に於ける位置〉,《国文学 解釈と鑑賞》, 至文堂, 1979, p. 10.
21 石崎等,〈評論家としての大岡昇平〉,《国文学 解釈と鑑賞》, 至文堂, 1979, p. 132.
22 大岡昇平,《雲の肖像》, pp. 59-60.
23 〈テレビ予備免許は早くやりたい〉, 1957年 7月 18日,《朝日新聞》.
24 〈来月中には予備免許　テレビ問題　田中郵政相語る〉, 1957年 8月 4日,《朝日新聞》.

전하고 예비면허 기본 방침[25] 발표 기사를 싣는 등 혼란이 가중된 텔레비전 예비면허 문제를 중요하게 다루고 있다. 예비면허 기본 방침 중 눈에 띄는 점은 면허에 사용하는 교육, 교양이라는 단어의 정의를 명확히 하고 있다는 점이다. 준교육방송은 전 프로그램 중 교육 프로그램 20퍼센트, 교양 프로그램 30퍼센트 이상 포함할 것을, 그 외 일반 방송국은 교육·교양 프로그램이 전 프로그램의 30퍼센트 이상이 되도록 제시했는데, 이는 텔레비전을 전 국민의 교육과 교양을 위한 도구로 삼았음을 보여 준다.

일본의 방송은 광고 수입으로 운영하는 민간방송과 영리를 목적으로 하지 않고 수신료를 재원으로 운영하는 일본방송협회NHK의 2원 체제로 이루어져 있다. 한때 NHK가 독점했던 방송은 1945년 전쟁이 끝난 이후 민간에 개방되었다. 1951년에 일본 최초의 민간방송 16개 사가 예비면허를 받아 라디오방송을 개시하였고, 1953년에는 NHK에 이어 니혼테레비가 민방 첫 텔레비전 방송국으로 개국했다.[26] 1950년대와 60년대는 고도경제성장을 발판으로 의복, 내구소비재, 거리의 모습, 식생활 등 다양한 영역에서 생활혁명이 나타났다. 그중에서 텔레비전이 역도산이나 야구와 같은 스포츠, 가요 프로그램, 버라이어티쇼 등 다양한 장르를 제공하면서 사람들의 텔레비전 소유 욕망과 선명한 화질에 대한 요구는 점차 커져 갔다.

25 〈廿日ごろに予備免許〉, 1957年 10月 13日,《朝日新聞》.
26 民放の歩み,《日本民間放送連盟》 https://j-ba.or.jp/category/minpo/jba101964 (검색일 2023. 1. 20.)

해발 300미터 정상에서 다시 30미터 높이 철탑을 우뚝 세웠다. (중략) 과자 같은 아기자기한 건물이 니혼다이라 정상과 구노산 도쇼구久野山東 照宮를 잇는 공중 케이블 발착소에 가깝게 위치해 니혼다이라에 명물을 하나 추가한 셈이지만 철탑은 좀처럼 전파를 낼 수 없다.

싸움은 전국적인 규모로 퍼지고 있는, 텔레비전 전파의 할당과 관계가 있다. NHK와 민간방송 사이의 불화는 오래됐다.

쌍방이 각자 할 말이 있어, 갑자기 그 시비를 결정할 수는 없지만, 어쨌든 하루빨리, 엄청나게 비싼 안테나를 세우지 않아도, 선명한 TV 화면을 볼 수 있는 날이 오기를, 시즈오카 지구의 주민은 기다리고 있다. 그 기회가 좀처럼 오지 않는다. 《雪の肖像》, pp. 60-61)

NHK가 비어 있는 5채널을 사용하는 방송탑을 세웠으나 우정성郵 政省의 전파감리심의회가 시즈오카에 9채널과 11채널을 할당하면서 시즈오카 사람들이 선명한 화질의 텔레비전을 볼 수 있는 시기가 늦어졌다. 이러한 결정은 텔레비전 세트를 소비하는 소비자뿐만 아니라 텔레비전을 유통하고 판매하는 판매상들에게 커다란 타격을 주었다. 시즈오카 지구가 5채널에서 9채널로 바뀌면 당시 6채널까지밖에 켜지지 않는 기계는 사용할 수 없게 되어 가전제품 회사에서 채널을 전환할 수 있는 장치를 별도로 고안하고 만들어 내야 했다. 또한 새로운 방송국의 개국을 내다보고 대량의 텔레비전 세트가 시즈오카로 들어온 상황에서 채널 할당이 미뤄지면서 소매상들에게는 사활이 걸린 사회문제로까지 받아들여졌다. 더불어 모두의 관심이 텔레비전으로 향하고 있어서 다른 전기제품의 판매량이 고전을 면치 못하는 문제도 발생했다. 고가의 텔레비전 세트 구입을 위해 "은행들이 지역 주민

을 위해 신설한 TV 저축이 만기가 되면 그 돈의 행방도 문제"가 될
정도로, 채널 할당 문제는 지역사회의 다양하고 복잡한 층위에서 삶
을 구조화하고 변화시키는 원인을 제공했다.

텔레비전의 보급과 생활세계

전후 일본의 '고도성장'은 일본 사회의 모습을 크게 변화시켰다. 패전
후 한국전쟁을 발판으로 진무경기, 이와토경기 등의 고도경제성장기
를 거치는 동안 일본은 의식주뿐만 아니라 내구소비재의 등장과 도
로 등의 인프라 구축으로 생활과 도시의 경관이 급속도로 변해 갔다.
그중《구름의 초상》의 배경이 된 민간방송 예비면허 신청은 비가시적
이동을 가능하게 하는 인프라를 둘러싼 전국적 갈등을 보여 준다. 보
통 인프라는 구체적이고 물질적이지만 보이지 않는 배경으로 취급되
기도 한다. 미디어 인프라의 비가시성은 그만큼 미디어가 일상에 편
재해 있음을 보여 주는 것이며, 이는 인간과 사회와 자연을 연결하는
방식으로 우리의 생존과 존재 조건에 영향을 주고 있기 때문에 중요
하다.[27]

　오오카 쇼헤이의《구름의 초상》에는 전파 할당 문제를 주축으로
한 남과 여의 심리가 직업과 기업 조직, 가족, 친족 관계 등과 얽혀 복
잡한 관계로 그려져 있다. 일본 전후 고도경제성장기 기업의 기술 혁

27　이희은, 〈도시 공간과 미디어 인프라스트럭처의 변화〉,《모빌리티 인프라스트럭처와 생
　　활세계》, 앨피, 2020, 52쪽.

신과 설비 투자가 대량생산, 품질 향상, 가격 인하, 임금과 소득 상승 등으로 이어지면서 내구소비재가 급속도로 보급되었다. 내구소비재 붐은《구름의 초상》에서 "일본 주부가 새 핸드백보다 냉장고와 전기세탁기를 원하면서 백화점이 상품 부족을 탄식하는 것도 잠깐, 각 회사의 매우 빠른 증산 때문에 엄청나게 생산과잉"[28]이 되어 버린 상황으로 묘사된다.

　내구소비재 중 하나인 텔레비전의 비약적인 보급은 전국의 텔레비전 예비면허와 그 권리를 둘러싼 분쟁을 불러 일으켰다. 당시 우정대신 다나카 가구에가 1957년 10월 텔레비전 예비면허 내시內示를 발표하면서 혼란한 상황이 종료되고 뒤이어 방송법 개정[29]이 이어졌다. 전파 할당 문제가 매듭지어지자《구름의 초상》속 안도전기 샐러리맨, 그를 둘러싼 가정, 도매상, 시민들, 은행 등의 심리적·경제적 갈등과 어려움은 점차 해결된다. 이는 보이지 않는 이동을 가능하게 하는 미디어 인프라가 우리의 삶과 밀접하게 관련되어 있으며 복합적으로 구성하고 있음을 말한다. 이 글은 일본의 전국적 민간방송을 가능하게 한 인프라 구축에 초점을 맞추고 있으나 전후 일본의 전체상을 고찰하기에는 한계가 있다. 향후《구름의 초상》텍스트를 면밀히 분석하여 예비면허 전파 할당이 행해진 시기의 선후 일본을 살펴보는 작업을 과제로 삼고자 한다.

28　大岡昇平,《雲の肖像》, p. 26.
29　〈放送三法確立したい〉, 1957年 11月 17日,《朝日新聞》.

참고문헌

나카무라 마사노리,《일본 전후사 1945~2005》, 유재연 · 이종욱 옮김, 논형, 2006.

요시미 슌야,《미디어 문화론》, 안미라 옮김, 커뮤니케이션북스, 2007.

이희은,〈도시 공간과 미디어 인프라스트럭처의 변화〉,《모빌리티 인프라스트럭처와 생활세계》, 앨피, 2020.

임영호 외,《책, 텔레비전을 말하다》, 컬처룩, 2013.

조너선 그레이 · 어맨다 로츠,《텔레비전 연구》, 윤태진 · 유경한 옮김, 커뮤니케이션북스, 2017.

오현석,〈일본의 미디어와 내셔널리즘〉,《일본학보》108, 2016, 237~254쪽.

임경택,〈'고도성장' 하 일본의 사회변동 고찰 – '고도대중소비사회'의 형성을 중심으로 – 〉,《건지인문학》15, 2016, 301~329쪽.

Korpela, Mari, "Infrastructure," *Keywords of Mobility: Critical Engagements*, Eds. Noel B. Salazar & Kiran Jayaram, New York · Oxford: Berghahn Books, 2016.

大岡昇平,《雲の肖像》, 新潮社, 1979.

川上広編,《大衆文化としてのテレビ》, ダイヤモンド社, 1979.

石崎等,〈評論家としての大岡昇平〉,《国文学 解釈と鑑賞》, 至文堂, 1979.

中野孝次,〈現代文学に於ける位置〉,《国文学 解釈と鑑賞》, 至文堂, 1979.

〈大岡昇平著 雲の肖像–書評〉, 1979年 4月 8日,《朝日新聞》.

〈テレヴィ試寫上々 待たれる五月の放送〉, 1939年 3月 28日,《朝日新聞》.

〈テレビ予備免許は早くやりたい〉, 1957年 7月 18日,《朝日新聞》.

〈廿日ごろに予備免許〉, 1957年 10月 13日,《朝日新聞》.

〈放送三法確立したい〉, 1957年 11月 17日,《朝日新聞》.

〈来月中には予備免許 テレビ問題 田中郵政相語る〉, 1957年 8月 4日,《朝日新聞》.

高柳健次郎について, 高柳健次郎財団 홈페이지, https://takayanagi.or.jp/sub/takayanagi.html (검색일 2023. 1. 20.)

テレビとテレビ局の歴史 https://www.homemate-research-tv-station.com/useful/12298_facil_001/ (검색일 2023. 1. 20.)

テレビの普及と市民生活,《昭和48年版 通信白書》https://www.soumu.go.jp/johotsusintokei/whitepaper/ja/s48/html/s48a02010102.html (검색일 2023. 1. 20.)

民放の歩み,《日本民間放送連盟》 https://j-ba.or.jp/category/minpo/jba101964 (검색일 2023. 1. 20.)

米倉律, テレビ放送,《日本大百科全集》, 小学館, https://japanknowledge.com/contents/nipponica/sample_koumoku.html?entryid=257 (검색일 2023. 1. 20.)

3부

트랜스내셔널
스토리월드

여행 · 교통 · 젠더의 모빌리티를
반영한 나혜석의 구미여행기

| 정은혜 |

이 글은 〈문화역사지리〉 제34권 제1호(2022.4)에 게재된 원고를 수정 및 보완하여 재수록한 것이다.

나혜석의 여행기를 모빌리티로 간주하다

밀란 쿤데라Milan Kundera는 "공간이 중요하게 다루어지는 유럽 최초의 소설들은 무한해 보이는 세계를 편력하는 여행담들"이라고 말한 바 있다.[1] 그런 의미에서 여행기는 공간을 다루는 이야기이다.[2] 여행기라는 것이 여행지에 대한 재현이자 동시에 자신을 구성해 나가는 이중 기획의 산물인 만큼, 여행기에는 여행 주체의 입장에서 목적지에 도달하는 과정이 유의미하게 서술되어 있다.[3] 근대적 의미에서 여행기는 근대 교통수단의 발달과 더불어 생겨나기 시작하였다. 특히 한국인의 서구 여행은 1920년대 조선의 박승철(유학생), 허헌(변호사), 이순탁(대학교수), 정석태(대학교수), 나혜석(서양화가) 등 소수의 지식인에 의해 여행기로 남겨졌다.[4] 나혜석을 제외하고는 모두 전문직 남성들인데, 이는 당시 시대가 집 밖은 남성의 공간, 집 안은 여성의 공간으로 여겨지는 젠더화된 의식이 강했고 그로 인해 교육을 받은 여성 인구가 상대적으로 많지 않은 시절이었기 때문이다. 이러한 점을 감안한다면, 당시 나혜석의 여행과 여행기가 얼마나 파격적인 것이었는지 짐작할 수 있다. 하지만 점차 근대교육을 받은 여성 인구가 늘어나고 교통수단과 관광산업이 발달하는 과정 속에서 나혜석의 여행기는

---

1 밀란 쿤데라, 《소설의 기술》, 권오룡 옮김, 민음사, 2008, 18쪽.
2 김영경, 〈나혜석의 '구미여행기 연구〉, 《이화어문논집》 33, 2014, 30쪽.
3 우연희, 〈여행 텍스트와 모빌리티 – 오오카 쇼헤이의 여행기에 그려진 유럽, 코르시카 –〉, 《日本語文學》 83, 2019, 221쪽.
4 류시현, 〈근대 조선 지식인의 세계여행과 동서양에 관한 경계 의식〉, 《아시아문화연구》 29, 2013, 63쪽.

사회적인 파급력을 지니기 시작했다.[5] 무엇보다 이 시기의 근대 여행기는 주로 서양인 남성 여행자들이 제3세계를 여행한 체험에 기반하고 있고, 식민지 조선의 여행자들 역시 대부분 남성으로 구성되었음을 고려하면 동양인이자 식민지 조선인, 더욱이 여성이었던 나혜석이 서구 주요 국가들을 여행하고 여러 편의 여행기와 인터뷰, 회화작품을 발표했다는 사실은 주목할 만하다.

나혜석은 한국 여성 최초로 세계일주 여행을 떠난 최초의 여성 서양화가이자 근대 작가, 여성운동가로서 다방면에서 재평가가 이루어지고 있으나 대체적으로 그와 관련된 연구들은 파격적인 신여성, 근대적 지식인, 남성중심적 시대의 희생자라는 측면에서 다루어지고 있다.[6] 기존의 연구들은 나혜석의 파격적인 삶에 기반한 자유연애사상 및 페미니스트 담론에 주로 집중되어 있는데, 특히 자유인으로서의 나혜석과 그의 연인이었던 최린[7]에 관한 스캔들 연구는 이를 뒷받침한다.[8] 또한 나혜석의 미술 세계를 인상주의적 풍경화와 페미니즘의 시각으로 분석한 연구들도 있다.[9] 구미여행기와 관련해서는 여행기

---

5 김영경, 〈나혜석의 '구미여행기 연구〉, 32쪽.

6 한지은, 〈식민지 조선 여성의 해외여행과 글쓰기: 나혜석의 「구미만유기(歐美漫遊記)」를 사례로〉, 《한국지리학회지》 8(3), 2019a, 429쪽.

7 최린은 3·1운동 때 민족대표 33인의 한 사람으로서 천도교 교세 확장에 힘썼다. 그러나 친일파로 변절하여 《매일신보》 사장, 임전보국단 단장 등을 지냈다. 이후 납북되었다.

8 신지영, 〈여행과 공간의 성의 정치학을 통해서 본 나혜석의 풍경화〉, 《여성과 역사》 11, 2008, 75~104쪽; 이용창, 〈나혜석과 최린, 파리의 '자유인'〉, 《나혜석연구》 2, 2013, 74~111쪽; 김형목, 〈나혜석 스캔들 진상과 언론통제〉, 《나혜석연구》 6, 2015, 7~45쪽.

9 윤범모, 〈나혜석 미술세계의 연구쟁점과 과제〉, 《나혜석연구》 1(1), 2012, 51~82쪽; 최정아, 〈나혜석 문학과 미술에 나타난 인상주의적 경향 고찰〉, 《한중인문학연구》 30, 2010, 117~143쪽; 김취정, 〈한국 근대화단과 나혜석 – 행만리로의 실천과 시대의 벽〉, 《나혜석연구》 9, 2016, 39~74쪽.

및 텍스트를 분석하거나[10] 나혜석과 비숍Isabella Bird Bishop의 여행기 글쓰기를 비교한 연구가 있으며,[11] 그 외 구미여행을 여성 산책자이자 관광객의 시선에서 바라보며 식민지 지식인으로서 지니는 지리적 상상력과 문화정체성을 다룬 연구들도 찾아볼 수 있다.[12]

이와는 달리, 이 글은 1927년 6월 19일 부산진역에서 출발하여 1년 8개월 23일간 유럽과 미국의 여러 지역을 여행한 후 1929년 3월 12일에 부산항을 통해 귀국한 나혜석의 구미여행기를 하나의 모빌리티mobility로 간주하여, 모빌리티 이론을 나혜석의 여행기와 접목시킨다. 특히 모빌리티 이론 중 교통수단의 측면, 그리고 젠더 측면에서의 접점을 중점적으로 찾아보고, 그의 여행기 텍스트뿐만 아니라 구미여행의 영향으로 완성된 회화(주로 풍경화)를 재현경관으로 살펴보며 장소성을 분석한다. 그럼으로써 최종적으로 나혜석의 여행기가 하나의 모빌리티로서 기능하였음을 밝히고자 한다.

나혜석이 구미여행이라는 모빌리티 경험을 통해 관찰하고 수집한 자료와 정보들은 첫째, 교통수단과 그 안에서 만나는 사람과 사건들, 둘째, 여성이자 주부로서 젠더의 시각으로 관찰한 일상적인 모습들, 셋째, 구미여행을 바탕으로 작업한 회화(풍경화) 경관들로 나타난다.

---

10 한지은, 〈식민지 조선 여성의 해외여행과 글쓰기: 나혜석의 「구미만유기(歐美漫遊記)」를 사례로〉, 429~447쪽; 김영경, 〈나혜석의 '구미여행기 연구'〉, 27~52쪽.
11 김경민, 〈근대 여성 여행자의 글쓰기 – 나혜석과 비숍의 여행기 –〉, 《어문론총》 87, 2021, 211~236쪽.
12 손유경, 〈나혜석의 구미 만유기에 나타난 여성 산책자의 시선과 지리적 상상력〉, 《민족문학사연구》 36(36), 2008, 170~203쪽; 손유경, 〈식민지 지식인의 지리적 상상력과 문화정체성 – 나혜석의 구미 만유기를 중심으로 –〉, 《한국현대문학회 학술발표회자료집》, 2007, 42~51쪽.

이 글은 나혜석의 《조선여성 첫 세계일주기》[13]를 주요 분석 텍스트로 삼고,[14] 추가적으로 조사한 나혜석의 회화 속 경관들을 분석 대상으로 한다. 이를 통해 1차적으로는 저서를 기반으로 나혜석이 구미 지역에서 경험한 모빌리티를 교통수단과 젠더적 관점에서 분석하고, 이에 대한 이해를 돕기 위해 신문과 잡지에 실린 나혜석의 인터뷰 및 기사 내용도 출처와 함께 명시한다. 2차적으로는 구미 지역에서 그의 장소적 경험이 반영된 회화(풍경화)를 재현경관으로 바라봄으로써 그가 느낀 장소성을 작품을 통해 해석한다.

'여행과 교통', 그리고 '젠더적 관점'에서 바라본 모빌리티 이론

1990년대 후반부터 지리학을 비롯한 사회학, 인류학, 문화와 이주 연구, 관광과 교통 연구 등 사회과학과 인문학 전반에 걸쳐 모빌리티에 대한 관심이 크게 증가했다.[15] 모빌리티 패러다임은 예전과 달라진 이동에 주목하여 이동에 관한 인식과 관점, 방법 등을 중심으로 세상의 변화를 이해하려는 시도와 노력이다.[16] 기존 사회과학에서는 인간은

13 　나혜석, 《조선 여성 첫 세계 일주기》, 가갸날 편집부 옮김, 가갸날, 2018.

14 　이 저서는 나혜석이 쓴 21편의 기행문을 시기별, 나리별로 재구성한 것으로 맞춤법과 띄어쓰기, 외래어 표기는 현재의 한글 맞춤법 표준안을 따르고 있다. 또한 원본의 한자 및 한자식 표현은 한글 혹은 한글식 표현으로 문체를 바꾸어 놓았으며 대신 나혜석 특유의 표현이나 문맥상 필요한 곳은 원문을 살리고 있다.

15 　M. Sheller and J. Urry, "The new mobilities paradigm," *Environment and Planning A* 38(2), 2006, pp. 207-226; M. P. Kwan and T. Schwanen, "Geographies of mobility," *Annals of the American Association of Geographers* 106(2), 2016, pp. 243-256.

16 　윤신희 · 노시학, 〈새로운 모빌리티스 개념에 관한 이론적 고찰〉, 《국토지리학회지》

한 장소에 머물러 있어야 한다는 정주주의적 관점에서 사회를 바라 보았다. 그러다 보니 다양한 목적의 체계적인 이동에 대해서는 다소 무시하는 경향이 있었다.[17] 이러한 한계로 인해 어리John Urry는 비이 동적 사회과학에서 이동적 사회과학으로의 전환, 즉 '모빌리티 전환 mobility turn'[18]을 주장하게 되었다.[19] 모빌리티는 인간, 사물 및 정보의 이동movement을 강조하지만 단순히 물리적 현상으로서의 이동만을 의미하는 것이 아니라, 이동에 내재한 다양한 관계들의 의미와 실천 을 의미하는 사회적 현상으로서 이동에 대한 새로운 학문적 접근이 자 사유 방식이다.[20] 그런 의미에서 모빌리티는 사람, 사물, 정보 등 인간·비인간을 포괄하는 이동 주체(대상)를 가리킨다.[21] 좀 더 구체적 으로, 모빌리티는 인간과 기계가 상호작용하는 사회적 시스템으로서 대표적으로 보도·길·기차·자동차·비행기·통신 시스템이 여기에

49(4), 2015, 491~503쪽; 이용균, 〈모빌리티의 구성과 실천에 대한 지리학적 탐색〉,《한 국도시지리학회지》18(3), 2015, 147~159쪽.

17 M. Sheller and J. Urry, "The new mobilities paradigm," pp. 207-226; L. Malkki, "National geographic: the rooting of peoples and the territorialization of national identity among scholars and refugees," *Cultural Anthropology* 7(1), 1992, pp. 24-44.

18 백일순·정현주·홍승표, 〈모빌리티스 패러다임으로 본 개성공간: 새로운 모빌리티 스 시스템으로서 개성공업지구 통근버스가 만들어 낸 사회-공간〉,《대한지리학회지》 55(5), 2020, 523쪽. 20세기 후반 사회과학계의 이목을 끈 '공간적 전환'은 21세기에 들 어 '모빌리티 전환'으로 그 명맥을 이어 가고 있다.

19 정수열·정연형, 〈국내 북한이탈주민의 모빌리티 역량과 이주 실천〉,《대한지리학회 지》56(6), 2021, 574쪽.

20 J. Urry, "Connections," *Environment and Planning D : Society and Space* 22(1), 2004, pp. 27-37; 이용균, 〈모빌리티의 구성과 실천에 대한 지리학적 탐색〉, 147쪽; 정은혜, 〈모빌 리티 렌즈로 바라본 최부의 「표해록」〉,《인문학연구》42, 2020, 449~481쪽; 백일순·정 현주·홍승표, 〈모빌리티스 패러다임으로 본 개성공간: 새로운 모빌리티스 시스템으로 서 개성공업지구 통근버스가 만들어 낸 사회-공간〉, 522쪽.

21 기차, 자동차, 휴대폰 등의 이동을 가능·용이하게 하는 기술을 가리키기도 한다.

해당하며, 또한 모빌리티 인프라에 해당하는 기차역·터미널·공항·출입국관리소·세관 등의 시설은 이동과 통제의 관문이 된다. 그리고 모빌리티의 실천은 걷기, 뛰기, 춤추기, 운전하기, 비행하기 등 이동에 의해 실행에 옮겨지는 것을 의미한다.[22]

한편, 공간과 장소를 주요 개념으로 하는 지리학 분야에서 특히 이동과 관계에 집중하는 것은 모빌리티를 통해 새로운 사회·공간적 의미가 발견되고 장소가 재구성되기 때문이다.[23] 즉, 장소는 결코 지역에 근거한 고유성이나 진정성을 지닌 안정화되고 고착된 것이 아니라 모빌리티로 인해 발생하는 여러 흐름과 연결을 통해 지속적인 변화를 겪는 것으로서, 하나의 고정된 개체entity라기보다는 지속적인 재구성을 겪는 사건event으로 개념화할 수 있다.[24] 그러므로 모빌리티는 이동을 통해 새 장소성을 만드는 개념이며 또한 장소는 모빌리티를 생산해 내는 곳이기에, 모빌리티의 증대는 다양한 이동 및 관계를 추동하고 장소를 재구성한다.[25]

그렇다면 '여행과 교통이라는 모빌리티'를 어떻게 설명할 수 있을까? 모빌리티 시스템의 발달은 단순히 장소의 물리적 변화만 야기하는 것이 아니라 사람들이 장소를 보는 방식의 변화, 더 나아가 장소(세계)와 인간(존재)의 관계 변화를 야기한다. 어리는 이를 토지land에서

---

22 정수열·정연형, 〈국내 북한이탈주민의 모빌리티 역량과 이주 실천〉, 574쪽.

23 박준홍·백지혜·이지나·정희선, 〈코로나19 집단감염 사례를 통해 본 소수자에 대한 사회공간적 배제: 이태원 클럽 감염을 중심으로〉, 《국토지리학회지》 55(2), 2021, 139쪽.

24 T. Cresswell, *Place: A Short Introduction*, Malden, MA: Blackwell, 2004, p. 39.

25 고민경, 〈모빌리티를 통해 본 이주자 밀집지역의 역동성 탐구 – 대림동 중국국적 이주자 밀집지역을 사례로 –〉, 《문화역사지리》 31(3), 2019, 158쪽.

경관landscape으로의 전환으로 제시하였는데, 토지가 경작·파종·방목 등 물리적이고 유형적인 자원으로서 기능적인 작업의 장소라면, 경관은 겉모습으로서 무형적인 자원을 뜻한다.[26] 즉, 토지가 인간과 내적으로 결합된 곳이라면, 경관은 그 결합에서 분리된 인간이 외부에서 바라보는 것이다. 근대로 들어와 인간의 감각 중 시각이 중심적 위치에 놓이게 되면서 귀로 듣는 유람touring이 아니라 눈으로 보고 관찰하는 여행travel이 유행하였고, 이를 통해 인간의 삶과 직접적으로 결합된 토지는 시각적 관찰과 소비의 대상인 경관으로 전환되었다.[27] 이 같은 전환을 통해 객체화된 장소들은 서로 비교의 대상이 되었으며, 그림이나 여행기 등을 통해 수집의 대상이 되었다.

지리적이고 역사적인 토대 위에서 형성된 특정한 장소는 다른 장소와 차별되는 장소특수적 정체성을 지닌다.[28] 사람들은 이것을 보고 느끼기 위한 여행을 시작하였다. 근대여행에 있어 '기차'라는 교통수단은 모빌리티와 관련된 최초의 중요한 연결 시스템을 제공한다.[29] 즉, 철도 시스템은 산업혁명과 더불어 등장한 최초의 기계화된 모빌리티 시스템으로서, 기차가 공공 이동화public mobilization를 확대하면서

---

26 J. Urry, *Mobilities*, Cambridge: Polity Press, 2007, pp. 458-459.

27 J. Urry, *Mobilities*, pp. 459-462.

28 이희상, 《존 어리, 모빌리티》, 커뮤니케이션북스, 2016, 44쪽.

29 J. Urry, *Mobilities*, p. 180; 박천홍, 《매혹의 질주, 근대의 횡단: 철도로 돌아본 근대의 풍경》, 산처럼, 2003; W. Schivelbusch, *The railway journey: Trans and travel in the nineteenth century*, Oxford: Blackwell, 1986. 철도 시스템이 기존의 이동 시스템으로부터 독립적으로 진화한 것이라기보다는 육상 교통인 역마차, 하천 교통인 증기선의 형태와 연결되어 진화한 것으로 보아야 한다는 시각이 있다. 그럼에도 불구하고 철도는 철로, 기차, 기차역, 신호 등과 긴밀하게 연결되어 함께 움직여 작동하는 시스템으로서, 여러 상이한 요소들의 복잡한 전문화와 통합이 존재하는 모빌리티 최초의 연결 시스템이라는 의의가 있다.

서로 모르는 사람들을 대규모로 집단 이동시켜 토지에서 경관으로의 전환을 가져왔다.[30] 그로 인해 다수의 장소들을 서로 가깝게 연결하여 공간을 수축시키고, 역으로 철도가 아니었다면 결코 연결되지 않았을 장소들을 연결함으로써 공간을 팽창시켰다. 철로에 위치한 특정 장소들은 '점'으로 나타났으며, 이로써 이들 역이 위치한(혹은 지나가는) 장소는 스쳐 지나가는 경관적 아름다움뿐만 아니라 다른 장소들과 유사한가 다른가 또는 다른 장소들로 들어가는 지점인가 나오는 지점인가로 인식되었다. 더 나아가 공적으로 이용되는 새로운 사회적 시간(시계 시간, 시간표)[31]과 미시 공간(기차역, 객실)[32]을 확대시켰다.

따라서 모빌리티에서 철도 여행이 지니는 의미는 남다르다. 특히 철도를 통해 경관을 따라 빠르게 이동하는 여행은 빠르게 움직이는 새로운 경관의 파노라마를 만들어 냈다. 이동의 속도와 한정된 시야가 토지로부터 여행자를 탈육체화한 것이다. 결국 기차 창문을 통해 보이는 장소들은 토지에서 파노라마적인 경관으로 전환되었고, 네트워크

---

30 이희상, 《존 어리, 모빌리티》, 15쪽; 47쪽.

31 짐멜, 《짐멜의 모더니티 읽기》, 김덕영 · 윤미애 옮김, 새물결, 2005. 철도는 공식적 시간표를 통해 이동이 이루어지는 공간을 만들어냈다. 시간의 공간적 불일치는 치명적인 사고로 이어질 수 있었기에 영국은 시계 시간의 보급으로 그리니치표준시를 기준으로 기차의 공적 시간표를 만들었다. 시간의 국지적 모자이크는 국가 수준에서 통일되어 이후 시계 시간과 표준시가 조정되었다. 이는 근대 세계의 시간을 정시성, 정확성, 합리성으로 특징하는 세기가 되었다.

32 J. Urry, *Mobilities*, p.322. 기차역이나 객실과 같은 미시공간을 사이공간이라는 개념으로도 설명한다. 사이공간은 집, 직장, 여가와 같은 사회생활의 주요 지점들 사이에 존재하는 이동 경로(길, 도로, 철도 등)와 중간 지점(터미널, 기차역, 객실, 공항, 휴게소, 카페, 모텔 등)을 포함하는 것으로서, 상이한 활동 분야나 영역이 중첩되는 장소를 말하는데, 모빌리티 시스템의 발달은 사이공간의 확대를 가져왔다. 사이공간이라는 경계적 liminal 상황에서 이동 중에 만들어지고 유지되는 관계를 통해 이동자(여행자)의 정체성이 명확해지기도 한다.

로 연결된 장소들은 관계적이고 추상적인 점으로 환원되었다. 이 같은 기차의 기계화되고 가속화된 이동과 속도, 그리고 공간은 당시 사람들에게 충격을 안겨 주었으며, 무엇보다 기차 모빌리티를 통한 토지에서 경관으로의 전환은 장소를 여행의 대상으로 확대시켰다. 그러한 과정에서 기차 객실이라는 모빌리티 공간은 여러 사람이 어쩔 수 없이 가깝게 위치해 동행해야만 하는 새로운 장소로서, 이방인과 같은 공간에 장시간 함께 있어야 하는 생소한 경험을 탄생시켰다. 객실 공간에서 사람들을 쳐다보는 행위는 오해를 불러일으키거나 예의에도 벗어나는 일이어서, 사람들은 그 안에서 창문을 통해 경관을 보거나 책이나 신문 등을 보며 시각적으로 스스로를 몰입시키는 혼자만의 활동을 찾았다. 그로 인해 속도감으로 한순간 스쳐 지나가는 경관을 경험하는 인식, 즉 새롭게 '보는 방식way of seeing'이 생겨났다.[33] 이러한 시민적 무관심civil inattention은 부재적 현존absent presence이 되는 상황을 만들기도 하였다.[34] 그러나 이와 다르게 여행객들은 객실 내 사람들과 이야기와 노래를 함께 주고받으며 서로 소통하는 관계를 맺기도 한다. 그로 인해 객실과 역 같은 일종의 사이공간interspace은 역(점)과 역(점) 사이의 또 다른 장소가 되었으며, 사이공간의 만남을 통해 교환되는 암묵적 지식도 중요한 역할을 하게 되었다.[35] 이렇게 기차라는 모빌리티 시스템은 객실과 역이라는 공간을 통해서 새롭게 보는 방식의 여행 공간

33 오정준, 〈관광객-모빌리티기계의 기동 관람시각: 서울 시티투어버스의 파노라마 코스를 중심으로〉, 《한국도시지리학회지》 22(3), 2019, 85쪽.
34 K. Gergen, "The Challenge Of Absent Presence," *Perpetual Contact: Mobile Communication, Private Talk, Public Performance*, 2002, pp. 227-241.
35 J. Urry, *Mobilities*, p. 438.

을 탄생시키며 가동 관람시각motorized sightseeing에 영향을 끼쳤다.[36]

한편, 기계화된 모빌리티 시스템인 철도가 등장하기 전에는 가장 빠름과 가장 느림의 차이가 그리 크지 않았다.[37] 하지만 철도의 엄청 난 속도가 등장함으로써 속도의 가치는 경제적 가치가 되었고, 이동 시간을 감소시키는 기술 개발이 요구되어, 결국 즉시적 시간을 강화 하는 자동차 모빌리티가 등장하였다.[38] 철도 시스템이 시계 시간과 공 적 시간표에 기반을 둔 집단화된 이동의 시공간 경로를 만들어 냈다 면, 자동차 시스템은 개인화된 이동의 시공간 경로를 만들어 냈다. 자 동차의 사적 시간표는 자기내러티브self-narrative를 만들어 내어 자기창 조적인 내러티브를 구성하고 시간과 활동의 파편들을 더욱 정교하게 다룰 수 있게 하였다.[39] 특히 자동차는 이동의 시공간 제약이 있는 여 성이나 여행자에게 더욱 유용하게 적용되었다.

이즈음에서 '젠더적 접근으로서의 모빌리티'를 논할 수 있을 것이 다. 차별적 모빌리티는 모빌리티 연구에서 점점 더 강조되고 있는데[40] 실제로 어떤 이들은 다른 이들보다 모빌리티의 더 많은 몫을 차지하 고 이동하고 움직이는 반면, 어떤 이들은 다른 이들보다 불리한 입장 에 처하고 그 속에 갇혀 버리기 때문이다. 그중에서도 젠더화된, 그리 고 성적인 차별과 불평등이 반영된 신체 모빌리티는 사회·문화·경

---

36 오정준, 〈관광객-모빌리티기계의 기동 관람시각: 서울 시티투어버스의 파노라마 코스 를 중심으로〉, 83~96쪽; J. Urry, *Tourist Gaze*, London: SAGE, 2002.

37 이희상, 《존 어리, 모빌리티》, 66~67쪽.

38 J. Urry, *Mobilities*, p. 225.

39 J. Urry, *Mobilities*, p. 226.

40 M. Sheller, *Mobility Justice*, London: Verso, 2018.

제 · 정치 · 지리학적 권력의 작용 과정에서 차별화되도록 규정하는 기본적 관습과 제도의 일부가 되었다.[41] 예로, 백인이며 신체장애가 없는 남성의 몸은 문화적으로 더욱 이동성이 있는 몸으로 받아들여지지만, 여성의 몸(더군다나 백인이 아닌 몸)은 훨씬 더 제한을 받고 공간적인 한계를 지닌다는 사실은 이를 반영한다. 역사적으로는 성적이고 인종적인 용어로 모빌리티의 문화적 가치가 판단되기도 하는데, 집과 거주에 관련된 비유를 사례로 꼽을 수 있다.[42] 전통적으로 여성은 집(가정)과 관련된 것으로 규정하여 집을 그들의 낭만적이고 안정적인 정주 공간으로서 표현하며, 대체로 이동적 주체성이 결여되어 있는 것으로 평가절하한다.[43] 반면 남성적 서사는 여행, 길 찾기, 집에서의 탈출이라는 용어와 밀접하게 연관시킴으로써 젠더적 차별성과 그로 인한 모빌리티의 통제 및 고정화를 당연시 여기고 있다.[44]

한편, 권력관계로서 모빌리티를 다루는 페미니즘 이론에서는 모빌리티, 지배, 폭력 사이에 근본적인 관계가 있음에도 불구하고 현대의 자유주의 담론은 이를 제대로 파악하지 못하고 있다고 주장한다.[45] 모빌리티와 모빌리티 통제가 권력을 반영해 강화시켜 나가고 있는 와중에도, 모빌리티는 모든 사람에게 평등한 자원으로 적용되지 않고

41 D. Massey, "A Global sense of place" in *The Cultural Geography Reader*, ed., T. Oakes and L. Price, London: Routledge, p. 165, as cited in Sawchuk, "Impaired," 2008, p. 411.

42 D. Massey, *Space, place, and gender*, Minneapolis: University of Minnesota Press, 1994.

43 정은혜, 〈여성성을 반영하는 공간에 대한 고찰: Strindberg의 『Fröken Julie』(1888)를 사례로〉, 《한국도시지리학회지》 20(1), 2017, 143~155쪽; 정현주, 〈이주, 젠더, 스케일: 페미니스트 이주연구의 새로운 지형과 쟁점〉, 《대한지리학회지》 43(6), 2008, 894~913쪽.

44 G. Rose, *Feminism and Geography: The Limits of Geographical Knowledge*, Cambridge: Polity Press, 1993; M. Sheller, *Mobility Justice*, 2018.

45 M. Sheller, *Mobility Justice*, 2018.

부르주아 남성 주체를 중심으로 이루어지고 있다는 것이다. 즉, 모빌리티의 자유는 젠더·나이·인종에 따라 불균등하게 분배되었으며, 이러한 불균등한 분배는 특정 종류의 모빌리티가 확립되도록 하는 일종의 제약이 되었다는 것이다.[46] 일례로 특권층에 속하며 이동성이 높은 전문직 여성도 사회관계 속에서 젠더 차이를 경험한다는 사실이 이러한 점을 입증한다. 부모를 돌보는 일, 아이를 키우는 일 등이 전 생애에 걸쳐 여성들의 모빌리티를 제한하고 있는데 이러한 모빌리티의 부동성은 여성의 이동을 규범에 가두고, 나아가 여자는 부동적이고 남자는 이동적이라는 젠더 이분법 자체를 강화하고 있다.[47] 이러한 젠더 이분법은 모빌리티 구성에 깊숙이 개입하며 이동이 갖는 사회적 의미를 제한한다. 하지만 여기에는 변화의 가능성도 있다. 여성의 정숙함을 강조하는 종교나 관습, 여성의 여행에 대한 상대적인 어려움, 좀 더 세부적으로는 중국의 전족, 빅토리아시대의 코르셋, 현대의 하이힐 같은 문화에 이르기까지 여성의 이동성을 제한하는 방식에 저항하는 사회적 움직임이 나타난 것이다. 지리학적 영역에서도 장소에 대한 정당함과 차이, 새로운 공간적 가능성들 사이의 연결 등에 대한 논의와 움직임이 일고 있다. 이러한 급진적인 지리학은 세계를 깨닫고 상상하는 다른 방법을 제공하고, 세상을 가로질러 이동하는 다른 길을 열어 주고 있으며, 신체 모빌리티 역량에 대한 통제를

---

46 B. Skeggs, *Class, self, Culture*, London: Routledge, 2004; S. Subramanian, "Embodying the space between: Unmapping writing about racialised and gendered mobilities" in T. P. Uteng and T. Cresswell(eds.), *Gendered Mobilities*, 2008, pp. 35-46.

47 K. Boyer, R. Mayes, B. Pini, "Narrations and Practices of Mobility and Immobility in the Maintenance of Gender Dualisms," *Mobilities* 12(6), 2017, pp. 847-860.

전복시킬 잠재력을 내재하고 있다. 사회적 약자나 젠더적 차별에 대한 취약성을 모빌리티를 통해 극복하는 다양한 노력들은 바로 지리학에서 말하는 모빌리티 정의의 실천일 것이다.[48]

나혜석의 생애를 통해 살펴본 구미여행기

1896년 수원에서 태어난 나혜석은 1913년 진명여학교를 졸업하고 같은 해 도쿄여자미술전문학교(현, 도쿄여자미술대학)에 입학하여 유화를 전공하였다. 그 기간 동안 유학생 기관지 《학지광》에 〈이상적 부인〉(1914), 〈잡감: K언니에게 여함〉(1917) 등을 게재하며 조선 여성에 대한 높은 관심을 보였다.[49] 유학 시절 동안 쌓아 온 나혜석의 여성해방사상은 이후 결혼과 출산, 그리고 남편 김우영과의 구미여행을 경험하면서 큰 변화를 겪는다. 먼저 일본 유학 시기(1914~1919)에는 독립적이고 계몽적인 신여성으로서의 면모가 드러나며, 이후(1920~1929)에는 결혼을 하고 자녀를 출산하면서 모성과 아내의 역할, 그리고 일을 병행하는 데에 따른 고충을 체감하던 중 구미여행을 하게 되고 사람이 되는 것과 여성으로서 살아가는 것에 대한 고민을 하게 된다. 그리고 이혼과 함께 인생 최대의 위기에 봉착한 시기(1930~1938)에는 구미여행의 경험을 토대로 조선과 조선인에 대해 사유하는 글

---

48 이용균, 〈사회발전을 위한 모빌리티와 커먼즈의 가치 탐색: 모바일 커먼즈로의 결합을 강조하여〉, 《한국도시지리학회지》 24(3), 2021, 6쪽.

49 손지연, 〈나혜석의 구미歐美 여행기를 통해 본 서구, 아시아, 그리고 여성〉, 《나혜석연구》 4, 2014, 43쪽.

들을 정열적으로 발표하였다.[50]

　나혜석에게 큰 영향을 미친 구미여행은 남편 김우영과 함께 1927년 6월 19일에 부산을 출발하면서 시작된다. 중국·러시아·유럽과 미국을 여행한 후 일본 요코하마를 거쳐 1929년 3월 12일에 귀국하였으며, 총 여행 기간은 1년 8개월 23일에 이른다. 이 부부동반 여행은 일본 외무성 소속으로 만주 안동현 부영사를 지낸 김우영이 임기를 무사히 마친 것에 대한 포상으로 이루어진 것이었으나, 여행에 겸하여 각자 원하는 분야를 탐구하는 유학적 성격도 있었다.[51] 구미여행 중 김우영은 베를린에서 법률 공부를, 나혜석은 홀로 파리에 체재하며 미술전시회를 돌아보거나 그림을 그렸으며, 구미 지역의 여러 미술관과 박물관 등을 돌아보며 비평을 남겼다. 또한 서구의 가족제도, 여성의 생활상 및 여성참정권 문제에도 많은 관심을 보였다.

　구미여행을 마친 후, 여행과 관련해 글과 그림을 발표하고 각종 인터뷰에 응하는 등 활발한 행보를 이어 갔다. 그 가운데 구미여행기는 1930년 4월 3일부터 4월 10일까지 《동아일보》에 〈구미시찰기〉라는 제목으로, 1932년 12월부터 1935년 2월까지는 《삼천리》에 〈구미유기〉라는 제목으로 연재한 것이다.[52] 이 안에는 기차와 기선, 자동차 등의 교통수단을 이용해 중국과 러시아를 통과하여 폴란드, 프랑스, 스위스, 벨기에, 네덜란드, 독일, 영국, 이탈리아, 스페인, 미국 등을 돌아보고 일본을 거쳐 부산으로 돌아오는 여정이 펼쳐져 있다. 나혜석의

50　손지연, 〈나혜석의 구미歐美 여행기를 통해 본 서구, 아시아, 그리고 여성〉, 44쪽.
51　김영경, 〈나혜석의 '구미여행기 연구〉, 27~52쪽; 나혜석, 《조선 여성 첫 세계 일주기》, 2018; 〈나혜석 여사 세계 漫遊〉, 《조선일보》, 1927년 6월 21일자.
52　김영경, 〈나혜석의 '구미여행기 연구〉, 27쪽.

구미여행기는 여행 경로에 따른 순차적 기술로, 이동 수단과 여행지(장소), 여행 일자 및 시간 등을 비교적 상세하게 기록하여 모빌리티 관점에서 여행 경로 및 장소성을 파악할 수 있다. 그의 여행은 철저히 관광객 시선tourist gaze에 머물고 있는데, 그것은 나혜석이 도쿄 유학을 경험한 유학생이었지만 한국 최초의 서양화가였으며, 일본 제국의 조선인 고위 관료의 아내이기도 했지만 식민지 조선 여성이었다는 정체성에서 오는 (그 어디에도 속하지 않는) 중립적 시각이 작용했기 때문이다. 그런 의미에서 그의 구미여행기에는 식민지 종주국 측(일본)이 구축한 근대 교통 시스템인 철도를 통해 그들이 제공한 최고의 혜택과 배려 속에서 여행 자체를 마음껏 즐기는 여행자로서 나혜석의 모습과, 또 한편으로는 서구의 가족제도와 여성의 지위에 대한 무한한 부러움과 동경을 표출하는 여성해방론자이자 식민지 지식인으로서 나혜석의 모습이 투영되어 있다. 그러나 파리에서 만난 최린과의 연애 사건 이후 〈이혼고백장〉을 발표한 나혜석은 사회적 냉대 속에서 시대와 화합할 수 없었고, 결국 그는 1948년 무연고 행려병자로서 삶을 마감하였다. 그런 의미에서 나혜석의 구미여행은 사상적 해방구였던 동시에 그의 삶을 나락의 길로 떨어지게 하는 빌미가 되었다.[53]

---

53 나혜석, 〈新生活에 들면서〉, 《삼천리》7(1), 1935, 70~81쪽. "자, 파리로. 살러 가지 말고 죽으러 가자. 나를 죽인 곳은 파리다. 나를 정말 여성으로 만들어 준 곳도 파리다. … 네 에미는 과도기 선각자로 그 운명의 줄에 희생된 자였더니라"라는 그의 글은 이를 대변한다.

나혜석의 구미여행기와 모빌리티 이론의 접목

나혜석의 구미여행기에는 다양한 교통수단이 언급되고, 사이공간으로서의 역과 객실에 관한 서술이 자주 표현되고 있으며, 국경과 국경을 통과할 때 이루어지는 경계성의 경험이 상세하게 묘사되어 있을 뿐만 아니라 관문적 위치와 대도시에 관한 언급도 동시에 나타나고 있다. 이렇듯 교통수단과 그 안에서 만나는 사람과 사건들에 관한 자세한 묘사와 언급은 '교통수단과 경계의 감각과 관련한 모빌리티'로서 살펴볼 수 있다.

앞서도 언급했듯 1년 8개월여 동안 나혜석은 당시의 최첨단 교통수단인 기차, 기선, 자동차 등의 교통수단을 이용하여 중국, 러시아를 거쳐 구미 지역을 여행하고 일본을 통해 조선으로 입국하였다(표 1). 국가와 국가를 이동하는 수단으로는 기차와 기선을, 도시 내에서의 이동에서는 자동차와 도보를 주로 이용하였는데, 도시에서 머무른 호텔을 비롯하여 그는 거의 언제나 1등실을 이용했다.[54] 그런 의미에서 그의 구미여행은 특권층을 대상으로 한 특수한 형태의 경험으로서, 무엇보다 근대적 형태의 모빌리티가 적용된 것으로 파악할 수 있다.

교통의 모빌리티와 관련하여 첫째, 나혜식의 구미여행기에서는 다양한 교통수단이 언급된다. 당시 근대 교통수단으로 등장한 기차·기선·자동차 등은 과학기술이 창조하고 도시화와 제국주의가 중재한

---

54 나혜석, 〈離婚告白狀〉, 《삼천리》 6(8), 1934a, 8~9쪽; 최병택·예지숙, 《경성리포트》, 시공사, 2009. 나혜석은 구미여행비로 2만여 원을 사용했다. 1920~30년대 일반적인 회사원의 월급이 평균 30원이었다는 점을 감안한다면, 당시 일반 봉급자가 30년 이상 모아야 할 정도의 많은 금액이 소요된 것이다.

모빌리티 기계로서, 도시적 차원으로는 전차 · 지하철 · 택시 · 버스 등이, 세계적 차원으로는 기차 · 기선 등이 포함된다.[55] 이와 관련해 나혜석은 그의 여행기에서 독일의 대중교통에 대해 "베를린은 전차, 버스, 택시, 지하철이 쉼 없이 왕래하여 대도시의 기운이 농후하였다. … 사거리에는 반드시 공중이나 지하에 전기 신호등을 달아 놓아 붉은 불이 나오면 진행하고 푸른 불이 나오면 정지하게 되어 있다. … 모든 것이 '과학 냄새'가 난다"고 표현하였다.[56] 또한 스위스의 대중교통에

| 표 1 | 나혜석의 모빌리티 경로: 교통수단과 여행지를 중심으로

국가	교통수단	이동 경로지 및 여행지(도시)	만난 사람들 / 행태
한국 [조선]	기차(선양행[57])	부산 출발 → 대구, 수원, 서울[구 경성], 곽산, 염주[구 남시]	지인, 친구, 친척
중국 [만주]	기차(선양행), 증기선 (채목공사 증기선), 기차(동지철도 일등실, 와고니 만국 침대차)	**단둥**[구 안동], 신의주(압록강), **선양**[구 봉천], **장춘, 하얼빈**(부두공원, 송화강, 공동묘지), 만저우리[구 만주리] · 숙소: 호텔, 북만호텔(하얼빈)	지인(안동 조선인회 회장, 학생 등), 친척, 친구
			식사, 음악회 구경, 시가 구경, 순사 비교, 기차 내 중국 보병 관찰, 공원 및 송화강 관광, 공동묘지 구경
러시아 [소비에트 연방]	모스크바 급행열차, 보행	칼부이스카역, 치타, 울란우데[구 베르흐네우딘스크], 크라스노야르스크, 톰스크, 노보시비르스크, 옴스크, **예카테린부르크**[구 스베르들로프스크], **모스크바**(푸시킨 미술관, 모로조프 박물관, 혁명박물관, 크렘린 궁전, 바실리 사원, 나폴레옹 전쟁기념공원, 국영백화점, 노동궁, 참새언덕, 에레와 공원, 레닌묘)	열차 동행인(귀족의원, 중의원 직원, 공학사, 의학박사, 베를린 대학생 등), 조선인, 일본인 러시아 유학생
			식사, 미술관 및 박물관 구경, 시가 구경, 산책, 관광

55 스티븐 컨, 《시간과 공간의 문화사 1880-1918》, 박성관 옮김, 휴머니스트, 2006; H. Lefebvre, *The Production of Space*, Oxford: Blackwell, 1991.

56 나혜석, 《조선 여성 첫 세계 일주기》, 117쪽.

57 당시에는 '봉천행'으로 불렸다. 중국 동북지방 최대의 도시로 일본에 의해 봉천으로 이름이 바뀌었다가 일본 패망 후 다시 선양으로 불리게 되었다(나혜석, 《조선 여성 첫 세계 일주기》, 11쪽).

국가	교통수단	이동 경로지 및 여행지(도시)	만난 사람들 / 행태
폴란드	자동차, 기차	바르샤바	드라이브
프랑스	기차	파리(북역)	지인
스위스	전기 철도, 증기선, 스위스 철도, 도보, 자동차, 전차, 마차, 등산차	**벨가드르, 제네바**(제네바 호), 로잔, **몽트뢰**(제네바 호수, 시옹성), 안시[당시 프랑스령], 샬베르산, **인터라켄**(브리엔츠 호수), 융프라우, 베른(국회의사당) • 숙소: 페지나호텔 48호실, 베른호텔	일본 대표 부부, 동포, 부호 피서객, 학생
			산보, 식사, 증기선 일주, 영친왕 알현, 회의 참석, 야경 관람, 시가지 구경
프랑스	택시	파리(북역)	행선지 이동
벨기에	택시, 자동차(토마스 쿡)	**브뤼셀**(왕립미술관), 안트베르펜	토마스 쿡 자동차 안내자
			시가지 구경, 왕립미술관 관람
네덜란드	유람선	**암스테르담**(국립미술관), 마르켄섬(운하), **헤이그**	유람선 관광객, 네덜란드 소녀들과 소년 무리, 영국인과 미국인 관광객
			미술관 관람, 운하 풍경 관람, 치즈공장 체험, 교회당 구경, 국제재판소, 헤이그 미술관 관람, 댄스홀, 해수욕장, 풍차 관람
프랑스	기차, 도보, 시외기차	**파리**(에투알광장과 개선문, 콩코르드, 불로뉴 숲, 뤽상부르 공원, 루브르궁, 루브르박물관, 물랑루즈, 고몽파르나스, 몽마르트르, 클뤼니 정원, 생드니 사원, 팡테옹-생테티엔 성당과 생쉴피스 성당, 마들렌 사원, 노트르담 성당, 샹젤리제 거리, 알렉상드르3세 나리, 그랑 팔레와 프티 팔레, 에펠탑, 앵발리드 나폴레옹 묘소, 페르 라셰즈 공동묘지, 베르사유궁, 아카데미 프랑세즈) • 숙소: 호텔, 샬레 씨 댁	몽마르트르 화가들, 고우 선생, 샬레 씨 가족
			교통수단 체험, 파리 산책, 물랑루즈의 물랑루드드 방문, 댄싱홀과 카페 방문, 전람회 관람, 백화점 쇼핑, 미술관과 박물관 방문, 관광, 일상생활, 학업
독일	자동사, 선차	**베를린**(포츠담 궁전, 상수시 이궁, 크리스마스 야시장) • 숙소: 호텔, 가정집	남편, S군
			교통수단 체험, 궁 방문, 구시가시 구성, 크리스마스 야시장 구경, 새해 맞이 축제 참여, 활동사진관 및 오페라 구경
이탈리아	자동차(토마스 쿡), 곤돌라	**밀라노**(두오모 성당, 산타마리아 델레 그라치에 수도원, 공동묘지, 스칼라 극장, 브레라 미술관),	하나오카(동경사람), 영미인 관광객, 양치기 소년

국가	교통수단	이동 경로지 및 여행지(도시)	만난 사람들 / 행태
이탈리아		**베네치아**(두오모, 산마르코 광장과 대성당, 두칼레 궁전, 국제 현대미술관), **피렌체**(산타크로체 성당, 우피치 미술관, • 숙소: 호텔	성당과 수도원 방문, 극장 및 미술관 관람(작품 감상), 교통수단 체험, 시가지 구경, 이탈리아 음식 체험
영국	연락선, 2층으로 된 전차와 붉은 버스	빅토리아역, **런던**(하이드파크, 켄싱턴 가든, 큐 가든, 세인트제임스 공원, 버킹엄 궁전, 로열 아카데미, 빅토리아 앨버트 미술관, 대영박물관, 웨스트민스터 사원, 템스강, 그리니치천문대, 윈저성, 내셔널갤러리), 옥스퍼드 • 숙소: 가정집	과부(숙소 여주인), 걸인, 여대생(여성참정권운동연맹 회원, 시위운동 간부)
			가든 산책, 거리 산책, 미술관 및 박물관 관람
스페인 [에스파냐]	전차, 기차	산세바스티안[구 생세바스티앙], **마드리드**(마드리드 궁선, 고야의 묘, 극장, 프리도 미술관), 톨레도(그레코 전시관, 돈키호테의 집) • 숙소: 내셔널 호텔	행상인
			투우 관람, 궁전과 미술관 관람
프랑스	기차	생라자르, 르아브르	지우
			환승(스페인-프랑스-미국)
미국	기선(머제스틱 호), 자가용 자동차, 작은 배, 택시, 자동차, 열차(침대차, 식당차, 전망차 구비된), 특별열차, 자동차, 기선(다이요마루 호)	**뉴욕**(센트럴파크, 리버사이드 공원, 그랜트 장군 묘지, 워싱턴 어빙의 생가, 동식물원, 극장, 인터내셔널 하우스, 울워스 빌딩, 메트로폴리탄 박물관, 루스벨트 대통령 생가, 뉴욕타임스, 파라마운트 활동사진관, 자유의 여신상, 조선기독교회), 필라델피아, 볼티모어, **워싱턴 D.C.**(한국공사관, 스미스소니언 미술관, 링컨 기념관, 백악관, 국회의사당, 의회도서관, 콩코르디아 교회, 병원), 버펄로, **나이아가라 폭포**, **시카고**(링컨 공원, 잭슨 공원, 마샬필즈 백화점, 유니온 도살장, 뮤니시펄 잔교, 시카고 미술관), **그랜드캐니언**, 로스앤젤레스, 엘포털, **요세미티공원**(마리포사 삼림), **샌프란시스코**(이자산, 금문, 금문대공원, 해표암, 차이나타운), **하와이제도의 호놀룰루**(킹 거리, 누아누팔리, 와이키키 해안, 비숍 박물관) • 숙소: 머제스틱호 일등실, 록펠러 기숙사, 호텔, 블랙스톤호텔, 엘토바르호텔, 아와니호텔, 다이요마루호 일등실	승무원, 승선객, 장덕수 씨, 윤효섭 씨, 김마리아 선생, 한소제 씨, 김도연 씨, 서재필 박사, 지인
			기선 생활, 지인 만남, 시내 관광, 폭포 관광, 작은 배 체험, 미술관 및 박물관 관람, 공원 산책
일본	기선 (다이요마루 호), 자동차, 기차 (도카이도 선)	요코하마, 도쿄 • 숙소: 신주쿠호텔	양재하 씨, 김택진 씨
			환승, 지인 환대 및 만남
한국 [조선]	자동차	부산(동래)	친척, 노모, 세 아이
			만남

※ 지명은 현재 표기를 기준으로 하였으며, 주요 여행지는 굵은체로 표시하였음. 또한 여행지에서의 행태와 만난 사람들, 그리고 숙소는 여행기에서 구체적으로 언급된 것만 작성하였음.

대해 "과연 제네바는 문인 묵객의 유람지인만큼 교통기관이 편리하여 전차 궤도가 종횡으로 무수하며, 자동차 마차가 시중에 꽉 차서 어느 때 어디서든지 타게 된다"고 했다.[58] 벨기에 브뤼셀에는 택시를 이용한 후 "요금이 원가에 배를 붙인다"며 비싼 요금에 놀라기도 하지만 "정거장이 크고 화려하고 플랫폼이 시가지보다 높고 거대한 둥근 모양을 이루고 있음"에 감탄한다.[59] 또한 파리에서는 다양한 교통수단에 대해 다음과 같이 자세한 설명을 하고 있다. "파리 시내는 전차, 버스, 택시가 시가를 무시로 통행한다. 전차에는 아라비아 숫자가 쓰여 있어 번호만 찾아 타면 편리하고, 택시에는 미터기가 달려 있어 말이 통하지 않더라도 미터기에 나온 숫자대로 돈을 주게 된다. 시외에는 기차만 한 전차가 다녀 일요일 같은 때는 만원이 되거니와, 파리에 유명한 것은 페르토(지하철)다. 땅 밑으로 4층까지 차가 놓여 있을 뿐 아니라, 한 노선은 센강 밑으로 다닌다는 말을 들으면 누구든지 곧이듣지 않을 것이다. 지하철 정류장마다 타일 조각을 붙인 내부는 깨끗도 하거니와, 땅속 길을 찾을 수 없을 만큼 복잡하다"고 서술하였다.[60] 한편, 베네치아의 교통수단에 대해서는 '문 가운데 역피 플랫폼이 있음'에 독특하고 이색적인 경험담으로 소개하고 있는데, "호수를 끼고 한참을 돌더니 약 1시간이나 물 가운데로 나아간다. … 이윽고 도착한 베네치아역도 물 가운데요, 플랫폼을 나서니 역시 운하가 맞아 주어 앞이 타 트인디"라고 적었다.[61]

---

58   나혜석, 《조선 여성 첫 세계 일주기》, 49쪽.

59   나혜석, 《조선 여성 첫 세계 일주기》, 67쪽.

60   나혜석, 《조선 여성 첫 세계 일주기》, 80~82쪽.

61   나혜석, 《조선 여성 첫 세계 일주기》, 138쪽.

나혜석의 여행에서 가장 주목할 만한 교통수단은 '기차'이다.[62] 만철滿鐵[63]과 연결된 시베리아횡단철도를 통해 유럽까지 이동하는 내용이 담긴 여행기는 나혜석이 최초로서, 그는 조선에서 프랑스 파리까지 열차를 통해 이동하였다.[64] 그의 철도 이동 경로를 추적해 보면, 경의선으로 시작해 단둥-선양-하얼빈-장춘-만저우리까지는 만철의 동지철도東支鐵道 구간을, 만저우리에서 시베리아횡단철도로 환승하여서는 모스크바로 이동한 후 폴란드를 거쳐 프랑스 파리까지 이동하였다. 그로 인해 나혜석은 철도가 연결되는 도시와 경유지에 대한 느낌을 비교적 자세하게 서술하고 있다. 일례로, "장춘만 해도 서양 냄새[65]가 난다. … 러시아식 건물이 많고, 러시아 물품이 많으며, 러시아인 구역까지 있는 곳이다. … 장춘은 깨끗한 인상을 주는 곳이다"라고 하였다.[66]

또한 '증기선'은 서구적 삶을 경험하게 해 주는 공간이자 근대 문명의 교육장으로서 문명은 곧 서구라는 관광객의 시선을 재확인하는 공간으로 나타난다.[67] "머제스틱호는 무게 5만 6,621톤에 총 정원이

---

62 김경민, 〈근대 여성 여행자의 글쓰기 – 나혜석과 비숍의 여행기 –〉, 215쪽.

63 1907년 개업한 만철은 1920년 시베리아철도를 이용한 국제선 영업을 시작했다. 1905년 완공된 경의선은 1922년 압록강철교를 통해 단둥선과 연결되면서 만선직통열차를 타고 부산에서 장춘까지 이동할 수 있었다(《매일일보》, 1912년 6월 1일자).

64 한지은, 〈식민지 조선 여성의 해외여행과 글쓰기: 나혜석의 「구미만유기(歐美漫遊記)」를 사례로〉, 433쪽.

65 여기서 '서양 냄새'란 동양과의 다른 어떤 것이라기보다는 완전히 새로운 장소가 만들어내는 낯선 감각을 의미한다(임정연, 〈'파리'의 장소기억을 통해 본 나혜석의 여행자 정체성과 구미여행의 함의〉, 《국제어문》 86, 2020, 567쪽).

66 나혜석, 《조선 여성 첫 세계 일주기》, 16~17쪽.

67 곽승미, 〈세계의 위계화와 식민지주민의 자기응시: 1920년대 박승철의 해외기행문〉, 《한국문화연구》 11, 2006, 245~275쪽; 한지은, 〈식민지 조선 여성의 해외여행과 글쓰기:

2,936명이다. … 일등실은 다시 A, B, C, D, E, F의 등급으로 나뉜다. 선실에는 침대, 옷장, 테이블, 긴 의자, 작은 의자, 세면기가 갖추어져 있고, 남녀 승무원을 부르는 벨이 달려 있다. 곳곳에 응접실, 끽연실, 오락실, 레스토랑, 유희실, 수영장, 어린이 유희실, 도서실이 있고, 예배당도 있어 큰 호텔 같은 느낌을 준다"라고 설명하고 있어, 그가 이용한 기선이 상당히 규모가 크고 문명화된 모빌리티 교통수단으로서 그 자체로 고급스러운 승선의 체험이었음을 알 수 있다.[68]

기차와 기선 외에도, 나혜석은 도시 내에서는 '자동차'와 '도보'를 이용하였다. 브뤼셀·밀라노 등에서는 토머스 쿡Thomas Cook[69] 여행사를 통해 자동차를 이용하였는데, 특히 브뤼셀의 토머스 쿡 자동차에 대해 "안내자는 적어도 5, 6개국 언어에 능통하여 손님에 맞춰 각국어로 설명을 한다"며 도시 내 접근성 활용이 용이하고 서비스 역시 만족스러웠다고 표현하고 있다.[70] 또한 산책자로서 도보를 이용하는 모습도 나타난다. 모스크바에서는 "자동차와 택시는 개인 소유가 없이 모두 국유인데다 얼마 되지도 않아서, 거리가 멀건 가깝건 꼭 걸어 다니게 되었다"라고 적기도 했다.[71] 이러한 교통수단의 다양한 접근성 시

　　　나혜석의 「구미만유기(歐美漫遊記)」를 사례로〉, 429~447쪽.

68　나혜석, 《조선 여성 첫 세계 일주기》, 191쪽.

69　한지은, 〈익숙한 관광과 낯선 여행의 길잡이 ─ 서구의 여행안내서와 여행(관광)의 변화를 중심으로 ─〉, 《문화역사지리》 31(2), 2019b, 42~59쪽. 1841년 설립된 토마스 쿡은 세계에서 가장 오래된 여행사로 영국 철도여행회사로 출범하였다. 1855년 세계 최초로 유럽대륙여행 패키지를 선보였고 1872년에는 기선을 활용한 세계일주 상품을 내놓기도 하였다. 이러한 토마스 쿡의 단체관광은 즐거움과 유흥을 동기로 하는 저렴하고 편리한 관광의 시대를 열었다.

70　나혜석, 《조선 여성 첫 세계 일주기》, 69쪽.

71　나혜석, 《조선 여성 첫 세계 일주기》, 37쪽.

도는 당시 사회적, 경제적 변화를 배경으로 관광을 추동하는 새로운 수단과 조직으로 연결되고 있음을 보여 준다.

둘째, 나혜석의 구미여행기에서 사이공간으로서의 역과 객실(기차와 기선)에 관한 서술에 주목할 필요가 있다. 역과 객실은 사이공간으로서 다양한 경로를 연결시키는 중간 지점이다. 모빌리티 공간은 일시적인 머무름 혹은 경유의 공간이 아니라 지속적인 이동과 흐름으로 이어지는 연결공간으로서 이 중에서도 역과 객실은 새로운 상호작용이 이루어지는 하나의 장소가 된다. 특히 철도나 기선 여행에 있어 이들 교통수단의 내부는 기동 관람시각motorized sightseeing vision이 이루어지고, 동시에 승객 간 상호 교류가 이루어지는 중요한 문화적이고도 사회적인 모빌리티 공간이라는 점에서 좀 더 관심 있게 바라보아야 한다. 즉, 모빌리티 기계의 속도감은 일순간 스쳐 지나가는 경관에서 속도의 미학적 즐거움을 발견하는 새로운 경험적 인식을 만드는데,[72] 나혜석은 그의 여행기에서 기차의 창문이나 기선의 갑판 등 사이공간의 시간적 틈새로 바라본 경관에 대해 상세하게 묘사하고 있다(표 2). 이렇게 모빌리티 기계, 즉 교통수단을 통한 나혜석의 기동 관람시각은 박제화된 경관으로서가 아니라 고유하게 살아 있는 경관으로서 발견된다.

또한 철도와 기선이 지니는 사이공간으로서의 특징은 그 내부의 관광 행태에서도 드러나는데, 특히 기차와 기선 객실에서는 국적이나 남녀의 위계와 상관없이 평등하고 자유롭게 그려지고 있다. "기차는 한

---

72 오정준, 〈관광객-모빌리티기계의 기동 관람시각: 서울 시티투어버스의 파노라마 코스를 중심으로〉, 88쪽.

쪽 황무지로 끝없이 굴러 가는데 … 옆 칸 객실에서 유창한 독창 소리
가 난다”,[73] “오로라다. 우리는 익히 알던 노래 ‘오로라’를 불렀다”,[74] “갑
판 위의 눕는 의자에 앉아 소설도 보고 혹 옆에 앉은 승객과 대화함도

| 표 2 | 나혜석의 모빌리티 사이공간에서 새롭게 보는 방식으로서의 기동 관람시각

사이공간	사이공간에서의 기동 관람시각
치타	“치타역에 도착하니 … 러시아 농민 여자들이 머리에 붉은 수건을 쓰고 아이를 안고 서서 승객들이 나와 거니는 것을 유심히 구경하고 있다. … 정거장마다 그곳 농민 여자들이 계란, 우유, 새끼돼지 훈제를 들고 판매점에서 여객에게 사가기를 청하고, 소녀들은 들판에 피어 있는 향기 높은 꽃다발을 가지고 여객에게 권하는 특수한 정취를 맛보게 된다.” (나혜석, 《조선 여성 첫 세계 일주기》, 30~36쪽)
모스크바 근교	“모스크바 가까이의 농촌은 온통 감자로 깔렸다. 선로 주변에는 걸인이 많고, 정거장 대합실 바닥에는 병자, 노인, 어린이, 부녀들이 신음하고, 울고, 졸고, 혹은 두 팔을 늘어뜨리고 앉아 있거나 담요를 두르고 바랑을 옆에 끼고 있는 참상이니 … 시베리아를 통과할 때는 무엇인지 모르게 피비린내 공기가 충만하였다.” (나혜석, 《조선 여성 첫 세계 일주기》, 36쪽)
폴란드 근교	“폴란드 농촌에는 누런 보리가 지천으로 깔려 있었다. … 마치 일본 도카이도 선을 통과하는 느낌이 들었다. 들판 수풀 위에는 시내에서 멱을 감다가 쉬는 남녀 청년이 많이 보이고, 서양 화초가 무진장 피어 있어 … 내 몸이 이제야 서양에 들어온 것 같은 감이 생겼다.” (나혜석, 《조선 여성 첫 세계 일주기》, 42쪽)
제네바 근교	“눈을 멀리 바라보면 뾰족 솟은 산봉우리들이 연속하여 흑색 자색 감색으로 바뀐다. 볼 수 있는 대로 열심히 보지만, 열차 창을 통해 보기에는 모든 것이 너무 간지러웠다.” (나혜석, 《조선 여성 첫 세계 일주기》, 48쪽)
태평양 (다이요마루 호)	“2만 2천 톤 되는 배는 2천 명의 승객을 싣고 쉴 새 없이 달아나며 … 때로는 갑자기 소나기가 쏟아지며 시시각각 아름답게 지나가는 구름의 모습이 보인다. … 바다와 하늘이 하나인 듯 밀고 나듯한 파도 속을 화살과 같이 뚫고 가는데, 나는 듯 지나가는 물고기 떼, 쉼 없이 배를 따라 종주하는 새 떼, 혹은 돌고래 떼와 물 위로 떠오르는 고래 등 장관이었다.” (나혜석, 《조선 여성 첫 세계 일주기》, 218~219쪽)
하와이	“고동이 울리고, 전송인이 내리고, 육지에서는 손을 흔들고, 어떤 하와이 여인늘은 무리를 지어 춤을 추고 노래를 하여 일대 장관이 벌어진다. 배가 떠난다. 나체의 원주민들이 승객들이 던지는 돈을 물구나무서서 집어 가지고 나오고, 어떤 사람은 배 위로 올라와 돈을 거두어 가지고 물속으로 떨어진다. 또한 구경거리였다.” (나혜석, 《조선 여성 첫 세계 일주기》, 223쪽)
도쿄 근교	“도카이도 선을 질주하였다. 구라파 경색에 비하면 산이 높고 수려한 맛은 있으나, 마음을 적시는 기분이 적다.”[75] (나혜석, 《조선 여성 첫 세계 일주기》, 225쪽)

---

73 나혜석, 《조선 여성 첫 세계 일주기》, 27쪽.

74 나혜석, 《조선 여성 첫 세계 일주기》, 32쪽.

75 구미여행 후 조선으로 돌아오는 길에 들른 도쿄에 대해 나혜석은 “동경 집은 모두 바라크

상쾌하다. … 여러 날 한 배 안에서 기거를 같이하는 동안 내외 승객들은 오랜 친구와 같이 친밀해진다"[76] 등의 글귀는 철도와 기선 여행이 지역 간 거리를 좁혔을 뿐만 아니라 사람들 사이에 놓여 있는 거리감을 줄인 것으로도 해석된다. 즉, 기차와 기선이 함께 여행하는 사람들에 대한 인식의 변화를 만드는 모빌리티 공간이 되었음을 의미하는 것으로, 이는 정주주의의 본질주의에서 바라보는 전통적인 장소개념과 달리 모빌리티 공간으로서의 장소는 사이공간을 통해 다양한 행위자들 사이의 관계 속에서 사회적 과정을 통해 만들어지는 사회적 구성물이라는 점을 알게 해 준다.[77]

셋째로, 나혜석의 구미여행기에는 국경과 국경을 통과할 때 이루어지는 경계성의 경험이 상세히 묘사되어 있으며, 특히 관문적 위치성 및 대도시에 대한 높은 관심이 드러난다. 그는 철도와 기선 경유지들에 대한 지역 간의 차이를 철도역과 기선에서의 풍경, 승무원의 복장, 업무 방식의 차이 등 외양과 행동을 장소감으로서 표현하고 있다(표 3). 나혜석의 여행기에서 경계와 관련한 많은 문장들은 제국주의를 체감한 식민지 조선인으로서 경계를 넘나드는 것에 대한 낯섦과 생소함을 정치·문화적 경험으로 드러내고 있으며, 이러한 공간의 경계성 체험은 장소에 대한 느낌으로도 표현된다. 특히 접경지역이나 여

같고, 도로는 더럽고, 사람들은 허리가 새우등같이 꼬부라지고, 기운이 없어 보였다"라고 묘사하며 감정 섞인 장소감을 표현하였다(나혜석,《조선 여성 첫 세계 일주기》, 224쪽).

76   나혜석,《조선 여성 첫 세계 일주기》, 218~219쪽.

77   박배균,〈장소마케팅과 장소의 영역화: 본질주의적 장소관에 대한 비판을 중심으로〉, 《한국경제지리학회지》 13(3), 2010, 498~513쪽: 고민경,〈모빌리티를 통해 본 이주자 밀집지역의 역동성 탐구 - 대림동 중국국적 이주자 밀집지역을 사례로 - 〉, 155~171쪽.

권 검사에 관한 서술은 정치적 상황과 문화적 차이를 반영하고 있다. 근대국가가 '국경을 넘어도 될 것과 넘어선 안 될 것을 규정'하고 있음을 감안한다면,[78] 국경을 통과하는 경험에 대한 구체적인 서술은 근대성을 표상하는 일종의 근대적 제도로 인식되었을 것이다.

| 표 3 | 나혜석의 모빌리티 경험: 경계성 경험의 반영

국경과 국경 통과 시, 경계성의 경험 묘사(반영) 부분

"순사의 복장이 지역에 따라 다른 것을 퍽 흥미 있게 보았다. … 안동서 장춘까지는 누런 복장에 두세 가닥 붉은 줄이 들어간 누런 정모를 혁대에 메어 차고 서서, 이곳이 비록 중국 땅이나 기찻길이 남만주철도 관할이라는 자랑과 위엄을 보이고 있다. 장춘서 만주리까지는 검은 회색 무명을 군데군데 누빈 복장을 입고, 어깨에 3등 군졸의 별표를 붙이고, 회색 정모를 비스듬히 쓰고, 칼을 질질 끌리게 차고 … 차렷 자세를 한다." (나혜석,《조선 여성 첫 세계 일주기》, 18~20쪽)

"러시아와 중국의 국경인 만주리에 도착하였다. … 국경인 만큼 군영이 많고 … 조선인 밀매음녀까지 구비해 있다. 여기서 세관 검사가 있었으나 우리는 공용 여행권을 가진 관계상 언제 어떻게 지났는지 몰랐다." (나혜석,《조선 여성 첫 세계 일주기》, 27~28쪽)

"러시아 통과는 비교적 편리하나 입국해 머무는 데는 엄중한 제한이 있어서 집행위원회 외국여권과에 가서 거주권을 받아야 하므로, 여행객들은 될 수 있는 대로 당일 통과하는 것이 좋다." (나혜석,《조선 여성 첫 세계 일주기》, 37쪽)

"모스크바를 출발하여 목적지인 프랑스로 향하였다. 러시아와 폴란드 국경 세관에서 일일이 짐을 가지고 내려가 조사를 받게 되어 퍽 거북하였다." (나혜석,《조선 여성 첫 세계 일주기》, 41쪽)

"스위스와 프랑스의 국경 벨가르드에서는 휴대품을 검사할 때 구내의 지정된 장소로 짐을 가지고 내린다." (나혜석,《조선 여성 첫 세계 일주기》 47쪽)

"프랑스에는 세관 조사가 없고, 벨기에에는 있다. 짐 조사할 때 담배와 초콜릿이 없냐고 묻는다." (나혜석, 《조선 여성 첫 세계 일주기》, 67쪽)

"파리 북역을 떠나 독일 베를린으로 향하였다. … 국경에서는 여행권 조사가 심하였다." (나혜석,《조선 여성 첫 세계 일주기》, 115쪽)

"밤 11시에 프랑스와 스위스 국경을, 오전 3시에 스위스와 이탈리아 사이의 국경을 지나게 되어 변변히 잠을 못 잤다. … 복장이 돌변한 세관 관리가 우적우적 들어서서 시슴없이 여권과 짐을 검사한다. 나라마다 다른 복장도 한 구경거리나." (나혜석,《조선 여성 첫 세계 일주기》, 128쪽)

"연락선을 타고 … 영국 땅에 내렸다. 입국하기가 매우 까다로웠다. 여권과 짐 조사가 심하였다." (나혜석,《조선 여성 첫 세계 일주기》, 159쪽)

---

78 이매뉴얼 월러스틴,《역사적 자본주의/자본주의 문명》, 나종일 외 옮김, 창비, 2014, 52쪽.

한 발 더 나아가 구미여행기에서 나혜석은 대도시나 관문지역에 관한 높은 장소적 관심을 가짐으로써 독특한 지리적 감각을 보여 준다. 〈표 4〉에 정리된 문장들은 이들 세계적 도시에 대한 관심이 표현된 것이다.

| 표 4 | 나혜석의 구미여행기에 표현된 대도시와 관문지역에 대한 지리적·장소적 관심

장소성	도시의 특징	대도시와 관문지역에 대한 묘사
관문성	하얼빈 • 교통허브	"하얼빈은 북으로 러시아와 유럽 각국을 통하여 세계적 교통로가 되어 있고, 남으로 장춘과 이어져 남만주철도와 연결되는 곳으로 세계인의 출입이 끊이지 않는다. … 시가가 흥성하고 인물이 화려한 곳이다." (나혜석, 《조선 여성 첫 세계 일주기》, 20~21쪽)
관문성	모스크바 • 위치성	"모스크바는 시리상 위치를 보더라도 서구와 동아시아 나라를 이어 주는 세계적인 큰길로서의 사명을 가지고 있다." (나혜석, 《소신 여성 첫 세계 일주기》, 37쪽)
대도시	제네바 • 도시 밀집도	"스위스를 보지 못하고 유럽을 말하지 못할 만큼 유럽의 자연 경색을 대표하는 나라가 스위스요, 그중에도 제일 화려하고 사람이 운집하는 곳이 이 제네바다." (나혜석, 《조선 여성 첫 세계 일주기》, 49쪽)
대도시	헤이그 • 국가수도, 수위성	"헤이그는 네덜란드의 수도이거니와 조선 사람으로 잊지 못할 기억을 가진 만국평화회의가 열린 곳이다." (나혜석, 《조선 여성 첫 세계 일주기》, 75쪽)
대도시	파리 • 문화도시, 도시 밀집도	"프랑스는 중앙집권의 나라이다. 나라의 번화한 문명이 파리에 집중되어 군내 다른 곳에는 변변한 도시가 없다. … 인심이 평등 자유하며, 시설이 회려한 까닭에 외국인이 모여드는 항락장이 되어 있다." (나혜석, 《조선 여성 첫 세계 일주기》, 86~88쪽)
대도시	밀라노 • 인구 집중도	"밀라노는 인구가 백만이나 되는 이탈리아 전국 도시 중 둘째가는 곳이다. 뿐만 아니라 상업 중심지이다." (나혜석, 《조선 여성 첫 세계 일주기》, 128쪽)
관문성	베네치아 • 교류, 독특한 경치	"일찍이 베네치아는 동양적 황금 품격이 넘치는 다양한 빛깔의 경치와 아취를 지닌 도시로 들었건만, 전체를 둘러싼 기분은 묘지에 표류하는 음습하고 신비한 냄새였다." (나혜석, 《조선 여성 첫 세계 일주기》, 138쪽)
대도시	런던 • 도시의 계층적 차별화, 도시 체계	"런던 건물은 퇴락한 회색 벽돌집이 많고, 오래된 도시라서 정돈이 되지 아니하여 집은 되는 대로 아무렇게나 꾹꾹 박아 놓은 것 같았다. 시가지는 각각 그 계급에 따라 상업 중심지, 정치 중심지, 공업이나 농업, 또는 부자나 가난한 사람 거주지로 구별되어 있다. … 식민지에서 뺏어 온 것으로, 시가지 시설이 모두 풍부하다. 곳곳에 공동변소는 지하실로 되어 있다." (나혜석, 《조선 여성 첫 세계 일주기》, 160쪽)

관문성	스페인 • 지리상 관문, 인종의 다변화	"스페인은 세계로 통하는 관문이고, 르네상스 이후는 아메리카 항로의 중심지가 되었으며, 항상 전쟁터가 되곤 하였다. 스페인 사람은 다른 나라 사람과 달리 지리적 영향으로 세계의 문이 되어 오고가고 하는 인종이 많았고, 전쟁이 많았던 관계로 그리스인, 로마인, 보헤미아인 등과의 잡종이 많았다." (나혜석, 《조선 여성 첫 세계 일주기》, 176쪽)
대도시	뉴욕 • 교통의 중심지, 인구의 밀집도, 상업과 금융 중심지, 다양한 이주민	"뉴욕은 인구가 9백만 명 되는 세계에서 제일 큰 도시이다. 동시에 세 사람 앞에 자동차가 1대씩이라 하니 자동차 많기로도 세계 제일이요, 건물 높기로도 세계 제일이며, 돈 많기로도 세계 제일이다. 세계 제일이 무수하며, 세계 제일인 것을 자랑하는 곳이다. … 좌우에 수십 층 건물이 늘어서 있어 하늘을 수직으로밖에 볼 수 없다. 뉴욕은 북미의 상업과 재계 중심지인 동시에 세계 상업 및 금융의 중심지이다. … 유럽 각국에서 이주하여 온 민족이 많아서 자못 복잡하다." (나혜석, 《조선 여성 첫 세계 일주기》, 192~193쪽)
대도시	시카고 • 인구 집중도, 대공업도시, 교통 중심지	"시카고는 인구 250만을 가진 미국 제2의 대도시요, 세계 굴지의 대공업도시다. … 운하가 있고 6대 정거장이 있어 물자가 집산하고 공업이 성한 것은 뉴욕 이상이라고 한다. 시가는 구획이 질서정연하고, 지상과 고가 전차가 종횡으로 질주하여 교통이 몹시 편리하다." (나혜석, 《조선 여성 첫 세계 일주기》, 205~206쪽)
대도시	로스앤젤레스 • 피서지, 영화촬영지	"로스앤젤레스는 항상 따뜻하고 아름다운 도시로 … 미국 동부 사람들의 피서지이다. … 할리우드는 세계적으로 유명한 활동사진 필름 제작소이다." (나혜석, 《조선 여성 첫 세계 일주기》, 208~209쪽)
관문성	샌프란시스코 • 태평양의 관문, 교통의 접점	"샌프란시스코는 70만 인구를 가진 미국 태평양 연안의 대도시로 사철 날씨가 봄과 같다. 미국 태평양의 관문이요. … 일본, 중국, 인도, 호주 등지의 무역선이 아침저녁으로 떠나고 모여드는 동서 문명의 접속점이다." (나혜석, 《조선 여성 첫 세계 일주기》, 211쪽)
관문성	하와이 • 군사기지, 동서 문화의 접촉점	"하와이는 미국의 군사 전초기지로서 중요한데 … 더욱이 동서 문화의 접촉점이어서 범태평양 의회의 발상지요, 국제적 인종문제의 출발지이다." (나혜석, 《조선 여성 첫 세계 일주기》, 221쪽)

이처럼 여행기에 작성된 다양한 교통수단 관련 글들은 당시의 모빌리티 수단에 대한 좋은 정보 자료이자 근거라고 볼 수 있으며, 또한 주요 대도시와 사람들과의 교류에 관한 자세한 설명은 모빌리티 과정에서 습득한 지식을 전달한 것으로서, 이들 여행 지역을 열린 공간으로 인식하고 각 지역의 특성에 대한 남다른 장소적 감각과 장소성을 만드는 계기가 되었다. 그의 이러한 자각은 폐쇄적인 조선 사회에

서 벗어나 좀 더 개방적인 사고를 갖게 하는 단초로 작용하였다.[79]

그렇다면 왜 나혜석의 여행기를 모빌리티 관점으로 바라볼 수 있을까? 이에 대한 핵심은 아마도 '젠더적 모빌리티'에서 찾아볼 수 있을 것이다. 최근의 연구들을 보면 '여성 관광객은 시각적인 즐거움보다는 여행 중의 사회적 상호작용과 신체적 접촉 등에서 더 큰 즐거움을 느낀다'고 주장하는데,[80] 나혜석의 여행은 이러한 점을 잘 반영하고 있다. 그는 서구 지역의 근대와 진보를 직접 확인하고, 조선의 봉건적이고 낙후한 현실에 좌절하는 모습을 보이며 젠더적 모빌리티를 경험하였다. 〈표 5〉의 글들은 나혜석이 도시의 낭만적 연애와 자유로운 여성의 삶을 부러움으로 표현하며 젠더에 대한 자각이 이루어지는 과정을 드러내 준다.

| 표 5 | 나혜석의 구미여행기에 나타난 젠더의 자각

"내가 본 하얼빈 여성들 생활의 일부분은 이러하다. 아침 9시쯤 일어나 식구 모두가 빵 한 조각과 차 한 잔으로 아침을 먹는다. 주부는 광주리를 옆에 끼고 시장으로 간다. 점심과 저녁에 필요한 식료품을 사 가지고 와서 곧 점심 준비를 한다. … 12시부터 오후 2시까지 식탁에 모여 앉아 한담을 나누며 진탕 점심을 먹는다. … 주부는 가사를 정돈해 놓고 낮잠을 한숨 잔다. 저녁은 점심에 남은 것으로 때우고, 화장을 하고 활동사진관, 극장, 무도장에 가서 놀다가 새벽 5, 6시경에 돌아온다. 부녀의 의복은 상점에 가서 많이 사서 입는다. … 여름이면 다림질, 겨울이면 다듬이질로 일생을 허비하는 **조선 여성이 불쌍하다.**" (나혜석, 《조선 여성 첫 세계 일주기》, 21~22쪽)

"서양 각국의 오락기관이 번창하는 것은 오직 그 부녀 생활이 그만큼 여유가 있고 시간이 있기 때문이다. … **조선 여성의 생활을 급선무로 개량할 필요가 있다.**" (나혜석, 《조선 여성 첫 세계 일주기》, 22쪽)

"수풀 위에서 맛있는 음식을 가족이 함께 즐기고, 두 다리를 포개고 손을 한데 모아 정답게 속살거리는 연인들, 포실포실한 나체로 배회하는 여자들 … 송화강은 하얼빈 시민에게 없어서는 안 되는 피서지다." (나혜석, 《조선 여성 첫 세계 일주기》, 25쪽)

---

79 김영경, 〈나혜석의 '구미여행기 연구〉, 39쪽.

80 J. Larsen and J. Urry, "Gazing and performing," *Environment and Planning D: Society and Space* 29(6), 2011, pp. 1110-1125.

"제네바 호반에는 한창 무성한 가로수가 있다. 그 사이로 그리운 남녀가 분분하다." (나혜석, 《조선 여성 첫 세계 일주기》, 49쪽)

"파리 시가 … 오후가 되면 남녀가 산책을 즐기고, 여자들은 어린이들을 데리고 놀다가 돌아가는 것이 상례가 되어 있다." (나혜석, 《조선 여성 첫 세계 일주기》, 82쪽)

"웬만한 레스토랑에서는 저녁밥을 먹고 으레 한 번씩 춤을 추고 가게 된다. … 카페에 들어가 차 한 잔을 따라 놓고 반나절이라도 소일할 수 있다. 밀회 장소로도 이용하고, 책을 읽거나 편지를 쓰거나 혹은 친구와 이야기를 나누는 사교 기관처럼 되어 있다." (나혜석, 《조선 여성 첫 세계 일주기》, 85쪽)

"런던의 남녀 청년들은 서로 끼고 드러누워 있다. 이 모습은 마치 누가 잠자는 것 같다. 통행인은 별로 놀라는 일도 없이 **너는 너요, 나는 나**라는 태도로 지나간다." (나혜석, 《조선 여성 첫 세계 일주기》, 160쪽)

이처럼 구미여행 과정 속 낭만적 연예와 자유로운 여성의 삶을 목도한 그는 젠더적 모빌리티를 경험한다. 이는 특히 그가 8개월간 머문 파리의 일상생활에서 극대화된다.

"구미 만유 1년 8개월 동안의 나의 생활은 이러하였다. 머리를 짧게 자르고, 서양 옷을 입고, 빵이나 차를 먹고, 침대에서 자고, 스케치 박스를 들고 연구소를 다니고(아카데미), 책상에서 프랑스어 단어를 외우고, 때로는 사랑의 꿈도 꾸어 보고, 장차 그림 대가가 될 공상도 해 보았다, 흥 나면 춤도 추어 보고, 시간 있으면 연극장에도 갔다. 이왕 전하와 각국 대신의 연회석상에도 참가해 보고, 혁명가도 찾아보고, 여성참정권론자도 만나 보았다. 프랑스 가정의 가족도 되어 보았다. 그 기분은 여성이요, 학생이요, 처녀로서였다. 실상 조선 여성으로서는 누리지 못할, 경제적으로나 징서적으로 장애되는 일이 하나도 없었다."[81]

---

81 나혜석, 〈아아, 自由의 巴里가 그리워〉, 《삼천리》 4(1), 1932, 43~46쪽.

실제로 나혜석은 펠레시엥 샬레Félicien Challaye[82] 씨 댁에서 3개월 동안 거주하며 아카데미를 다니고, 프랑스 가정생활을 체험하였다. 이는 여성으로서, 그리고 서양화가로서 자신의 정체성과 소속감을 확인하는 계기가 된다.

"세수를 하고 샬레 씨는 학교로, 부인은 자기 사무실로, 딸들은 중학교로, 나는 연구소로 나간다. … 저녁 밥상에는 가족이 둘러앉는다. … 남편은 친구들과 지내던 이야기, 부인은 동무들과 일하던 이야기, 딸들은 길에서 본 이야기를 손짓, 발짓, 눈짓콧짓해 가며 허리가 부러지도록 웃으며 이야기한다. … 부부는 비둘기같이 붙어 앉아서 무슨 이야기를 그렇게 속살거리는지 재미가 깨가 쏟아질 듯하였다. … 부인은 아양보양하고 앙실방실하고 오밀조밀하고 알뜰살뜰한 프랑스 부인이다. … 부인은 매달 잡지와 신문에 기고할 뿐 아니라, 여성참정권에 대한 책도 저술하였다. … 이론 캐기 좋아하는 내가 만일 언어에 능통하였더라면 소득이 많았을 것이나 그렇지 못한 것이 큰 유감이었다. … 어린 남자아이가 아침저녁을 먹을 때면 테이블 위에 식기를 가져다놓고, 누나들이 설거지하면 행주질을 하고, 추운 아침에도 계단 걸레질을 한다. 남자아이라도 어렸을 때부터 차별 없이 자기 일을 스스로 하게 하는 것이다."[83]

---

82 펠레시엥 샬레는 조선의 식민지화에 반대하는 프랑스 지식인들과 함께 1921년 '한국친우회'를 결성한 반식민 평화주의자로, 3·1운동이 한창이던 1919년 3월에 조선을 방문하기도 하였다. 최린이 1927년 벨리에 브뤼셀에서 열린 비압박민족대회에 참가하기 위해 파리에 들렀을 때 샬레와 만난 적이 있다(김경민, 〈근대 여성 여행자의 글쓰기 - 나혜석과 비숍의 여행기 -〉, 227쪽.).
83 나혜석, 《조선 여성 첫 세계 일주기》, 110쪽.

그의 여행기에는 유독 '부인, 여성, 가정' 등의 단어가 반복적으로 나타나는데, 이는 특히 파리에서의 경험적 사실을 기반으로 형성된 여성성의 자기화 과정으로서 파악할 수 있다.[84] 애초에 나혜석은 구미 갈 때의 목적으로 '첫째, 사람은 어떻게 살아야 잘 사나, 둘째, 남녀 사이는 어떻게 살아야 평화스러울까, 셋째, 여자의 지위는 어떠한 것인가, 넷째, 그림의 요점은 무엇인가'로 기술하고 있다.[85] 그런 이유로 나혜석은 여행 모빌리티를 통해 구미 여성의 활동에 대한 관찰 및 그들의 일상생활을 체험할 수 있었고, 조선에서는 할 수 없었던 욕망을 여행 중에도 그리고 그 이후에도 적극적으로 실천할 수 있었다. 실제로 나혜석은 귀국 후, 구미여행 중 런던에서 만난 여성참정권 운동가에게 영어를 배웠으며, 세 아이를 키우면서 여성참정권 단체의 회원으로 활동하는 프랑스 부인의 일화를 여러 차례 소개하였다. 이러한 과정을 통해 나혜석은 여성의 사회적 지위와 평등한 가정생활을 정립하게 되고, 바람직한 가족제도에 대한 자신의 생각을 확고히 다질 수 있었다. 여행 직후 그는 인터뷰에서 '구미여행으로 여성은 위대한 것이요, 행복한 자인 것을 스스로 깨닫는 계기가 되었으며, 여성에 대한 이러한 생각을 모든 조선 사람이 알았으면 좋겠다'고 말하며 구미여행이 자신에게 미친 영향에 대해 피력하였다.[86] 이러한 사각은 1935년 6월자 《삼천리》의 〈구미 여성을 보고 반도 여성에게〉라는 글에서도 이어지는데, 여기에서 그는 '구미 여성들은 인생관이 서고, 처세술이 서 있으며, 사

---

84 김영경, 〈나혜석의 '구미여행기 연구〉, 42~43쪽.
85 나혜석, 〈離婚告白狀〉, 《삼천리》 6(8), 1934a, 8~9쪽.
86 〈구미 만유하고 온 여류화가 나혜석 씨와 문답기〉, 《별건곤》, 1929년 8월 1일자.

람인 것을 자각하고, 여성인 것을 의식하였다'며, '이것을 우리도 배우고 흉내 내자'고 제안한다. 그러면서 남녀관계의 평등화, 가사노동의 효율화, 취미의 생활화 등에 대해 끊임없이 고민하고 해결해 가려는 모습을 보였다. 즉, 여성의 정숙함을 강조하고 고정화된 모빌리티를 강요하는 당시의 조선 사회에 대해 그는 끊임없이 '왜 그래야만 하는가?'라는 질문을 던지며 젠더화된 의식으로서 해답을 찾고자 하였다.

이처럼 나혜석은 귀국 후 자신의 구미여행 체험과 관련한 글과 인터뷰를 여러 매체에 발표하는 행보를 보였다. 1931년 이혼 후에는 1934년 〈이혼고백장〉을 발표해 여성에게만 정조를 강요하는 조선 사회와 그렇시 않은 서구와의 격차를 강조하며 비판하기도 하였다. 즉, 그는 서구와 조선, 서구 여성과 조선 여성 사이의 간극을 알리고자 노력하며, 젠더적 차별의 취약성을 극복하고자 다양한 노력들을 전개해 가는 젠더 모빌리티의 과정을 거쳤다. 그러나 그를 비판하는 시선과 함께 여성주의적 가치관과 조선 현실과의 충돌에서 비롯된 괴리감은 더욱 커져 갔다.[87] "달콤한 사랑으로 결혼하였으나 너는 너요, 나는 나대로 놀게 되니, 사는 아무 의미가 없어지고 아침부터 저녁까지 반찬 걱정만 하게 되는 것이 아닌가. 급기야 신경과민, 신경쇠약에 걸려 독신 여자를 부러워하고 독신주의를 주장하는 것이 아닌가"라는 그의 글은 구미여행을 통해 성찰된 여성주의적 정체성이 여행 후 현실과 타협하지 못한 채 스스로 좌절해 버렸음을 드러내는 고백이라 볼 수

---

87 오늘날까지 이어지는 나혜석에 대한 부정적 이미지의 상당 부분도 최린과의 스캔들과 이혼을 둘러싼 문제에서 파생되었다고 할 수 있으니, 그 당시 이 파장이 얼마나 컸을지 짐작할 수 있다.

있다.[88] 그럼에도 불구하고 이 글은 나혜석이 구미여행을 통해 그 스스로 관찰을 당하는 여성이라는 대상이 아니라 보는 주체로서 젠더적 모빌리티를 체득·경험하며 근대적 자아 확립과 자기표현에 대한 욕구를 표면화한 선각자임을 보여 준다. 이러한 그의 젠더 모빌리티 행보는 여성의 정숙함을 강조하는 종교나 관습, 여행하는 여성이 겪는 상대적인 어려움 등, 여성의 모빌리티를 제한하는 방식에 저항하는 사회적 움직임으로 볼 수 있다. 즉, 사회적 약자나 젠더적 차별의 취약성을 모빌리티를 통해 극복하는 다각적인 노력의 일환이었던 것이다. 그런 의미에서 나혜석은 모빌리티 정의의 실천자였다.

한편, 대표적 인본주의 지리학자인 투안 Yi-Fu Tuan은 인간의 주관적 경험과 감정이 투영된 그림 속 장소를 재현경관으로서 바라볼 수 있다고 주장하였다.[89] 현실에 대한 재현이라는 회화의 속성은 당시의 사회상과 작가의 감정을 전달받을 수 있다는 점에서 중요한 경관이기 때문이다.[90] 이를 적용해 본다면 나혜석의 회화, 그중에서도 풍경화는 여성 산책자이자 여행자로서 장소에 대한 새로운 시각을 제공해 주고 있다는 점에서 주목할 만하다.

사실상 산책 및 여행은 도시 부르주아 남성의 특권이었다. 현대적 삶과 경험을 구성하는 핵심 요소로 떠오른 산책은 여성이 경험을 배

---

88 나혜석, 〈太平洋건너서〉, 《삼천리》 6(9), 1934b, 162쪽.
89 Yi-fu Tuan, *Place, Art, and Self: Center for American Places*, New Mexico: Santa Fe, 2004, p. 3; 정희선·김희순, 〈한국 근·현대 구상회화에 나타난 재현경관의 탐색 I : 서울의 공간 표상을 중심으로〉, 《한국도시지리학회지》 14(3), 2011, 160쪽.
90 정희선·김희순, 〈한국 근·현대 구상회화에 나타난 재현경관의 탐색 II : 도시민의 일상생활에 반영된 근대화 과정을 중심으로〉, 《한국도시지리학회지》 15(2), 2012, 119쪽.

제한 상태에서 나온 것으로, 산책자Flâneur라는 단어는 남성성으로 간주되어 왔다.[91] 사실상 여성이 대도시를 활보할 수 있게 된 것이 역사적으로 그리 오래된 일이 아니라는 점에서, 그리고 대표적인 공적 공간인 도시의 거리를 이동하는 여성 산책자Flâneuse 논의가 최근이라는 점에서,[92] 여성 산책자로서의 나혜석이 모빌리티 경험으로서 구미여행을 다니며 풍경화를 그린 화가였음에 주목할 필요가 있다. 남성 산책자가 대도시를 '파놉틱panoptic 한 시선으로 정적인 관점'에서 파악하는 것과는 달리, 여성 산책자는 도시를 '자신을 에워싼 것으로서 자신과 함께 이동하면서 정체성을 구성하는 동력'으로 인식하기 때문이다.[93]

그런 의미에서 나혜석은 세계의 여러 도시를 여행하면서 지역을 단순한 배경이나 이미지로서가 아니라 그의 정체성을 형성하고 변모시키는 동인으로 적용하였다. 따라서 "짐만 싸면 신이 나"던 나혜석은 명실상부한 여성 산책자이자 모빌리티 행위자로서, 그가 그린 풍경화와 그 속에서 재현된 경관들은 이러한 점을 증거하는 자료이다.[94] 일반적으로 풍경화는 가서 보는 여행을 전제로 하기 때문에 서구의 여성주의 미술사에서는 풍경화 자체를 남성성을 전제로 하는 장르로 분류한다.[95] 대표적인 인상주의 풍경화가로 마네, 모네 등이 언급되고

91 L. P. Deborah, *Streetwalking the metropolis: women, the city, and modernity*, Oxford: Oxford University Press, 2003, p. 4.

92 손유경, 〈식민지 지식인의 지리적 상상력과 문화정체성 – 나혜석의 구미 만유기를 중심으로 –〉, 43쪽.

93 L. P. Deborah, *Streetwalking the metropolis: women, the city, and modernity*, p. 156.

94 나혜석, 〈新生活에 들면서〉, 《삼천리》 7(1), 1935, 71쪽.

95 G. Pollock, *Vision and Difference*, London & New York: Routeledge, 1998, pp. 54-65.

있다는 점을 이를 보여 준다.[96] 이들과는 달리 공간적으로 제약을 받던 여성 화가들은 자수, 퀼트, 꽃 그림, 정물화 등을 그렸기에 풍경화 장르에서 여성을 찾기 어렵다.[97] 하지만 나혜석은 이 틀을 깨고 서양화가이자 풍경화가로서 인상주의적 양식의 작품을 남겼다. 신체적으로 공간적인 자유를 누릴 수 있는 것은 오직 남성뿐이라는 공식을 깸으로서 그는 젠더의 경계에서 벗어났고 더 나아가 작품 작업 공간의 범위를 넓힘(집에서 야외로)으로써 모빌리티의 차별화를 시도하였다. 따라서 나혜석의 인상주의 풍경화가 공간의 자유로움을 전제로 하였다는 것은 조선이라는 공간의 금기를 가로지르는 여행에서 비롯된 것으로 봐야 할 것이다. 그런 의미에서 나혜석의 풍경화 속 재현경관은 모빌리티 경험을 반영한다.

유럽 미술의 영향을 받아 강렬하면서도 단순한 색채로 그려진 나혜석의 회화는 인상주의 풍경화가 주를 이룬다.[98] 구미여행과 관련한 작업들이 약 70~80점가량이었다고 전해지고 있으나 현재 남아 있는 풍경화는 〈만주 봉천 풍경〉, 〈별장〉, 〈스페인 국경〉, 〈스페인 해수욕장〉, 〈스페인 항구〉, 〈파리풍경〉, 〈불란서 마을 풍경〉, 〈정원〉 등 소량[99]이다(그림 1~4). 그 와중에도 파리와 스페인에 관한 풍경화가 상대적

---

96 G. Pollock, *Vision and Difference*, p. 6.

97 신지영, 〈여행과 공간의 성의 정치학을 통해서 본 나혜석의 풍경화〉, 《여성과 역사》 11, 2008, 87쪽.

98 한지은, 〈식민지 조선 여성의 해외여행과 글쓰기: 나혜석의 「구미만유기(歐美漫遊記)」를 사례로〉, 441쪽; 신지영, 〈여행과 공간의 성의 정치학을 통해서 본 나혜석의 풍경화〉, 82쪽; 장원, 〈나혜석의 유럽여행 전후의 양식 변화 연구: 후기인상주의의 영향 관계를 중심으로〉, 《현대미술사연구》 47, 2020, 95쪽.

99 윤범모, 〈나혜석 미술세계의 연구쟁점과 과제〉, 《나혜석 연구》 1(1), 2012, 77쪽. 나혜석은 작품을 팔아 최소한의 생활비를 해결하였다.

으로 많이 남아 있는 것은 구미여행의 영향일 것이다. 무엇보다 〈스페인 국경〉은 경계에 대한 이국적 경험을 체험한 경계적 장소성에 대한 기억의 표현일 것이며, 〈스페인 해수욕장〉은 여름이면 반라의 모습으로 해변에 몰려드는 스페인 여름 해변의 개방성과 자유에 대한 관심이 담긴 작품으로 사료된다. 또한 〈파리풍경〉과 〈불란서 마을 풍경〉은 여성 산책자의 시선으로 바라본 프랑스 파리에서의 일상을 담백하게 담아낸 풍경화로 볼 수 있다. 이들 작품은 나혜석이 남긴 또 하나의 문화적 관찰과 모빌리티의 기록이다. 국경을 넘는 여행은 공

| 그림 1 | 〈스페인 국경〉

나혜석, 1928, 23.5×33cm, 캔버스에 유채, 개인 소장

| 그림 2 | 〈스페인 해수욕장〉

나혜석, 1928, 32.5×43cm, 캔버스에 유채, 개인 소장

| 그림 3 | 〈파리풍경〉

나혜석, 1927~1928, 23.5×33cm, 캔버스에 유채, 개인 소장

| 그림 4 | 〈불란서 마을 풍경〉

나혜석, 1928, 45.5×30cm, 목판에 유채, 개인 소장

간적 경계뿐 아니라 문화적 경계를 넘게 한다. 자신의 사회에 대한 성찰은 문화적 비교에서 가능한데, 여행은 바로 이 비교적 성찰을 가능하게 하였고 이는 풍경화로 남았다. 여성 여행가로서의 나혜석과 서구 풍경화의 여성주의적 함의를 간과할 수 없는 이유이다.

무엇보다 파리는 그에게 특별한 장소성이 있는 곳이다. 파리는 화가였던 그에게 구미여행의 목적지이자 미술 공부에 더 몰입하게 한 중심지였다. 그는 여행기에서 파리를 '화려한 파리, 음침한 파리'로 표현하면서도, "오래오래 두고 보아야"하는 곳으로,[100] 그리고 "몽마르트르 … 조금도 비열함이 없고, 미술적 감흥이 있어 유쾌"한 곳으로 묘사하며 장소애를 나타내었다.[101] 그리고 이러한 감정은 작품으로 남았다. 나혜석은 파리에서의 일상 탐구를 샬레 부부로 한정하지 않고 서구의 섹슈얼리티에 대한 관심과 성생활로 관찰을 이어 나갔다. 파리의 물랑루즈Moulin Rouge 방문은 그 예이다. "나체의 여자 하나가 은색과 청록색 의상을 입고 뛰어나와 경쾌하게 춤을 추고, 날개옷을 두르고 붉은 새털을 머리에 꽂고 금색 구슬을 번쩍이는 여신 군상들이 좌우 2인씩 엉덩이를 흔들며 노래 부르면서 나온다. 중앙의 여신은 타조털을 휘두르며 근육적이고 진기한 예술적인 춤을 춘다. 나는 이 그리스식 육체미에 취하지 않을 수 없었으며 … 눈이 가지 않을 수 없었다"라는 그의 소회는 〈무희〉라는 작품으로도 대변된다(그림 5).[102] 이 작품은 파리 여성이 자유로운 삶과 유희를 반영하고 있는 것으로 서구의 개방

---

100   나혜석,《조선 여성 첫 세계 일주기》, 79쪽.
101   나혜석,《조선 여성 첫 세계 일주기》, 85쪽.
102   나혜석 ,《조선 여성 첫 세계 일주기》, 83쪽.

| 그림 5 | 〈무희〉 | 그림 6 | 〈정원〉

나혜석, 1927~1928, 41×32cm, 캔버스에 유채, 국립현대미술관　나혜석, 1931, 도판, 12회 '조선미술전람회 특선', 미상

적 성적 태도에 대한 관찰이며, 그 자체로 젠더적 모빌리티의 한 결과물로 해석할 수 있다.[103] 한편, 1931년 조선미술전람회 특선작으로 선정된 〈정원〉은 나혜석이 파리 체재 중 방문하였던 클뤼니 박물관의 정원을 그린 것으로, 아치형 입구를 클로즈업해 그린 부분도이다.[104] 실제로 나혜석은 "내가 머물고 있던 호텔 근처에 담 한쪽만 남고 기와지붕 한 귀퉁이만 남은 천 년 전 건물 궁전이 있다. 클뤼니 박물관이다. 이곳에는 주로 13세기 유물을 진열해 놓았는데 … 유명한 것은 '여자 허리띠'이니, 이것은 여자 음문에 자물쇠를 끼우는 정조대이다. 전시

103　김이순 · 이혜원, 〈여행, 여성화가의 새로운 길찾기 – 나혜석, 박래현, 천경자의 세계여행과 작품세계-〉, 《미술사학》 26, 2012, 407쪽.
104　김취정, 〈한국 근대화단과 나혜석 – 행만리로의 실천과 시대의 벽〉, 62쪽.

| 그림 7 | 〈자화상〉

나혜석, 1928, 60×48cm, 캔버스에 유채, 수
원시립 아이파크미술관

에 남자가 출전한 후 여자의 품행
이 부정하므로, 전쟁에 나갈 때 열
쇠를 잠그고 간다"라는 글을 남겼
다.[105] 이 작품에 대해 많은 연구자
들은 '클뤼니 박물관의 석문은 여
성의 음문을 상징하며, 중앙의 십
자형 기둥과 보는 기독교라는 중
세적 가부장적 이데올로기 아래에
서 여성에게 강요되었던 성적 통
제를 표상하므로, 전체적으로 보았
을 때 십자가형의 정조대 형상'으
로 해석하기도 한다(그림 6).[106] 이러한 젠더적 해석은 참다운 여성성
을 깨달았던 파리 여행 시기에 대한 자기합리화적 회고로 이해될 수
있을 것이며, 또한 기존의 고정관념을 깨뜨리며 경관을 예술로 해방
시켰다는 점에서 모빌리티의 전복으로도 볼 수 있다.[107] 한편, 나혜석
은 근대 조선여성화가 중 유일하게 양장을 한 자신의 자화상을 남기
기도 했다(그림 7).[108]

---

105 나혜석, 《조선 여성 첫 세계 일주기》, 90쪽; 〈특선작 '정원'은 구주 여행의 선물〉, 《동아
      일보》, 1931년 6월 3일자.
106 박계리, 〈나혜석의 회화와 페미니즘―풍경화를 중심으로〉, 《제7회 나혜석 바로알기 심
      포지엄 자료집》, 2004, 65~86쪽; 윤범모, 〈나혜석 미술세계의 연구쟁점과 과제〉, 《나혜
      석 연구》 1(1), 2012, 51~82쪽; 최정아, 〈나혜석 문학과 미술에 나타난 인상주의적 경
      향 고찰〉, 《한중인문학연구》 30, 2010, 117~143쪽.
107 박재연, 《미술, 엔진을 달다: 미술 속 모빌리티의 다양한 감각》, 앨피, 2021, 91쪽.
108 김영경, 〈나혜석의 '구미여행기 연구〉, 46쪽.

구미여행을 통한 모빌리티 경험은 그의 작품에 큰 영향을 미쳤고, 화가로서 그의 이력에도 큰 영향을 주었음을 알 수 있다. 나혜석이 그린 만주, 파리, 스페인 등이 장소애가 담긴 공간으로서 이국적인 풍경화로 남은 것은 그 증거이다. 그런 의미에서 나혜석은 적극적인 여성 산책자로서 서구 지향적이면서도 부르주아적인 인상주의로 경관을 재현하였다고 할 수 있다.[109] 정리하자면 이렇다. 당시의 여성이 여행은 고사하고 거리를 나다니는 문밖 출입도 어려웠음을 고려한다면, 그가 이미 여성 산책자로서 국경을 넘는 여행 모빌리티를 통해 공간적 경계와 문화적 경계를 아우르는 관찰과 기록으로 각각의 장소들을 인상주의적 풍경화와 경관으로 재현한 것은 젠더 모빌리티의 실천으로 볼 수 있다. 또한 프랑스 · 스페인 등 서구 지역에 대한 묘사를 일관되게 풍경화로 남긴 것은 조선 사회의 억압적 상황에 대한 반항적이고도 내재적인 표현 방식으로서, 이 역시 구미여행의 영향 및 모빌리티의 과정으로 이해될 수 있을 것이다.

여행·교통·젠더 모빌리티를 반영한 나혜석의 구미여행기 해석에 대한 가능성과 한계

이 글은 한국 여성 최초로 1년 8개월 23일 동안 이루어진 나혜석의 구미여행기를 모빌리티 이론과 접목하였다. 이를 위해 여행 모빌리티

109　신지영, 〈여행과 공간의 성의 정치학을 통해서 본 나혜석의 풍경화〉, 96쪽.

의 실현 공간이자 지리적 재현의 공간으로 나타나는 나혜석 여행기의 텍스트와 그의 회화를 대상으로, 여행과 교통 모빌리티, 젠더 모빌리티, 풍경화 속 재현경관의 모빌리티 등 다각적 시각에서 분류를 시도함으로써 모빌리티 이론에의 해석을 진행하였다. 이를 통해 얻은 결론은 다음과 같다.

첫째, 여행과 교통수단 및 경계적 감각 모빌리티의 관점에서, 나혜석의 구미여행기는 다양한 교통수단, 특히 기차와 증기선을 통해 서구적 삶을 경험하게 해 주는 공간이자 근대 문명의 교육장으로서 관광객의 시선을 재확인하는 공간으로 묘사된다. 그리고 이들 교통수단의 역과 객실이라는 사이공간은 일종의 모빌리티 공간으로서 이동과 흐름으로 끊임없이 이어지는 연결공간이라는 점을 보여 준다. 무엇보다 역과 객실에서 이루어지는 기동 관람시각으로 경관이 묘사되고 있다는 점, 승객 간 평등하고 자유로운 상호 교류가 이루어지고 있다는 점 등은 이들 사이공간이 문화적이고도 사회적인 모빌리티 공간으로 변화하고 있음을 보여 준다. 또한 국경과 국경을 통과할 때 이루어지는 교통수단과 여에서의 경계성 경험은 경유시의 지역 간 차이로 표현되고 있는데, 철도역과 환승 구간에서의 풍경, 승무원의 복장, 업무 방식 등이 장소적 차이로서 발현되고 있음은 흥미롭다. 또한 관문적 위치를 지닌 지역이나 대도시에 대한 높은 관심이 이들 지역에 대한 친절한 설명으로 이어지고 있음도 간과할 수 없다.

둘째, 경험과 일상을 통해 나타나는 젠더 모빌리티의 측면으로서, 나혜석은 서구 지역의 근대와 진보를 직접 확인하고, 조선의 봉건적이고 낙후한 현실에 대해 좌절하는 모습들을 보이고 있다는 점이다. 특히 그는 도시의 낭만적 연애와 자유로운 여성의 삶을 경험하고 이를 부러움으로 표현하며 젠더에 대한 자각과 함께 젠더적 모빌리티가 이루어지는 계기를 형성한다.

마지막으로, 모빌리티 경험이 반영된 나혜석의 풍경화 속 재현경관이 주는 의미를 살펴보았다. 당시 여성은 외출조차 자유롭게 허용되지 못한 시기였음을 고려한다면, 이미 여성으로서 그가 국경을 넘는 여행 모빌리티를 통해 공간적 경계뿐 아니라 문화적 경계를 넘어 관찰과 기록을 일구어 냈다는 점은 놀라울 만하다. 또한 세계의 여러 도시를 여행하며 지역을 단순한 배경이나 이미지로서가 아니라 자신의 젠더적 정체성을 형성하고 변모시키는 동인으로 적용하는, 당시 흔치 않았던 여성 산책자로서, 정물화나 인물화가 아닌 풍경화를 통해 장소를 인상주의적으로 표현하여 재현경관으로 반영하였음을 살펴보았다.

그간의 나혜석에 관한 연구가 신여성, 근대적 지식인, 남성중심적 시대의 희생자라는 측면에 치우쳐 있었음을 감안하면, 이 글은 교통과 사이공간에서의 행태와 묘사, 여행이 주는 장소성, 젠더, 회화 속 재현경관 등의 측면을 모빌리티와 연계하여 다양한 시선으로 해석한 시도로서 차별성을 지닐 수 있다. 즉, 이 글은 나혜석의 구미여행기가 모빌리티 접근으로서 해석의 여지가 있음을 보여 준다. 그럼에도 불구하고 나혜석의 구미여행이 근대적 지식과 교양을 겸비한 엘리트, 부르주아계급의 특징으로 가능한 것이었으니, 역으로 이 계급적 특성을 제외하고 논하기가 어렵다는 점에서 다소 편협할 수밖에 없음은 한계로 남는다.

참고문헌

나혜석,《조선 여성 첫 세계 일주기》, 가갸날 편집부 옮김, 가갸날, 2018.

밀란 쿤데라,《소설의 기술》, 권오룡 옮김, 민음사, 2008. (Milan Kundera, *L'art du Roman*, Paris: Gallimard, 1986.)

박재연,《미술, 엔진을 달다: 미술 속 모빌리티의 다양한 감각》, 앨피, 2021.

박천홍,《매혹의 질주, 근대의 횡단: 철도로 돌아본 근대의 풍경》, 산처럼, 2003.

스티븐 컨,《시간과 공간의 문화사 1880-1918》, 박성관 옮김, 휴머니스트, 2006. (Stephen Kern, *The Culture of Time and Space 1880-1918*, Massachusetts: Harvard University Press, 1983.)

이매뉴얼 월러스틴,《역사적 자본주의/자본주의 문명》, 나종일 외 옮김, 창비, 2014. (Immanuel Wallerstein, *Historical capitalism with Capitalist civilization*, London: Verso, 1995.)

이희상,《존 어리, 모빌리티》, 커뮤니케이션북스, 2016.

짐멜,《짐멜의 모더니티 읽기》, 김덕영 · 윤미애 옮김, 새물결, 2005. (Georg Simmel, *Die Grosstädte und das Geistesleben*, Dresden: Petermann, 1903.)

최병택 · 예지숙,《경성리포트》, 시공사, 2009.

고민경,〈모빌리티를 통해 본 이주자 밀집지역의 역동성 탐구 – 대림동 중국국적 이주자 밀집지역을 사례로 – 〉,《문화역사지리》31 (3), 2019, 155~171쪽.

곽승미,〈세계의 위계화와 식민지주민의 자기응시: 1920년대 박승철의 해외기행문〉,《한국문화연구》11, 2006, 245~275쪽.

김경민,〈근대 여성 여행자의 글쓰기 – 나혜석과 비숍의 여행기 – 〉,《어문론총》87, 2021, 211~236쪽.

김영경,〈나혜석의 '구미여행기 연구〉,《이화어문논집》33, 2014, 27~52쪽.

김이순 · 이혜원,〈여행, 여성화가의 새로운 길찾기 – 나혜석, 박래현, 천경자의 세계여행과 작품세계 – 〉,《미술사학》26, 2012, 399~427쪽.

김취정,〈한국 근대화단과 나혜석 – 행만리로의 실천과 시대의 벽〉,《나혜석연구》9,

2016, 39~74쪽.

김형목, 〈나혜석 스캔들 진상과 언론통제〉, 《나혜석연구》6, 2015, 7~45쪽.

나혜석, 〈新生活에 들면서〉, 《삼천리》7(1), 1935, 70~81쪽.

나혜석, 〈아아, 自由의 巴里가 그리워〉, 《삼천리》4(1), 1932, 43~46쪽.

나혜석, 〈離婚告白狀〉, 《삼천리》6(8), 1934a, 8~9쪽.

나혜석, 〈太平洋건너서〉, 《삼천리》6(9), 1934b, 162~169쪽.

류시현, 〈근대 조선 지식인의 세계여행과 동서양에 관한 경계 의식〉, 《아시아문화연구》29, 2013, 61~85쪽.

박계리, 〈나혜석의 회화와 페미니즘-풍경화를 중심으로〉, 《제7회 나혜석 바로알기 심포지엄 자료집》, 2004, 65~86쪽.

박배균, 〈장소마케팅과 장소의 영역화: 본질주의적 장소관에 대한 비판을 중심으로〉, 《한국경제지리학회지》13(3), 2010, 498~513쪽.

박준홍·백지혜·이지나·정희선, 〈코로나19 집단감염 사례를 통해 본 소수자에 대한 사회공간적 배제: 이태원 클럽 감염을 중심으로〉, 《국토지리학회지》55(2), 2021, 137~154쪽.

백일순·정현주·홍승표, 〈모빌리티스 패러다임으로 본 개성공간: 새로운 모빌리티스 시스템으로서 개성공업지구 통근버스가 만들어 낸 사회-공간〉, 《대한지리학회지》55(5), 2020, 521~540쪽.

손유경, 〈나혜석의 구미 만유기에 나타난 여성 산책자의 시선과 지리적 상상력〉, 《민족문학사연구》36(36), 2008, 170~203쪽.

손유경, 〈식민지 지식인의 지리적 상상력과 문화정체성-나혜석의 구미 만유기를 중심으로-〉, 《한국현대문학회 학술발표회자료집》, 2007, 42~51쪽.

손지연, 〈나혜석의 구미(歐美) 여행기를 통해 본 서구, 아시아, 그리고 여성〉, 《나혜석연구》4, 2014, 42~69쪽.

신지영, 〈여행과 공간의 성의 정치학을 통해서 본 나혜석의 풍경화〉, 《여성과 역사》11, 2008, 75~104쪽.

오정준, 〈관광객-모빌리티기계의 기동 관람시각: 서울 시티투어버스의 파노라마 코스를 중심으로〉, 《한국도시지리학회지》22(3), 2019, 83~96쪽.

우연희, 〈여행 텍스트와 모빌리티-오오카 쇼헤이의 여행기에 그려진 유럽, 코르시카-〉, 《日本語文學》83, 2019, 219~238쪽.

윤범모, 〈나혜석 미술세계의 연구쟁점과 과제〉, 《나혜석 연구》1(1), 2012, 51~82쪽.

윤신희 · 노시학, 〈새로운 모빌리티스 개념에 관한 이론적 고찰〉, 《국토지리학회지》 49(4), 2015, 491~503쪽.

이용균, 〈모빌리티의 구성과 실천에 대한 지리학적 탐색〉, 《한국도시지리학회지》 18(3), 2015, 147~159쪽.

이용균, 〈사회발전을 위한 모빌리티와 커먼즈의 가치 탐색: 모바일 커먼즈로의 결합을 강조하여〉, 《한국도시지리학회지》 24(3), 2021, 1~17쪽.

이용창, 〈나혜석과 최린, 파리의 '자유인'〉, 《나혜석연구》 2, 2013, 74~111쪽.

임정연, 〈'파리'의 장소기억을 통해 본 나혜석의 여행자 정체성과 구미여행의 함의〉, 《국제어문》 86, 2020, 559~583쪽.

장원, 〈나혜석의 유럽여행 전후의 양식 변화 연구: 후기인상주의의 영향 관계를 중심으로〉, 《현대미술사연구》 47, 2020, 91~117쪽.

정수열 · 정연형, 〈국내 북한이탈주민의 모빌리티 역량과 이주 실천〉, 《대한지리학회지》 56(6), 2021, 567~584쪽.

정은혜, 〈모빌리티 렌즈로 바라본 최부의 「표해록」〉, 《인문학연구》 42, 2020, 449~481쪽.

정은혜, 〈여성성을 반영하는 공간에 대한 고찰: Strindberg의 『Fröken Julie』(1888)를 사례로〉, 《한국도시지리학회지》 20(1), 2017, 143~155쪽.

정현주, 〈이주, 젠더, 스케일: 페미니스트 이주연구의 새로운 지형과 쟁점〉, 《대한지리학회지》 43(6), 2008, 894~913쪽.

정희선 · 김희순, 〈한국 근 · 현대 구상회화에 나타난 재현경관의 탐색 I · 서운이 공간 표상을 중심으로〉, 《한국도시지리학회지》 14(3), 2011, 159~175쪽.

정희선 · 김희순, 〈한국 근 · 현대 구상회화에 나타난 재현경관의 탐색 II: 도시민의 일상생활에 반영된 근대화 과정을 중심으로〉, 《한국도시지리학회지》 15(2), 2012, 117~135쪽.

최정아, 〈나혜석 문학과 미술에 나타난 인상주의적 경향 고찰〉, 《한중인문학연구》 30, 2010, 117~143쪽.

한지은, 〈식민지 조선 여성의 해외여행과 글쓰기: 나혜석의 「구미만유기(歐美漫遊記)」를 사례로〉, 《한국지리학회지》 8(3), 2019a, 429~447쪽.

한지은, 〈익숙한 관광과 낯선 여행의 길잡이 – 서구의 여행안내서와 여행(관광)의 변화를 중심으로 –〉, 《문화역사지리》 31(2), 2019b, 42~59쪽.

B. Skeggs, *Class, self, Culture*, London: Routledge, 2004.

D. Massey, *Space, place, and gender*, Minneapolis: University of Minnesota Press, 1994.

G. Pollock, *Vision and Difference*, London & New York: Routeledge, 1998.

G. Rose, *Feminism and Geography: The Limits of Geographical Knowledge*, Cambridge: Polity Press, 1993.

H. Lefebvre, *The Production of Space*, Oxford: Blackwell, 1991.

J. Urry, *Mobilities*, Cambridge: Polity Press, 2007.

J. Urry, *Tourist Gaze*, London: SAGE, 2002.

L. P. Deborah, *Streetwalking the metropolis: women, the city, and modernity*, Oxford: Oxford University Press, 2003.

M. Sheller, *Mobility Justice*, London: Verso, 2018.

T. Cresswell, *Place: A Short Introduction*, Malden, MA: Blackwell, 2004.

W. Schivelbusch, *The railway journey: Trans and travel in the nineteenth century*, Oxford: Blackwell, 1986.

Yi-fu Tuan, *Place, Art, and Self: Center for American Places*, New Mexico: Santa Fe, 2004.

D. Massey, "A Global sense of place" in *The Cultural Geography Reader*, ed., T. Oakes and L. Price, London: Routledge, p. 165, as cited in Sawchuk, "Impaired," 2008, p. 411.

J. Larsen and J. Urry, "Gazing and performing," *Environment and Planning D: Society and Space* 29(6), 2011, pp. 1110-1125.

J. Urry, "Connections," *Environment and Planning D: Society and Space* 22(1), 2004, pp. 27-37.

K. Boyer, R. Mayes, B. Pini, "Narrations and Practices of Mobility and Immobility in the Maintenance of Gender Dualisms," *Mobilities* 12(6), 2017, pp. 847-860.

K. Gergen, "The Challenge Of Absent Presence," *Perpetual Contact: Mobile Communication, Private Talk, Public Performance*, 2002, pp. 227-241.

L. Malkki, "National geographic: the rooting of peoples and the territorialization of national identity among scholars and refugees," *Cultural Anthropology* 7(1), 1992, pp. 24-44.

M. P. Kwan and T. Schwanen, "Geographies of mobility," *Annals of the American Association of Geographers* 106(2), 2016, pp. 243-256.

M. Sheller and J. Urry, "The new mobilities paradigm," *Environment and Planning A* 38(2), 2006, pp. 207-226.

S. Subramanian, "Embodying the space between: Unmapping writing about racialised and gendered mobilities" in T. P. Uteng and T. Cresswell(eds.), *Gendered Mobilities*, 2008, pp. 35-46.

〈구미 만유하고 온 여류화가 나혜석 씨와 문답기〉,《별건곤》, 1929년 8월 1일자.

〈나혜석 여사 세계 漫遊〉,《조선일보》, 1927년 6월 21일자.

〈鮮直通列車〉,《매일일보》, 1912년 6월 1일자.

〈특선작 '정원'은 구주 여행의 선물〉,《동아일보》, 1931년 6월 3일자.

의학교육의 이동과 변용

: 근대 일본 의사 집단의 식민지 진출과
한국 의학교육

| 서기재 |

이 글은《日本語教育》103호(2023.3)에 실린 원고를 수정 및 보완하여 재수록한 것
이다.

들어가며

일본은 식민지 경영에 있어 의료와 위생사업의 제도화에 심혈을 기울였다.[1] 서양의학을 접한 후 꾸준하게 그 세력을 확보하고 확장해 갔던 일본 의료계는 메이지유신 이후 독일식 서양의학 체제를 본격적으로 도입함으로써 근대적 출발을 알렸다. 그러나 이전부터 동양의학 본위였던 의료계가 그 체제와 구성을 서양의학 중심으로 탈바꿈하는 데에는 적지 않은 내부 갈등이 수반될 수밖에 없었다. 의학 수학자들의 층위도 다양하여, 메이지 시기 일본 의료계에는 차별적인 의사 계급이 존재하고 있었다. 이 중 식민지 조선에 진출하여 영향력을 발휘한 이들은 상류 의사, 즉 제국대학 및 의학전문학교 출신의 엘리트 의사들이었다. 1876년 조일수호조규 이후 이미 많은 일본 의사가 한국에 건너와 삶의 터전을 마련하고 있었지만, 통감부 설치 이후에는 일제와 정치적 성향과 결을 같이했던 엘리트 의사들이 한국으로 이동하여 의료 및 교육사업을 담당했다. 이들은 국가적 목표와 영합하는 노선을 취하면서도 개인적인 욕망을 실현하는 주체이기도 했다.

---

[1] 개항 이후 일본이 한국에서 실시한 의료사업 및 관련 교육사업이 한국 침략 과정과 궤를 같이하거나 그것을 견인하는 측면을 갖고 전개되었다는 점(이규수, 2018)은 명백하다. 이러한 견해 하에서 신동원·황상익(1996)의 근대 보건의료 성립에 관한 연구를 비롯하여, 기창덕(1995)은《韓國近代醫學敎育史》를 통해 한국 근대의학 도입 초기부터 해방에 이르기까지 의학교육에 관해 면밀하게 검토했다. 그리고 박윤재(2004)는 일제 초기 한국에서의 의학교육 체계 형성 과정과 그 속에서 배출된 의사들의 성격에 대해 탐구했다. 또한 이지마 와타루飯島渉(2008)는 식민지 근대성을 밝히는 측면에서 당시의 위생사업에 대해 고찰하고 있다.

이 글에서는 이러한 일제강점기 관-주도적인 의료기관 및 학교 건설 과정에서, 식민지의학 체계 마련에 가담한 의사단체나 개인들의 활동이 한국 근대의학 시스템에 어떻게 관여하고 변형을 이루며 근대 한국인과 접촉해 갔는지 살펴본다. 특히 개항기와 일제 초기에 활약했던 의사단체인 동인회同仁會 및 일본의 식민지의학 전개 과정에서 한국에 정착한 의학교육계 인물인 사토 고조佐藤剛藏와 그의 기록을 중심으로 고찰한다. 이를 통해 한국 근대의학 성립 과정에서 발생했던 국가 정책과 개인(제국 실현의 정치적 주체—재조일본인—일본(한국) 의학생 등)의 욕망 사이에서 벌어진 다양한 현상들에 대해 살펴본다.

일본 제국대학 출신 의사들과 식민지 관립병원 구축

일본에 서양의학이 전해지기 시작한 시점은 16세기 중반 포르투갈 의사들을 통해서이다. 그리고 도쿠가와德川막부의 쇄국 이후에는 나가사키長崎에 네덜란드 상관의商館醫로 부임한 의사들에 의해 외과학을 중심으로 일본 곳곳에서 난학蘭學 · 난학숙蘭学塾 · 난방의蘭方醫 등을 매개로 소개되었다. 한편 일본에 본격적인 서양 근대 의학교육이 도입된 것은 1854년 미일화친조약에 의해 시모다下田 · 하코다테函館를 개항하고 나서부터이다. 이는 국가 방위를 위한 막부의 해군 양성 기획 속에서, 막부에서 공식 초청한 네덜란드 의사 폼페Johannes Pompe가 1857년 처음으로 유럽에서 행해지는 기초 임상 과정을 체계적으로 학습하는 전 과정 5년의 교육과 임상실습을 한 것에서 출발한다.[2] 메이지유신 이후, 독일식 의학교육을 채용한 일본 정부는 독일의 군의軍醫 양성 시스템을 제국대학에 도입하여 의학생을 양성했고, 의학생들은 네덜란드나 독일 등으로 유학하여 서양의학을 적극적으로 수용했다. 이들이 귀국한 후에는 제국대학 교수로 임명되어 일본에 근대 의학교육 시스템을 정착시켰다.

이러한 근대 일본 의사 사회에는 상·중·하류의 계급이 존재했다. 하류 의사인 '의술개업시험' 합격자(학력이나 신분은 낮음)는 면허를 취득한 후 군의, 생명보험회사 촉탁의, 부현府縣 위생과 그 외 개업의 원이나 사립병원 등을 전전하다 개업하기도 했지만 시험 합격 후 바로 개업하는 사람도 적지 않았다. 중류 의사인 의학교 졸업자는 모교 부속병원이나 학교 소재 부현의 공립병원에서 수년간 연수를 하든가 대학 근무 혹은 연구를 한 뒤 교직에 남거나 개업하기도 했다. 상류에 해당하는 의학사 등의 제국대학 졸업자는 젊은 시절 개업하는 사람은 드물고, 모교의 부수副手·조수助手로 남아 수련을 한 다음 각지의 공립병원 원장, 부원장 또는 의학교 교편을 잡았다.[3]

이러한 구조는 결국 개업의 집단과 제국대파 집단의 헤게모니 경쟁을 낳았고, 대학교수나 군의에서부터 지역 개업의에 이르기까지 다양한 입장의 의사들 사이에서 의사 신분을 둘러싼 논의가 이어졌다. 마침내 1906년 「의사법」이 성립하여, 이 법에 따라 의사면허를 내무

---

2 新村拓,《日本医療史》, 吉川弘文館, 2006, p. 198.

3 橋本鉱市,〈医者の量と質をめぐる政治過程〉, 望田幸男他編,《身体と医療の教育社会史》, 昭和堂, 2003, p. 122.

대신이 발급하게 되었는데, 그 대상은 다음과 같다.

① 제국대학 의과대학 의학과, 관립·공립 혹은 문부대신이 지정한 사립 의학전문학교를 졸업한 사람. (이러한 사람인 경우 무시험으로 의사 자격이 주어졌다. 하지만 1946년부터는 이들에게도 의사국가시험을 의무화했다)
② 의사시험 합격자. (수험 자격으로 중학교 혹은 수업연한 4년 이상의 고등여학교 졸업자이든가 이것과 동등한 학력을 가진 자로 의학전문학교를 졸업한 자 혹은 외국 의학교에서 4년 이상 의학 과정을 수료한 자로 되어 있다)
③ 외국 의학교 졸업자 혹은 외국에서 의사면허를 취득한 자로, 일정 조건을 충족한 자.[4]

이렇게 하여 제국대학 출신 의사들은 일본 전국 주요 도시의 대학병원, 공립병원의 수장으로서 그 영향력을 확대해 갔다. 이들은 인구수가 많은 도심이라는 입지 조건과 병원 규모, 환자 수, 연구 환경 등이 잘 갖춰진 시스템 덕분에 좋은 조건 속에서 의료 활동, 연구 활동, 제자 육성을 할 수 있었다. 특히 인용에서도 알 수 있듯이 의과대학은 무시험으로 학생들에게 의사면허를 발급할 수 있었기에, 대학 근무 의사들은 학생들에게 있어 특권적 위치에 있는 인물들이기도 했다.

한편 한국에서의 근대적 의학교육은 일찍이 1886년 알렌Horace Newton Allen 등에 의해 관립의학교(제중원)가 창설되었지만, 청일전쟁 승리와 갑오개혁 등으로 한국 내 영향력을 확대해 갔던 일본에 의해

---

4 新村拓,《在宅死の時代》, 法政大学出版局, 2012, p. 36

서양의학 본위, 제국대학 중심 체계를 갖춘 근대 의학교육이 이뤄지게 되었다.[5] 한국 관립 근대 의학교육은 1899년 〈의학교 관제〉 공포로 이루어졌는데, 이 관립의학교는 지석영(교장)과 한국인 교관들이 맡았다. 이후 개교 6개월 뒤인 1900년 4월, 도쿄 자혜의원 의학교를 졸업(1899)한 김익남이 교관으로 부임했다. 그는 1895년 친일 개혁 정부가 일본의 게이오의숙慶應義塾으로 파견한 관비유학생 중 한 사람이다.[6] 당시 의학교에서는 한국어로 된 의학용어와 학과 과정이 없었기에 김익남은 일본 의학용어를 사용하여 학생들을 가르쳤고, 일본인 교사들은 통역을 붙여 수업했다. 이 의학교를 졸업한 의사들은 대개 의학교 교관으로 임명되어 임상 경험을 하고 군의관으로 보직되었다.[7]

이 관립의학교는 결국 일본의 간섭 속에서 관립병원 등과 통합되어 대한의원 교육부(후에 대한의원 부속의학교)로 재편되었다. 1910년 2월 대한의원 부속의학교 규칙을 보면 의학과 4년, 약학과 3년, 산파과와 간호과는 2년 과정이며, 의학과 1학년 정원은 50명으로 규정하고 있다. 의학과 출신은 의학진사醫學進士의 칭호를 받았고, 졸업 후 3년의 관련 업계 의무복무 기간을 거쳐야 했으며, 이들은 한국에서만 근무 및 개업할 수 있었다.[8]

한편 일본에서 전문학교를 규정하는 법규가 1903년에 제정된 이

5 渡辺学, 〈JSケールの〈朝鮮印象記〉—十九世紀末朝鮮教育の実情〉, 《朝鮮学報》 V.7, 朝鮮学会, pp. 175-176.

6 박찬승, 〈1890년대 후반 관비유학생의 도일유학〉, 《한일공동연구총서》, 고려대학교 아세아문제연구소, 2000, 107쪽.

7 奇昌德, 《韓國近代醫學教育史》, 아카데미아, 1995, 51~52쪽.

8 奇昌德, 《韓國近代醫學教育史》, 56~58쪽.

후, 한국에서는 1916년 4월 조선총독부 전문학교 관제가 공포됨에 따라[9] 이에 근거해 1916년에 의학강습소는 조선총독부의원으로부터 독립한 경성의학전문학교(경성의전)로 재편되었다. 그러나 모체는 조선총독부의원이어서 경성의학전문학교 교장은 총독부의원 원장이 겸임하는 형태였다. 의학교 학생은 초기 경성의학전문학교 설치 시기를 제외하면 조선인보다 일본인 학생의 비율이 높았다.[10] 이러한 과정은 일제의 강점으로 인해 국가 운영 주체가 바뀐 식민지 시기 차별적 현상을 그대로 반영하고 있다. 의학교는 한국 학생을 위한 기관에서 일본 학생이 주류를 이루는 기관으로 변질하여 일본의 패전에 이르기까지 지속되었다. 일제에 의한 한국 관립 의료기관의 변천 과정을 간략하게 정리하면 〈표 1〉과 같다.[11]

| 표 1 | 한국 관립 의학교육기관 계보

대한제국기	1907년	1910년(일제 강점)	1926년
• 광제원 • 의학교 • 대한적십자사병원	대한의원	조선총독부의원 · 경성의학전문학교 (의학강습소→1916년 전문학교 승격)	• 경성제국대학 의학부 • 경성의학전문학교

---

9 通堂あゆみ,〈京城帝国大学医学部の植民地的特徴のために〉, 会議発表用資料,《帝国と高等教育—東アジアの文脈から—》42, 国際日本文化研究センター, 2013, p. 55.
10 松本麻人,〈日本統治下朝鮮における私学専門教育〉,《名古屋大学大学院教育発達科学研究科紀要(教育科学)》65(2), 名古屋大学大学院教育発達科学研究科, 2018, p. 31.
11 표는 通堂あゆみ의〈京城帝国大学医学部の植民地的特徴のために〉, p. 55.를 참고하여 작성하였다.

이 변화의 과정은 그리 평탄치 않았다. 일제 강점 이후 대한의원은 총독부의원으로 개칭되었고, 대한의원 의학교는 조선총독부의원 부속의학강습소가 되었다. 그리고 1911년 조선총독부는 〈조선교육령〉을 발포하여 조선에서의 교육 방침을 제시하고 조선 교육체제 개편에 착수했는데, 종전의 대한의원 부속의학교 약학과를 폐지하고 조선총독부의원 부속의학강습소로 재편했다. 입학 자격은 고등보통학교를 졸업한 자로 정했다. 이는 일본에 비해 수학 기간이 짧고, 일본 의학교보다 교육기관으로서 더 낮은 위치를 점하고 있었다.[12]

또한 대한의원에서 총독부의원으로 변화하는 과정에서 기존 직원을 전원 해임하고 새롭게 구성하려 했다. 이러한 조치는 일본인 폐관 직원들의 상당한 반발을 샀으며 불만을 지닌 직원들이 병원 본관 약국 뒷마당에 짚을 쌓아 놓고 불을 지르기도 했으나 의원이 벽돌 건물이라 큰 화재로 번지지는 않았다. 결국 조선인 소사 2인과 의관 중 내과, 소아과, 안과, 산부인과 부장만 빼고는 모두 폐관시켰다. 신설된 이비인후과, 피부·비뇨기과, 외과의 각 부장 및 약국장에는 현역 군의 또는 약제관이 새로 취임했다. 후지타藤田 원장 시기의 총독부의원은 정신병과 및 치과도 설치되었다.[13]

이러한 관립병원 설치는 병합 이전부터 한국에서 자리를 잡은 일본인 의료 관련 종사자나 개원의들에게는 생계를 위협하는 일이었다. 예를 들어 총독부의원은 대한의원 시대 때보다 긴축예산으로 운영해야 했기에, 환자 수를 늘리고자 다방면으로 노력했으며 그 실천 중 하

---

12 佐藤剛藏, 〈朝鮮医育史 – 前篇〉, 《朝鮮学報》 V.1, 朝鮮学会, 1951a, p. 297.

13 佐藤剛藏, 〈朝鮮医育史 – 中篇〉, 《朝鮮学報》 V.2, 朝鮮学会, 1951b, p. 192.

나로 종로에 새 전차선 설치를 논의했다. 이러한 조치에 기존 일본인 개업의는 상당한 불만을 제기했다. 하지만 개인 중심의 일본 의사들의 불만에도 불구하고, 국가를 등에 업은 의료기관은 식민지 내에서 막강한 세력을 얻어 갔다. 총독부의원은 발족 당시 1년 경상부 경비가 7만 엔 정도였는데, 점점 수입이 증가하여 하가芳賀(1914~) 원장부터 시가志賀(1920~) 원장 시대에 이르러서는 당초의 10배 이상인 연 70만 엔으로 늘어났다.[14]

관립병원 및 의학교 교장은 주로 일본의 제국대학 출신으로, 이들은 자신의 학교나 제자 인맥으로 한국 내 의학교 교수진을 구성했다. 교수 내에서도 각 출신 대학별로 봉급 수준에 차별이 있었고, 도쿄제국대 출신 의사들이 최고의 대우를 받았다. 제국대학 출신 엘리트 의사들은 일본에서도 기존 개업의들과는 다른 질 높은 의료와 의학교육의 주체로서 자신들을 구별하였고, 이들은 각 대학과 관립병원에서 지도적인 위치를 담당했으며, 이는 한국에서도 마찬가지였다. 제국대학 출신 의사들의 한국 진출은 이미 강점 이전부터 이루어지고 있었다. 그렇다면 강점 이전부터 진행되었던 일본 의료계의 한국 진출, 이것이 관-주도적인 시설 및 정책에 의해 일제와 영합해 가는 과정, 그리고 이 과정에서 드러나는 개인적 욕망에 대해서 살펴보자.

---

14 佐藤剛藏, 〈朝鮮医育史－中篇〉, p. 193.

일제 강점 초기 동인회의 역할과 의학교육의 개시

일본 정부는 한국에서의 군사적·경제적·문화적 지배권을 획득하기 위해 1876년 조일수호조규 성립 이후 일본인들의 한국 이민을 적극 장려했고, 일본인 개인들에게도 한국은 금전적 이익을 안겨다 줄 기회의 장소로 여겨졌다. 1877년 부산 제생濟生의원에 이어, 1880년 원산 생생生生의원, 1883년에는 한성(일본관의원)과 인천(일본의원)에 의원이 개설되어 일본인뿐만 아니라 조선인들도 치료했다. 이러한 병원 진료 사업은 공사관 및 영사관 운영 관비 지출의 20퍼센트를 차지할 정도로 중요한 항목 중 하나였다.[15] 처음 개항장을 중심으로 거주했던 일본인들이 점차 한국 내륙으로 진입하고, 청일전쟁 이후 잠시 주춤했던 이민이 1900년부터 1905년 사이에 급격하게 늘어나면서 소위 '한국 이민 붐'이 일어나자[16] 의료시설은 더욱더 필요하게 되었다. 이에 의료사업 분야에서도 한국은 기회의 땅이 되었고, 이를 선점한 단체가 엘리트 의사들로 구성된 동인회同仁會였다.

동인회는 일제 강점 이전부터 한국 의사 위생醫事衛生에 상당히 관여한 단체였다.[17] 동인회는 일본에서 1901년 고노에 아쓰마로近衛篤麿, 가타야마 구니카片山国嘉, 기타자토 시바사부로北里柴三郎, 기시다 긴코岸

---

15 이종찬,《동아시아 의학의 전통과 근대》, 문학과지성사, 2007, 267~268쪽.

16 高崎宗司,《植民地朝鮮の日本人》, 岩波書店, 2013, p. 47.

17 동인회에 대하여는 이승대(1989), 李忠浩(1995), 丁蕾(1998), 大里浩秋(2006) 등이 그 설립 목적과 한국에 설립한 의료기관, 경무 고문의 파견에 대해 논의하고 있다. 그리고 박윤재(2003)는 통감부의 의학 지배 정책과 동인회의 관련성에 주목하고 있다. 이 연구에서는 동인회가 한국에서 실시한 의료 활동의 특징에 주목하여 '한국 정부와의 연계', '철도 건설과 위생', '통감부 시기 의학교육'이라는 키워드를 가지고 살펴본다.

田吟香 등이 설립한 동아동문의회東亞同文醫會와 아세아의학회亞細亞醫學會
가 통합되어 1902년 설립되었다. 1904년 오쿠마 시게노부大隈重信가
2대 회장으로 선출된 이후 일본 전국에 지부가 설치되었다.[18]

　동인회가 중시한 활동 중 하나는 한국 및 중국의 의료 관계자 육성
이다. 1906년 2월 와세다早稲田대학 공간 일부를 빌려 의학·약학을
지망하는 중국인 유학생 교육을 목적으로 도쿄동인의약학교東京同仁醫
藥學校를 개설했으며,[19] 같은 해 이 학교의 부속 사업으로 간다神田에 청
한어학연구회淸韓語學硏究會를 마련하여 한국·중국 방면으로 파견을
희망하는 의사, 약사, 조산부, 간호사에게 한국어와 중국어를 가르치
기도 했다.[20] 한국어와 중국어를 배워 대륙 진출을 꾀할 정도로 일본
의료인들에게 대륙의 의료시장은 매력적이었다.

　이처럼 엘리트 의사 집단의 의료시장 확보에 대한 욕망은 일본 국
내에 머무르지 않았고, 이는 동아시아에 병원을 세우고 학교를 설립
하는 것으로 이어졌다. 동인회는 "아시아 여러 국가에 의학, 약학 및
이와 관련된 기술을 보급하여 민중의 건강을 부효히고 냉고를 구제
하는 것과 동시에 상호 교분을 돈독하게 하고 동양의 평화를 확보함
으로써 이 지역을 문명의 장으로 유도"[21]한다는 목표를 내세우며 동

18　이지마 와타루, 〈의료 위생사업의 제도화와 근대회〉, 최상집·하마니타 다케시 편, 《동
　　아시아와 한일교류》, 아인출판부, 2008, 241~242쪽.

19　이 학교는 1907년 우시고메牛込로 이전해, 그 규모를 확대해 권위 있는 석학을 강사로
　　초빙하여 매년 100명을 모집하고 일본 학생도 받아들였다. 게다가 같은 해 학교 부속
　　와세다 동인의원을 신축해 진료를 개시했다. 그러나 1911년 폐교됨에 따라 학생들은
　　지바千葉, 가나자와金沢 등의 의학전문학교로 옮겼다(大里浩秋, 〈同仁会と《同仁》〉, 《人
　　文学研究所報》 39, 神奈川大学人文学研究所, 2006, p. 49).

20　大里浩秋, 〈同仁会と《同仁》〉, p. 48.

21　穂坂唯一郎, 《同仁会四十年史》, 同仁会, 1943, p. 2.

아시아로 세력 확장을 꾀하였다. 동인회가 초기에 힘을 기울였던 것은 '의사 파견' 분야로, 중국으로는 해당 지역 거주 일본인들의 요청으로 의료인을 파견하거나 그곳의 의학교 교사가 되는 형태로 부임했다. 한국에서도 각 개항장 일본인 거주지의 병원장이나 의료진 대부분을 동인회가 추천했고, 이는 점차 일제의 식민 통치 기획 속에서 한국 국가기관과 연계되어 갔다.[22]

대륙 진출을 위한 조직적 의료진 구성에 힘을 기울였던 동인회가 한국 의사 위생의 전반적인 관리·교육을 맡게 된 것은 한국에서의 철도 건설과 밀접한 관련이 있다. 한국에서 경부철도 및 육군 임시철도 등의 기공과 함께 그 연선에 의사를 배치하였는데, 여기에 동인회 의사들이 파견되었던 것이다.《동인회 40년사》회고에는 다음과 같이 되어 있다.

본회는 조선에 일본의 의학을 부식扶植하는 한 방법으로 경부철도 기공 초기부터 그 연선에 배치할 의사를 추천하고 또 육군 임시철도 간부에 대해서도 마찬가지로 의사를 추천했다. 그리고 경성철도주식회사 총재 후루이치 고이古市公威 씨는 단순한 의사 추천 업무를 넘어 철도 위생 전반에 대한 사항을 동인회에 맡기고자 하는 의사를 표시했고, (중략) 후루이치가 통감부 철도관리국장에 임명됨에 따라 1906년 11월 철도관리

22　그 활동 영역이 점차 확장되어 방콕·싱가포르에도 파견하는 등, 1911년경에는 그 수가 329명에 달했다(大里浩秋, 同仁会と《同仁》, pp. 47-48). 동인회에서는 이러한 자신들의 활동을 "다른 여러 나라 정부에 의사 위생의 필요를 알리고 학교병원을 설립하게 하여 이것으로 우리나라 의사를 보내는 데 힘써 상당한 효과를 얻었다"라고 자찬하고 있다(穗坂唯一郎,《同仁会四十年史》, pp. 68-69).

국과 연계하여 전선의 촉탁의囑託醫를 경성에 모집하고 위생 시설 및 그 외 각원의 과거 경험과 앞으로의 바람을 듣고 의견을 모아 철도관리국에 제출했다. 이렇게 하여 1907년 3월 다시로田代 상임위원이 경성에 출장을 가서 당국과 협의한 결과 본회는 한국철도 전체의 의사 위생 및 이것의 정리 확장을 담당하고, 한국 정부는 정부가 배치하는 공의公醫와 같은 자격을 철도 촉탁의에게 부여하여 그 지방의 한일 양 국민의 공중위생까지도 담당하게 하는 계약을 맺었다.[23]

이처럼 동인회의 활동은 제국 건설의 가장 선봉에 있던 철도 건설과 궤를 같이한다. 특히 경성철도주식회사 총재 후루이치 고이의 신뢰를 바탕으로 철도가 뻗어 가는 지역, 즉 사람이 모여들고 왕성한 경제활동이 예측되는 요지에 철도의鉄道醫가 공의公醫[24]와 동일한 자격을 가지고 위생 담당관으로 배치되었다. 즉, 이들은 제국 건설 산업역군 (철도 건설 관련인들)의 진료뿐 아니라 거점지 주민의 의사醫事 위생에도 깊이 관여하는 중대한 역할을 담당했던 것이다. 이처럼 강점 이전부터 동인회는 국가기관과 함께 한국의 핵심적 지역을 거점으로 의

---

23 穂坂唯一郎,《同仁会四十年史》, p. 71.

24 이 공의 제도는 고토 신페이가 대만에서 활약하는 동안 그 기초를 닦았는데, 일제의 확장에 따라 관동주関東州, 조선, 기라후토樺太, 남양군도南洋群島로 이식되어 갔다. 공의는 1896년 6월 부부령 제8호「대만공의규칙台湾医規則」에 의해 총독부에서 매월 일정한 수당을 받고 대만의 주요 지역에 파견된 의사들이다. 이들은 담당 구역 내에서 아편에 관한 사항 외에도 상하수도의 청결 및 개량에 관한 사항, 종두 보급에 관한 사항, 전염병 예방에 관한 사항 및 학교 위생에 관한 사항 등에 관여하고, 위생 행정의 보조기관이 되었을 뿐 아니라 의료기관으로서의 임무도 담당했다. 공의는 담당 지역 내에서 개업해야 하는 의무 조항이 있어 일반인들에게 의료서비스를 제공했다. '전문적 기능'을 갖춘 공의는 그야말로 지방 위생 행정의 중핵이었다(後藤新平研究会《別冊 環28 後藤新平—衛生の道》, 藤原書店 2023: pp. 264-265, p. 270).

료사업을 확장해 갔다.

한편 동인회와 한국 정부의 관계는 한국의 경무고문의제도警務顧問醫制度에서 시작되었다. 경무고문의는 공의 혹은 경찰의警察醫에 해당하는데, 이 고문의의 추천을 동인회에서 담당했다. 1906년 봄 도쿄제국대 출신 사사키 요모시佐々木四方志는 동인회의 추천으로 한국에 건너와 경찰 업무의 중핵 기관인 제5과장이라는, 위생 관련 업무를 주재하는 핵심 지위에 취임했다.[25] 동인회는 도쿄대, 교토대 출신 의사들을 중심 회원으로 보유하고 있었기에 국가 사업과 연계되기 쉬웠고, 국가와 협력 관계를 유지하면서 대륙 의료사업을 추진해 갔다. 한국으로 파견되는 의사들은 부임에 앞서 일본에서 소정의 교육과 연수를 실시했는데, 그 내용을 보면 다음과 같다.

한국 정부는 1907년 고문경찰의 확대를 계획했는데, 그 청빙원 속에는 54명의 경찰고문의도 포함되어, 6월 그 인선을 본회가 위탁받았기에, 본회의 희망자를 모집하여 전형을 거쳐 7월 11일 우선 8명을 추천하여 8월 취임했다. 이어서 31명을 더 추천하여 9월 10일에 임명했는데, 부임에 앞서 본회는 단기 강습을 하고, 미시마三島 의학박사, 우미노海野 수의학박사 및 구라모토倉本 경시청 제3부장 강화를 듣고, 전염병연구소, 고마고메駒込병원, 닛포리日暮里화장장 요시와라吉原병원, 요도바시淀橋급수장, 도쿄감옥, 미와三輪도축장 등을 참관하고 9월 17일 본부로 초대하여 송별만찬회를 개최했다.[26]

25   佐藤剛藏, 〈朝鮮医育史-前篇〉, p. 281.
26   穗坂唯一郎, 《同仁会四十年史》, p. 73.

이처럼 선발된 의사들이 한국으로 가기 전 견학한 곳이 감염병 관련 시설, 성병 관리 시설, 동물의 사체나 시체 처리장, 감옥 등의 집단 시설인 것으로 보아 이들의 중점적인 임무가 환자 치료 외에도 파견지의 위생과 감염 관리였음을 알 수 있다.

그리고 동인회는 그 설립 목적에 따라 한국에서 의학교육 사업도 진행했다. 1906~1907년 대구와 평양에 설립된 공립 동인의원의 모습을 통해 그것을 알 수 있다. 우선 대구 동인의원을 보면, 부원장이자 실질적 경영을 맡았던 후지나와 분준藤繩文順이 그 개설 배경에 대해 다음과 같이 설명한다.

1904년 1월 부산 경성 간의 경부선철도 속성 공사가 요구되어 영동역을 경계로 남북 두 군데로 나누어 공사에 착수했다. 경부선 공사 중 잔혹한 더위가 찾아왔는데, 밤낮없이 공사가 이루어진 탓에 철도원은 물론 공사 청부인인 일본인은 대부분 병에 걸리고 말았다. 이들은 말라리아, 이질赤痢, 장티푸스, 파라티푸스(당시 조선식으로 표기함), 천연두, 발진티푸스, 소화기병에 걸려, 의료진은 때로는 도보로, 혹은 건설 열차에 편승해서 동분서주하며 치료에 힘썼다. 이러한 당시 동인회 파견의의 노력을 인정받아 대구 동인의원 건축비로 경부철도주식회사로부터 5천 엔의 기부를 약속받았다. 1905년 가타야마片山 동인회 부회장이 대구를 방문하여 조신 의사 양성의 급무를 선전하여 조선인, 일본인 모두 대구 동인의원 설립을 청원하기에 이른다. 1906년 대구 동인회 부지를 선정하고, 바로 신축공사에 착수하여 같은 해 12월 낙성, 1907년 1월 개원했다.[27]

27   佐藤剛藏, 〈朝鮮医育史 - 前篇〉, pp. 287-288에서 재인용.

이와 같은 의사들의 필사적인 의료 활동의 대가로 동인회에서는 철도회사로부터 거점병원 설립을 위한 자금을 약속받았던 것이다. 이렇게 하여 대구 동인의원 설립과 동시에 의학교육 시설도 마련되었다. 한편 서울을 중심으로 대구와 대칭적 위치에 있던 평양은 늘 대구와 경쟁 관계에 있었고, 이에 평양 공립동인병원도 1906년 8월 5일에 창설을 결정하고 같은 해 12월 1일에 진료를 개시했으며 의학생 교육도 시작했다. 교토대학의 이토 하야조伊藤隼三 교수는 "조선은 앞으로 반드시 전망이 있다"라며, 사토 고조에게 평양 공립동인병원으로 갈 것을 종용慫慂했다고 한다.[28] 이토의 조언은 선봉에 서서 대륙 의료 사업 분야를 확장하고자 하는 이 단체 설립 목적에 부합한 것이었다.

이렇게 평양과 대구에서는 정규 기관이라고 할 수는 없지만 동인회 회원이 기반이 된 의학교육이 시행되었는데, 결국 한국 정부도 이러한 지방 의료교육을 정식으로 인정하게 되어 양 동인병원에 매월 600엔의 보조금을 보내 주었다. 평양 동인의원이 강점 이후 평양 자혜의원으로 바뀐 후에도 원장으로 재임했던 사토 고조는 다시 경성 대한의원 의무촉탁으로 발령받게 되었다. 동인회는 이렇게 대한의원 설립과도 관련되어 있다.

사토 고조의 평양 재임 시절인 1908년, 이토 히로부미伊藤博文 통감의 의도에 따라 한국 정부는 경성에 대한의원을 건설했다. 일제의 기록에는 명시되어 있지 않지만, 원래 초대 원장은 당시 내무대신 이지용李址鎔이, 그다음 내무대신 경질로 새로 취임한 임선준任善準이 겸임

---

28 佐藤剛藏, 〈朝鮮医育史 - 前篇〉, p. 276.

으로 제2대 원장이 되었는데,[29] 그 후 대한의원 일본인 원장으로 동인회 부회장이었던 사토 스스무佐藤進가 취임했다. 대한의원은 도심의 요지에 위치해 일본의 동인회와 자연스럽게 연결되어 갔다. 대한의원은 광제원, 경성의학교, 대한적십자병원 3개를 합하여 치료부(고야마 젠小山善: 내·외과, 안과, 산부인과, 이비인후과), 교육부(고타케 다케시小竹武次: 이후 의육부 ⇒ 대한의원 부속의학교로 개칭), 위생부(사사키 요모시: 전염병 조사 예방 치료 및 연구, 위생 행정)로 나뉘어 운영되었다.[30]

사토 스스무 사임 후 대한의원과 동인회의 공식적 관계는 단절되었지만, 대한의원 위생부장이었던 사사키 요모시에 의해 동인회는 한국과 여전히 연결되어 있었다. 이후 사사키는 1909년 1월 한국 정부에 위생국이 신설되어 위생 행정 업무가 그쪽으로 이관되자 대한의원 위생부 자리에서 물러나 경성 메이지초明治町에서 개업을 했는데, 이전부터 동인회 상임이사였던 관계로 동인회 본부의 협약에 근거하여 철도국의 의탁을 받아 이마무라 다모쓰今村保와 교대로 용산 동인병원을 경영하게 되었다.

사사키는 대한의원 위생부장 재임 시절부터 동인회의 총책을 맡았을 뿐 아니라 철도의장으로 조선 철도의 총책이기도 했다. 즉, '철도 당국-동인회-철도의' 시이의 삼각관계는 사사키를 매개로 원만하게 이루어졌다고 볼 수 있다.[31] 경부선 방면 철도 직원의 진료나 위생 관련 업무를 담냥하는 철도부의장은 대구 동인의원장 이케가미 시로池

---

29 奇昌德,《韓國近代醫學教育史》, p. 159.
30 佐藤剛藏,〈朝鮮医育史－前篇〉, p. 282.
31 佐藤剛藏,〈朝鮮医育史－前篇〉, p. 286.

上四郎였고, 경의선 방면 철도부의장은 평양 동인의원장 사토 고조였던 것에서 알 수 있듯이 동인회와 철도 당국은 매우 긴밀한 관계를 유지하고 있었다. 이처럼 제국대학 출신의 대륙 의료사업 진출이 한국의 관립 의학교육기관과 밀접한 연관을 맺으며 출발 전개되었음을 알 수 있다.

사토 고조를 중심으로 본 한국 근대 의학교육

동인회와 한국 의학교육

동인회에서 파견한 의사 중 주목할 만한 인물이 있다. 전술한 내용에서도 종종 등장하는 사토 고조[32]이다. 사토 고조는 한국 근대 의학교육의 중심에서 활동했던 인물이다(그림1).[33] 외과 전공의 사토가 한국으로 건너온 때는, 일본 정부가 다양한 의사 계층의 요구 사항을 절충하여 반영한 「의사법」이 개정된 시기(1906)였다. 당시 일본에서는 기존 개업의 단체인 '대일본의회'와 도쿄제국대 주축의 제국대학 출신

---

32 사토 고조에 관해서는 寺畑喜朔(2003), 石田純郎(2008) 松本麻人(2018) 등의 연구를 통해 그의 약력 및 조선에서의 부분적인 활동을 파악할 수 있다. 이 글에서는 사토 고조의 〈조선의육사朝鮮医育史〉를 중심으로 살펴보는데, 이 글은 패전 이후 한국전쟁으로 인해 일본 경기가 되살아나고 출판업계도 어느 정도 활기를 띠어 각계의 학술지가 생겨나기 시작한 1951년 출판된《조선학보》창간호부터 1955년까지 4차례에 걸쳐 게재된 것이다. 전반적인 내용은 의료교육의 개요, 조선의 의료교육, 조선 의료시설 등에 관한 것이었다. 〈조선의육사〉는 한국 근대 의학교육 정비 및 전환의 과정에서 잘 알려지지 않은 한국인 혹은 일본인들 사이에 벌어진 다양한 뒷이야기도 싣고 있다.

33 사진 출처: http://dndi.jp/mailmaga/mm/mm07101002.html 검색일 2022년 7월 7일.

| 그림 1| 경성의전 교장 시절의 사토 고조

의사단체인 '메이지의회' 사이에서 의사 자격에 대한 의견 충돌을 정리하는 형태로 근대 의학 체제가 정비되는 상황이었다.[34]

앞서 언급했듯이, 당시 일본에는 다양한 계층의 의사들이 존재했고, 가장 인정받는 상위 조직인 제국대학 출신 의사들은 의과대학 졸업 후 대학에 남아 연구와 교육을 병행하거나 거점지역 의료센터에서 지도적인 역할을 담당했다.[35] 1906년 교토제국대 의학과를 졸업한 사토도 이러한 인물 중 하나로, 그는 1906년 한국으로 건너와 1907년 재단법인 동인회 평양의원장 겸 의학교장이 되었다. 이후 그는 1916년 조선총독부 경성의학전문학교 교수, 1920~1921년 구미歐美 출장(의학박사), 1926년 경성제국대학 교수 겸 경성의학전문학교 교수, 1927년 경성의학전문학교장 겸 경성제국대학 교수, 1938년 경성여자의학전문학교 교장[36] 등을 역임하며 1945년 12월 일본으로 귀환하기까지 40년 가까이 한국에서 지냈다.[37] 사토 고조와 동인회의

---

34 新村拓,《日本医療史》, p. 254.

35 橋本鉱市, 〈医者の量と質をめぐる政治過程〉 p. 122.

36 순천 출신 자산가 김종익金鐘翼이 사망한 후, 1937년 7월 저녁 김종익의 미망인 박춘자가 사토를 방문하여, 남편의 유언 중 하나에 여자의학전문학교 설치가 있어, 학교 설립 일체를 사토에게 맡긴 것에서 비롯되었다(佐藤剛藏, 〈朝鮮医育史－後篇〉, pp.180-181).

37 寺畑喜朔, 〈佐藤剛蔵と近代朝鮮医学教育〉, 《日本医史学雑誌》49(1), 日本医史学会, 2003, p. 38.

관계는 일제 강점 후 끊어졌지만, 그가 패전에 이르기까지 한국 의학 교육계에 종사하게 된 계기는 동인회와 무관하지 않다.

사토는 평양 공립동인의원장으로 부임한 후 평양에서 1910년 9월까지 재주했는데, 처음 도한했을 때 그는 한국의 의료 상황에 대해 다음과 같이 전하고 있다.

내가 조선에 갔던 때는 조선의 의사 위생醫事衛生은 전혀 보이지 않았고, 의료 교육기관으로서 한국 정부가 설립한 관립 경성의학교가 있었던 것 같은데, 그 내용에 대해서는 명확히 알 수 없었다. (중략) 의료시설도 내가 갔던 당시는 조선 전체가 이렇다 할 제계가 마련되어 있지 않았으나, 부산이나 목포 · 진남포 · 마산 · 원산 · 성진 등의 항구에는 일본인 경영 병원이 있었다. 또 경성에는 미국인 경영의 세브란스병원이 남대문 부근에 있었고 조선 주요 각지에 미국 선교사에 의한 제중원이라는 소규모 병원이 설치되어 있었다. (중략) 당시 도처에 한방의가 기득권을 갖고 있었기에 신진 의학을 갖춘 자가 그 혜택을 민중에게 베풀기 위해서는 상당한 노력을 기울이지 않으면 안 되었다.[38]

당시 일본에서는 국가 정책을 등에 업은 양방의洋方醫들이 이미 기득권을 잡은 상태였지만, 서양의학 도입 초기 단계였던 한국에서는 의료 활동이 쉽지 않았던 것으로 보인다. 사토는 평양 재임 시기 어떤 한국인 환자로부터 "당신 같은 젊은 사람이 왜 조선에 왔는가?"라는

38   佐藤剛藏, 〈朝鮮医育史 – 前篇〉, p. 275.

질문을 받았다고 한다. 이에 사토가 "나는 일본의 진보한 의료 기술을 당신 나라의 아픈 사람들에게 베풀기 위해 동경 동인회의 명을 받고 왔다"고 대답하자, 그 한국인은 바로 "그게 아니겠지요. 당신 나라가 우리나라를 빼앗기 위해서겠지요"라고 말했다고 한다.[39]

사토는 이 시기의 자신에 대해 "당시 나는 일개 청년 의사이자 한 사람의 기술자로서 이른 아침부터 밤늦게까지 열심히 진료 업무에 매달려 너무 바쁜 나머지 한일합방 같은 것은 정치적인 일대사라고 생각해 관심이 없었다"[40]라고 변명한다. 사토의 말처럼, 그가 처음부터 국가의 일익이 되겠다는 정치적 사명감으로 도한한 것은 아닐지 모르겠지만, 앞서 살펴본 바와 같이 그를 파견한 동인회의 사업 목표가 제국 건설의 목표와 밀접한 것이었고, 한국에서의 의학교 설립과 교육도 마찬가지로 제국 의료 실현의 일환이었음은 부인할 수 없다. 그리고 의사 사토가 자신을 지칭한 '일본인 기술자'들이 '과학'이라는 이름으로 '제국의 몸'을 만드는 데 크게 기여했다는 사실도 자명하다. 하지만 사토의 40년 가까운 한국 의학교육 관련 업무는 재조일본인의 관점에서 본 당시 의학교육계의 다양한 모습을 비춘다.

외과학 전공자였던 사토가 일본 패전 직후에 이르기까지 지속적으로 한국 의학교육에 종사했던 것[41]에 대해, 그는 스스로 '신기한 인연'이라고 표현했다. 처음 그가 부임한 평양 동인의원은 부속 사업으로 공립동인의원 부속의학교라고 칭하고, 소규모였지만 한국인을 대상

---

39 佐藤剛藏, 〈朝鮮医育史 – 前篇〉, p. 279.

40 佐藤剛藏, 〈朝鮮医育史 – 前篇〉, p. 279.

41 일본 패전 직후 미국의 의료 관련 군의가 사토를 수차례 방문하여 일본인 교관 중 몇 명이 소정의 기간을 두고 의학 전문학과를 가르치고 조선인 후계자를 양성할 수 있도

으로 의학교육을 실시하고 있었다. 이 동인의원은 설립 당시 기존 평양에서 의사로 활동했던 나카무라 도미조中村富藏가 자기 사유재산을 상당 부분 투자하였기에 동인회 본부의 간섭에서 어느 정도 자유로웠고, 그 때문에 나카무라의 의지가 반영된 교육사업이 이루어지고 있었다. 사토 고조와 한국 의학교육과의 인연은 이 평양 동인의원 부원장이자 실무 담당자였던 나카무라 도미조(그림 2)[42]에 의해서 시작되었다.

사토 고조가 평양에 부임할 당시 이 의학교에는 15~16명의 한국인 의학생이 있었다. 이들은 한 조가 되어 거적이 깔린 온돌을 강의실로 삼아 통역을 매개로 수업을 받았다. 당시 평양에는 일본어 학교가 있어서 일본어나 그 외 보통 학과를 가르치고 있었기에 의학생 중에 그 학교 졸업생이 몇 명 있었고, 그중에서 우수한 사람이 통역을 담당하는 등 상당히 열성적이었다. 사토는 소수의 직원과 부원장 나카무라 외 의원 2명과 함께 의학교육을 했는데, 학생들이 매우 열심히 공부했고 이러한 분위기가 자신을 한국 의학

| 그림 2 | 나카무라 도미조

록 하라는 논의도 있었지만, 같은 해 10월 한국인 교장이 취임하고, 각 전문 분과 교관을 전국 한국인 의사로부터 선출하여 각 적임자를 선정해서 일본인 교관이 남는 일은 없게 되어 일본으로 귀환했다고 한다.

42 사진 출처: 中村泰三,《決定版　昭和史　日本植民地史　滿州朝鮮台湾 別卷1》, 每日新聞社, 1985, p. 157.

교육의 길로 접어들게 한 계기가 되었다고 언급한다.

이 의학교육 개시는 완전히 나카무라 부원장의 생각으로, 동인회 본부의 승인에 근거하여 1905년 4월 대동문 거리에서 서당 형태로 시작하고 있었는데, 그것이 동인의원 부속의학교로 이어졌다. 나카무라는 의육에 상당한 관심을 가지고 있었다. 나는 부임한 해 가을 어쩌다 잠시 가르치게 되었는데, 생도들이 너무나도 공부를 열심히 하고 또 잘 습득하므로 이것에 이끌려 결국 본격적으로 하게 되었다.[43]

평양 동인의원 직원들은 당시 조선 주둔군 군의부장 후지타 쓰구아키라藤田嗣章의 허가와 원조를 얻어 같은 지역 소재 육군위성병원 원장을 비롯해 군의나 약제관 등의 인맥을 총동원하여, 한국인에게 대략 3년 정도의 과정으로 의학교육을 실시했다. 또 일본인도 참가하는 부속간호부양성소도 있었다.[44]

사토는 '나카무라는 평양 의학교육의 창시자'로 한국 의육사醫育史에 있어 지대한 공헌자라고 단언한다.[45] 그는 집이 먼 청년들은 자기 집에

---

43 佐藤剛藏, 〈朝鮮医育史 - 前篇〉, p. 290.

44 佐藤剛藏, 〈朝鮮医育史 - 前篇〉, p. 289.

45 나카무리 도미조(1867~1930)는 니가타현新潟県 나가오카시長岡에서 태어나 중학교 졸업 후 동경으로 가 제생학사濟生學舍(의학교)에서 공부하고 21세에 의사면허를 받았다. 청일전쟁 때 대만에 파견되어 감염병 환자 치료에 종사하고 아내와 함께 대만에서 지내면서 진료를 이어 갔다. 대만 근무 후 다시 일본으로 귀국해 진료소를 운영하다가 1903년 이시구로 타다노리石黒忠悳의 권유에 의해 영사관 촉탁의嘱託醫 및 민단의 民團醫로 도한한 일본인 최초 의사이다. 그는 평양 일대의 우수한 청년들을 모아 의학 강습소를 처음으로 시작했다. 이들 병원이 관립 자혜의원으로 바뀌면서 동인회와의 인연이 끊어졌을 때에도, 각각 대구와 평양의 전속 철도의가 되면서 다른 형태로 동인회

282 _ 모빌리티인문학의 적용과 모델링

서 지내게 하며 가르쳤고, 의학 교재를 구하기 위해서도 상당히 노력했다고 한다.[46] 그러나 병합 직후인 1910년 9월 동인의원이 관립 자혜의원이 됨과 동시에 동인의원 부속의학교는 폐지되었다. 1911년 4월에는 총독부 방침에 따라 평양 의학생 7명, 대구 의학생 2명이 총독부의원 부속의학강습소로 전학하게 되어 동인회와 관련하여 시작된 의학교육 사업은 종결되었고,[47] 사토도 평양 자혜의원에서 경성 대한의원 의무촉탁으로 발령을 받게 되었다.

한국인 의사 양성과 학용 환자

사토는 평양 동인의원으로 그를 추천한 교토제국대의 이토 교수로부터 장차 민간 대상의 소규모 기관이 아닌 정부 기업으로 이동하라는 조언을 받았는데,[48] 1910년 이후 이러한 행보가 자연스럽게 이루어졌다고 술회한다.[49] 당시 대부분 일본인은 한국인들의 교양 정도와 무책임성을 거론하며 교육의 어려움을 토로했지만, 사토는 "나는 조선인의 의학교육은, 내 경험으로 보아 교육히기 나름이라고 생각했고, 상

와의 연결을 이어 갔다. 나카무라의 두 아들은 평양 철도의무실 의사가 되었다(高崎宗司,《植民地朝鮮の日本人》, p. 80).

46 中村泰三,《決定版 昭和史 日本植民地史 満州朝鮮台湾 別巻1》, p. 157.

47 佐藤剛藏,〈朝鮮医育史 – 前篇〉, p. 291.

48 佐藤剛藏,〈朝鮮医育史 – 中篇〉, p. 178.

49 그러나 제3자의 시선에서 사토가 엄청난 정치가로 평가되는 것으로 보아(江間俊太郎,〈京城大学論(その三)〉,《満州及朝鮮》302, 朝鮮及満洲社, 1933a, p.53), 한국 의학 교육계에서 사토의 독보적인 행보는 반드시 자연스러운 것만이 아닌 제국대학 출신 의사 집단 내부의 다양한 권력관계와 얽혀 있을 것으로 보인다.

당히 전망이 있어 보였다. 조선 청년은 상당히 공부를 잘하고 머리도 좋은 사람이 있는 것 같아 반드시 뭔가 될 것이라고 믿었다"[50]라고 한다. 그리고 그는 병합 이후 동인회가 사라지고 군의 체제 하에서도 군대와 아무 상관없는 자신이 의학교육을 계속 담당할 수 있었던 것은 이러한 한국 의학생에 대한 기대 때문이었다고 부연한다. 이와 같이 한국인 고등교육에 대한 회의론자와 그렇지 않은 일본인들의 내부적 갈등은 종종 벌어지는 일이었다.[51]

한국인 의학교육을 둘러싼 일본인들 사이의 내부적 갈등 요인 중 하나는, 의학교육을 통해 한국인 의사들이 많이 배출되면 기존 한국에 진출하여 의업에 종사하던 일본인들이 사업권을 빼앗길 수도 있다는 불안감이었다. 사토는 한국인 의사를 양성하면 대부분의 한국인이 한국인 의사에게 몰려가 일본인 의사들이 곤란해질 수 있다는 우려의 목소리를 들었다고 한다. 그러나 실제 상황은 달랐다. 도시의 한국인 환자는 신진 한국 의사보다는 일본 의사에게 가는 경향이 강했다. 지방에는 생활비나 주거 환경의 문제로 한국인 의사가 주로 분포되어 있었지만, 우수한 기술을 가지고 도시에 개업한 한국인 의사의 경우 외래나 입원환자가 대부분 일본인인 곳도 상당했다. 오히려 가

---

50 佐藤剛藏, 〈朝鮮医育史-中篇〉, p. 177.
51 일본인 의사들 사이에 한국 의학교육에 대한 의견이 분분했다. 예를 들어 하가 원장과 모리야스森安 의관의 대립만 보더라도 그렇다. 하가 원장이 의과대학안을 주장하면 의관은 뒤에서 지금 그런 게 가당키나 한 것인가, 아직 한국에서는 이르며 냉소했고, 외국 의전 기요를 발간하려 하면 뒤에서 이런 계획을 파기시키려고 했다고 한다(佐藤剛藏, 〈朝鮮医育史補遺〉《朝鮮学報》V.7, 朝鮮学会, 1955, p. 164). 경성의전 해부학 교수인 구보 다케시久保武는 한국 학생들의 성격상 결함을 들어 비하하는 발언을 하여 사회적 문제를 일으키기도 한다.

능하면 일본인 환자만 받으려고 하는 한국 의사가 많았고, 이런 의사들은 그 지역에서 상당한 자산가로 유력자가 되었다.[52]

하지만 여전히 한국인 양방의는 소수에 불과했다. 일본에서는 이미 한방의가 공적 의료 아래로 가라앉은 상태로, 1904년을 기점으로 양방의가 한방의의 수를 넘어서고 1924년에는 양방의가 일본 의사 전체의 93퍼센트를 차지했지만,[53] 한국 의료계는 서양의보다는 의생醫生이라고 불리던 한방의의 수가 훨씬 많았으며 중앙과 지방에 그 세력이 골고루 뻗어 있었다.[54] 총독부는 식민지 의료 체계 관리상 한방의의 활동을 인정하였고, 양자는 긴장 및 협력 관계를 이루며 공존하고 있었다. 사토는 한 달에 한두 번 개최되는 의생 회합에 출석하여 강연 등을 했으며,[55] 한국 의생들은 자신들이 발행하는 기관지에 일본 의사들의 발언을 한국어로 번역하여 게재하기도 했다.

한편, 의학교육에 있어 실습은 매우 중요한 부분이었는데, 이와 관련하여 사토는 총독부의원 의학강습소에서 교육했던 당시 상황을 다음과 같이 언급한다.

총독부의원은 환자를 보통환자와 시료施療환자로 구분하여, 의원의 수

---

52 佐藤剛藏,〈朝鮮医育史 - 中篇〉, pp. 178-179.

53 厚生省医務局,《医制八十年史》, 財団法人印刷局朝陽会, 1955, p. 804.

54 의사 부족 대책, 역사적 이유, 의생 규칙에 따라 한국인으로 2년 이상 의업면허를 받은 사람에게는 의생으로 영구하게 의술 개업을 허가하는 것 외에, 의생에 대해서는 3년 이상 의업을 습득한 자에 대해서는 지역에 한정하여 5년 이내의 기한을 붙여 의업면허를 주었다. 의생은 공의公醫의 감독 하에 놓였다. 병합 당시 5,800여 명이었던 의생은 1942년에는 3,453명이 되었다(泉孝英,「朝鮮の医学校」,《外地の医学校》, メディカルレビュー社, 2009, p. 45).

55 佐藤剛藏,〈朝鮮医育史 - 中篇〉, p. 182.

입을 꾀하는 관계상 보통환자는 의원 본관의 진료실에서 담당했고, 시료 환자는 강습소 건물의 1층에 시료부를 설치하여 관리했다. 시료부장은 전 청주 자혜의원장이었던 한글을 아는 군의 가미오카 잇코神岡一享였다. 시료라고 해도 자격에 따라서 실비 정도의 금액을 징수했고, 이는 의원 의 수입으로 삼았다. 그런데 이 시료환자는 의학도 임상실습의 중요한 대상이었다. 결국 학생들은 각 전문 분과별로 시료환자들을 진료했고, 어느 틈엔가 시료부가 본관에 있는 각 전문 분과의 출장소처럼 되어 총 독부의원 직원이 매일, 또 각 분과장인 의관도 1주에 1·2회 이 시료에 참여하여 학생을 지도했다. 결국 가미오카 의관은 주로 외과 시료환자만 을 담당하게 되었고 강습소에는 각 과의 진료실이 놓이게 되었다. 이렇 게 해서 시료부는 사실상 의학강습소 부속병원으로 일변하게 되었던 것 이다.[56]

입원이나 외래로 오는 시료환자는 '학용환자学用患者'라고 불렀고 이 들에 대한 주사나 간단한 수술은 의학생이 했다. 사토는 시료환자를 진료하는 것은 의학도에게 매우 '행복한' 일이었다고 표현한다. 그래 서 나중에 이 의학강습소가 경성의전이 되고 나서도 시료부는 실질 적으로 의전 부속병원이라고 해도 좋을 정도로 만전의 기능을 발휘 할 수 있었다고 한다. 그리고 당시 졸업생은 바로 진료소를 개시할 수 있을 정도로 임상 훈련이 많이 이루어진 상태였다고 하며, 사토는 임 상실습의 현장이었던 시료부가 한국 의료계 발전에 있어 큰 공헌을

---

56   佐藤剛藏, 〈朝鮮医育史 – 中篇〉, p. 201.

한 것으로 묘사하고 있다.

　그러나 이 시료환자에 관하여 재고할 필요가 있다.[57] 관·공립병원은 의학교육이나 부유층 진료에 중점을 두었고 경제적으로 곤궁한 사람들에 대한 시료는 개업의가 주로 담당하기로 했지만, 관·공립병원과 개업의 사이에 환자를 사이에 둔 경제적 이권 다툼이 얽혀 있었고, 시료는 경제상의 이유로 운영이 쉽지 않았다. 도쿄대학은 1877년 발족할 때 의학부 부속병원에 시료환자 제도를 마련했다. 이는 일본이 근대의학의 임상실습을 위해 만든 것으로, 1877년 도쿄대학의학부 부속의원이 제정한 시료환자 입원심득서入院患者心得書에서 시작되었다.[58] 일본은 단기간에 서양의 체제를 본떠 근대의학을 전수해야 했지만 이에 필요한 계통·병체해부용 사체 및 임상실습용 환자 확보에 곤란을 겪었기에 학용환자라는 이름의 급비給費환자 제도를 만들어 시료부를 운영했던 것이다.[59]

　총독부의원 시료부로 온 한국인 환자들도 마찬가지로 의학교육의 대상이 되어 치료와 무관한 연구 실험용 채혈이나 투약을 당하기도 했다. 이들은 치료 비용 부담을 더는 대신 어쩌면 일어날 수도 있는 신체적 불구나 장애를 떠안아야 했고, 사망하면 해부의 대상이 되기

57　근대식 병원이 다수 생겼지만 일본 서민들은 의료보험제도가 생기기까지는 병원과 관계없는 생활을 했다. 근대 산업화와 함께 도시로 몰려든 사람들이 도시 주변에 빈민촌을 형성하였고, 이곳에서 열악한 위생 상태와 영양 부족으로 인해 환자들이 속출했지만 병원 출입은 사치스러운 일이었다(石塚裕英,《東京の社会経済史》, 紀伊国屋書店, 1977, pp. 128-137).

58　新村拓,《近代日本医療と患者—学用患者の誕生》, p. 312.

59　新村拓,《近代日本医療と患者—学用患者の誕生》, p. 97.

도 했다.[60]

인용에서 사토가 '바람직한 일'이라고 표현한 이 학용환자는 당시의 상황에 비추어 보더라도 인권침해의 요소를 다분히 품고 있었고, 이는 당시 한국에서 개업한 일본인 의사들이 환자들을 자신의 병원으로 끌어오는 마케팅 수단이 되었다. 개업의들은 '대학병원에 가면 실험 대상이 될 수도 있다'라는 말을 공공연하게 흘리며 환자들을 불안에 떨게 했고, 처음부터 대학병원 치료가 필요한 환자까지도 치료의 길을 막는 요인이 되기도 했다.[61] 제국대학 출신으로 구성된 관립병원과 일반 병원 사이의 대립은 일본뿐 아니라 식민지 조선에서도 일어나고 있었고, 일본 의사들 간의 신경전의 피해는 결국 환자의 몫으로 돌아왔다. 하지만 한반도의 의학계는 제국대학 출신 의사들을 중심으로 막강한 권력 구조가 형성된 가운데 진료와 교육이 이루어지고 있었다. 그렇다면 의학교 내부의 모습은 어땠을까.

60　낭조 40명이었던 시료환자 정원은 1896년에는 328명이 되고, 1902~1906년 동안 연평균 시료 입원 환자 수는 2,248명이었다. 병원에서는 더 많은 시료환자를 모으기 위해 관보나 신문에 광고를 내고, 또 경시청이나 동경의사회에도 환자 소개를 의뢰하였다. 입원심득서에 따르면 시료환자는 '빈곤하고 그 병과 증상이 학술 연구상 필요하다고 인정되는 자'에 한해서 시료 입원시키는 것으로, '입원 중의 약이나 그 외 치료상 필요한 경비는 모두 본원에 있어서 지급하고, 재원 중은 본원에서 대여하는 의복을 착용'하고 '학술 강습용'으로 제공되며, '치료에 있어서는 사비 입원 환자와 차별'하지 않고, '재원 중 만일 불행하게도 사망 시는 학술 연구를 위해 환부를 부검하여 제사 비용으로 3엔을 환자의 유족 혹은 신원보증인에게 교부'하고, '병사한 시체 부검 후는 신원보증인에게 인수'하게 하는데, '신원보증인의 청원에 따라서는 본원의 비용으로 매장하고, 또 제사 비용 3엔을 지급'하고, '재원 일수는 담당 의사의 판단에 따라 정'하고, '시료 입원의 허가를 받으려면 왼쪽에 있는 입원증 및 부검지원서를 사무실에 제출'한다고 되어 있다(新村拓,《近代日本医療と患者—学用患者の誕生》, pp. 312-313).

61　江間俊太郎,〈京城大学論(その四)〉,《満州及朝鮮》303, 朝鮮及満洲社, 1933b, p. 60.

일본인 교수와 한국인 의학생

사토 고조는 조선총독부 경성의학전문학교 2대 교장이자 경성제국대의학부 초대 의학부장이었던 시가 기요시志賀潔가 한국인 의학생 백인제白麟濟를 무척이나 아꼈다고 언급한다. 시가는 스승이었던 기타자토 시바사부로北里柴三郎의 권유로 도한했는데, 이들의 특징은 군의가 아니라는 점이었다.[62] 시가 이전의 역대 총독부 의원장과 의전 교장은 모두 군의총감이었던 것에 반해 3·1 운동의 영향으로 '문관文官' 의사가 부임해 온 것이다. 시가는 자신이 한국에서 백인제를 지도한 것(그림 3)[63]은 스스로에게 위로가 될 정도로 매우 잘한 일이라고 술회할 정도로 그를 보살폈다고 한다.[64] 백인제는 외과의로서 수술에 뛰어난 것으로 유명해져 '수술'하면 백인제를 거론할 정도였고 그의 환자는 거의 일본인이었다.

한편 사토는 경성세국대학 설립과 기존의 경성의전 사이의 갈림길에서 당시 학생들의 모습도 전한다. 1924년 5월 경성제국대학 관제가 공포되어 예과 수업이 시작되었고, 1926년에는 '경

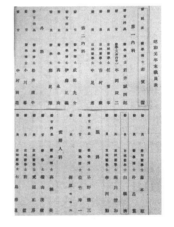

| 그림 3 | 1926년 조선총독부의원 의원장 시가 기요시와 외과 교실의 백인제

---

62   通堂あゆみ, 〈京城帝国大学医学部の植民地的特徴のために〉, p. 54.

63   그림 출처: 〈院務ノ概況-昭和元年末職員表〉, 《朝鮮総督府医院第十三回年報》(1926年).

64   佐藤剛藏, 〈朝鮮医育史-後篇〉, 《朝鮮学報》 V.3, 朝鮮学会, 1952, p. 179.

성제국대학 직원에 관한 관제 개정'을 발표하고 법문학부 25개 강좌, 의학부 12강좌를 둔 형태로 경성제국대학이 본격적인 출발을 알리게 되었다. 의학부의 경우 한국 학생이 29퍼센트 정도를 차지하고 있었고, 1명을 제외하고는 경성제국대학 예과 출신이었다.[65] 경성의전의 해외 학술지도 경성제국대학으로 옮겨졌고, 의학부 개시로 인해 경성의전 기초의학에서 활약한 교수들은 대학으로 발탁되었다. 사토는 경성의학전문학교 교수 겸 경성제국대학 교수이기도 했다.

이와 같은 경성제국대학 의학부가 생기고 부속병원이 생기는 과정에서 기존에 있던 경성의학전문학교의 행방은 크게는 3개 안으로 논의되었다. 1안은 하가芳賀의 의견으로, 경성의전을 경성제국대 의과대학으로 승격하는 안이었다. 2안은 시가志賀의 의견으로, 조선의 특수사정을 고려해 경성의전은 그대로 두고 의과대학을 개별적으로 설립하는 안이었는데, 여기서 문제는 부속병원을 어떻게 할 것인지였다. 3안은 경성의전을 없애고, 그 예산을 절반으로 나누어 평양과 대구에 있는 도립 자혜의원을 지원하고 경성의전 학생을 지방에서 졸업하게 하여 지방병원을 육성하자는 안이었다. 사토는 한반도 전체의 발전으로 보자면 의학교육 자원을 경성에만 집중하는 것보다 분산 배치하는 3안이 적당하다고 생각했다고 한다.[66]

이와 같은 상황에서 경성의전 학생들은 불안에 시달렸다. 학생들은 계속 학업에 임하면서도 학생대회를 개최하고 경성의전의 향방에 대해 매일 논의했다. 학생 대표였던 고바야시小橋茂穂가 사토 고조를 찾

---

65   奇昌德,《韓國近代醫學教育史》, 86~88쪽.
66   佐藤剛藏,〈朝鮮医育史 − 後篇〉, pp. 166-167.

아와 학생들이 안심하고 공부할 수 있도록 해 달라고 요구하기도 했다.[67] 그리고 당시 학무국장 이진호李軫鎬는 경성의전의 지방 이전을 결사반대했고,[68] 결국 2안으로 결정되었다.[69] 마침내 1928년 경성제국대학 의학부 부속병원이 생겼고, 경성의학전문학교는 부속병원을 따로 신설하였다(표 1 참고).

이런 과정을 거쳐 탄생한 경성제국대학 의학부에 대해 사토는 일본의 대학과 비교해도 전혀 손색이 없다고 칭찬한다. 경성제국대는 일본의 제국대학 모델을 이식하는 형태로, 강좌의 종류나 배치 등이 일본의 규슈제국대 · 타이페이제국대와 같은 성격을 띠고 있었다.[70] 경성제국내만의 특징이 있다면, 특별 제2강좌에 한국의 동물성 병인에 의한 질환(폐디스토마, 말라리아)을 연구하는 미생물학 강좌와 초근

---

67 佐藤剛藏, 〈朝鮮医育史 - 後篇〉, p. 169

68 佐藤剛藏, 〈朝鮮医育史 - 後篇〉, p. 168.

69 결국 지방의 의학교육은 각자의 길을 걷는다. 평양의 자혜의원장 우치무라内村는 자혜의원 내에 1923년 1월 사립의학강습회를 두고 의학교육을 실시하였고(平壤醫學專門學校,《第一,沿革略》, 平壤醫學專門學校一覽, 1934, p. 1), 이는 같은 해 4월 원장과 평양 유지들의 성원으로 도립 평양의학강습소로 발전(總督府官, 1923년 4월 9일자)하였으며, 1928년에는 총독부 인정 평안남도립 평양의학강습소로 승격되었다(總督府官報, 1929년 4월 30일자). 그리고 1933년 3월에는 칙령 '조선공립학교관제'와 부령 '공립사립의학전문학교 규정'에 의거해 서북지방 일대 의료 담당의 도립 평양의학전문학교로 승격되었다(總督府官報, 1933년 3월 8일자). 대구는 1923년 7월 대구 자혜의원에 사립 의학강습소가 설립된 이후, 1929년 전문학교에 준하는 '도립대구의학강습소 규정'이 공포되었다. 이것도 1933년 3월 대구의학전문학교 설립 인가에 따라 경상북도령 34호로 학칙을 발포하였다(總督府官報, 1933년 3월 8일 및 17일자).
    한편 사립 세브란스의전은 1934년 에비슨이 교장직을 오경선吳競善에게 인계하자 윤일선尹日善 교수와 함께 일본의 '사립의학전문학교규정'에 상응하는 시설, 교수진, 학제를 마련하여 문부성에 사립 의학전문학교 지정을 신청했고, 통과하여 일본 내에서 통용되는 면허증을 교부받게 되었다(奇昌德,《韓國近代醫學教育史》, 102쪽). 이에 따라 일제의 간섭은 더욱 심해졌고, 1942년에는 아사히旭의학전문학교로 개칭하기도 했다.

70 馬越徹,《韓国近代大学の成立一大学モデル伝播研究》, 名古屋大学出版会, 1995, p. 131.

목피草根木皮를 주로 하는 한약 연구를 위한 약물학 강좌가 설치되었다는 점이다.[71] 이러한 특별함에 대해, 시가 기요시(당시 의학부장)는 "우리 의학부에서 특별하게 연구되어야 할 부분이라면, 조선의 식재료 분석, 주택 연구보다 조선 고유의 질병 등이다"[72]라고 했으며, 당시 조선총독부 학무국장 나가노長野幹는 "동양의학의 근원인 한방약은 조선에서 고래로부터 연구되어 온 관계상 동양 약학에 있어 특색을 발휘한다"[73]고 언급하였다. 이 미생물학 강좌는 그 이전 총독부의원·경성의전에 설치된 '전염병 지방병 연구과'(1916)의 연장선에 있는 것이었고,[74] 한방약에 대한 연구는 인삼 등 한국 고유의 약초에 대한 연구적 관심이 표현된 것이라고 할 수 있다.

이처럼 일본인에 의한 한국 관립 의학교육의 장 설치 과정은 제국대학 출신 의사들이 선도하는 가운데 자신들의 연구 및 교육적 목표와 국가적 목표를 조정하며 같은 방향으로 나아가는 의사 개인, 설립 초기 의학교 학생들, 기존 개업 의사 집단, 이름 없는 환자들의 다양한 삶이 얽혀 형성되었다.

나오며

일제의 한국에서의 의료사업 및 의학교육 사업은 개항 이후 제국의

---

71 佐藤剛藏, 〈朝鮮医育史 – 後篇〉, p. 170.

72 志賀潔, 〈京城帝国大学医学部開講式訓辞〉, 《文教の朝鮮》 5月号, 朝鮮教育会, 1926, p. 11.

73 〈나가오 간 조선총독부 학무국장 발언〉, 《동아일보》 1923년 11월 29일자.

74 通堂あゆみ, 〈京城帝国大学医学部の植民地的特徴のために〉, p. 54.

확장이라는 큰 틀에서 제국대학 의학과 출신 중심, 관립의학교 중심으로 패전에 이르기까지 꾸준히 추진되었다. 따라서 이는 한민족과 반도를 지배하기 위한 구조적 장치 속에서 작동하는 것이었다. 초기 한국에서 의료사업을 시작한 동인회의 사업 목적만 보더라도 그것은 자명하다. 일본 및 동아시아 의료사업 전반의 모든 분야에서 주도권을 쥐고자 했던 것이다. 그러나 이러한 단체의 거대 목적 아래 세부적으로 이루어진 개인적인 활동은 나카무라 도미조와 같이 한국인 의학생 교육에 대한 열의로 드러나 재조일본인으로서 새로운 결을 만들어 가기도 했고, 사토 고조와 같이 초기 도한 목적과는 다른 방향으로 흘러가 패전 이후에 이르기까지 의학교육 사업을 담당하는 동기를 제공했다.

동인회 회원들이나 시가 기요시·사토 고조·나카무라 도미조와 같은 재조일본인들의 활동은, 당시 식민지의 리더로서 자신을 증명해내고, 한국 청년들의 신뢰를 얻어 의업의 가치를 입증하고, 같은 목적을 가진 제자를 길러내며, 경제적으로도 우위에 있고자 하는 욕망의 반영으로 이해할 수 있다. 이들의 특징은, 한국인들의 무능을 주장하고 의학교육을 반대했던 정치가나 의사들과 달리 제국의 행보가 식민지에 거주하는 한국인들을 배제하고서는 불가능하다는 입장에서 의학교육을 추진한 예로, 일정 부분 한국 의학교육에 대한 희망을 보고 있었다는 점을 공유한다.

하지만 이들이 활동했던 식민지 시기는 논외로 하더라도 패전 후의 시점에서도 이들(혹은 이들의 자손)이 한국 의학교육의 저변에 있는 식민지의학의 폭력성, 즉 식민지 의료사업이 제국주의 구축을 위한 전투인력 양성에 크게 기여한 바 있다는 책임 문제를 도외시하고 이에 대한 근본적인 문제의식과 반성에 대한 언급이 없다는 점은 안타까운 일이다. 결과적으로 이들의 한국 근대의학 교육에 대한 노력이나 성과가 의미를 가지고 있고, 한국인 제자들과 인격적 유대감이 있었을지라도 주목받지 못한다는 현실적 한계를 안고 있는 것이다.

참고문헌

奇昌德,《韓國近代醫學敎育史》, 아카데미아, 1995.

박윤재, 〈일제 초 의학교육기관의 정비와 임상의사의 양성〉,《의사학》13(1), 대한의사학회, 2004.

_____, 〈통감부의 의학지배정책과 동인회〉,《동방학지》119, 연세대학교 국학연구원, 2003.

박찬승, 〈1890년대 후반 관비유학생의 도일유학〉,《한일공동연구총서》, 고려대학교 아세아문제연구소, 2000.

신동원 · 황상익, 〈조선 말기(1876-1910) 근대 보건 의료체제의 형성과정과 그 의미〉,《의사학》5(2), 대한의사학회, 1996.

이규수,《제국과 식민지 사이》, 어문학사, 2018.

이지마 와타루, 〈의료 위생사업의 제도화와 근대화〉, 최장집 · 하마니타 다케시 편,《동아시아와 한일교류》, 아연출판부, 2008.

이종찬,《동아시아 의학의 전통과 근대》, 문학과지성사, 2007.

李忠浩, 〈同仁会의 醫師敎育活動〉,《의사학》4(1), 대한의사학회, 1995.

石塚裕英,《東京の社会経済史》, 紀伊国屋書店, 1977.

馬越徹,《韓国近代大学の成立一大学モデル伝播研究》, 名古屋大学出版会, 1995.

京城帝国大学創立五十周年記念誌編集委員会編,《紺碧遥かに一京城帝国大学創立五十周年記念誌》, 京城帝国大学同窓会, 1974.

厚生省医務局,《医制八十年史》, 財団法人印刷局朝陽会, 1955.

後藤新平研究会,《別冊 環28 後藤新平一衛生の道》, 藤原書店, 2023.

新村拓,《日本医療史》, 吉川弘文館, 2006.

_____,《在宅死の時代》, 法政大学出版局, 2012.

_____,《近代日本医療と患者一学用患者の誕生》, 法政大学出版局, 2016.

總督府官報,《平南道令 第7號, 道立醫學講習所 規定》, 大正12年 4月9日字, 1923.

_____,《平南道令 第13號 道立平壤醫學講習所 規定改正》, 昭和 4年 4月30日字,

1929.

_____,《告示 第76號, 大邱平壤醫學專門學校設立 許可》, 昭和 8年 3月 8日字, 1933.

高崎宗司,《植民地朝鮮の日本人》, 岩波書店, 2013.

中村泰三,《決定版 昭和史 日本植民地史 満州朝鮮台湾 別卷1》, 毎日新聞社, 1985.

穂坂唯一郎,《同仁会四十年史》, 同仁会, 1943.

平壤醫學專門學校,《第一 沿革略》, 平壤醫學專門學校一覽, 1934.

石川裕之,〈国立ソウル大学校医科大学の成立過程に見る植民地高等教育の'人的資産'〉, 酒井哲哉他編,《帝国日本と植民地大学》, ゆまに書房, 2014.

石田純郎,〈佐藤剛蔵と京城医学専門学校―朝鮮で医学教育に尽した人々(上)〉,《日本医事新報》(4377), 日本医事新報社, 2008.

泉孝英,〈朝鮮の医学校〉,《外地の医学校》, メディカルレビュー社, 2009.

江間俊太郎,〈京城大学論(その三)〉,《満州及朝鮮》302, 朝鮮及満洲社, 1933a.

_____,〈京城大学論(その四)〉,《満州及朝鮮》303, 朝鮮及満洲社, 1933b.

大里浩秋,〈同仁会と《同仁》〉,《人文学研究所報》(39), 神奈川大学人文学研究所, 2006.

佐藤剛蔵,〈朝鮮医育史-前篇〉,《朝鮮学報》V.1, 朝鮮学会, 1951a.

_____,〈朝鮮医育史-中篇〉,《朝鮮学報》V.2, 朝鮮学会, 1951b.

_____,〈朝鮮医育史-後篇〉,《朝鮮学報》V.3, 朝鮮学会, 1952.

_____,〈朝鮮医育史補遺〉,《朝鮮学報》V.7, 朝鮮学会, 1955.

志賀潔,〈京城帝国大学医学部開講式訓辞〉,《文教の朝鮮》5月号, 朝鮮教育会, 1926.

通堂あゆみ,〈京城帝国大学医学部の植民地的特徴のために〉, 会議発表用資料,《帝国と高等教育―東アジアの文脈から―》42, 国際日本文化研究センター, 2013.

丁蕾,〈同仁会の機関誌《同仁》について〉,《日本医史学雑誌》44(2), 日本医史学会, 1998.

寺畑喜朔,〈佐藤剛蔵と近代朝鮮医学教育〉,《日本医史学雑誌》49(1), 日本医史学会, 2003.

松本麻人,〈日本統治下朝鮮における私学専門教育〉,《名古屋大学大学院教育発達科学研究科紀要(教育科学)》65(2), 名古屋大学大学院教育発達科学研究科, 2018.

橋本鉱市,〈医者の量と質をめぐる政治過程〉, 望田幸男他編,《身体と医療の教育社会史》, 昭和堂, 2003.

渡辺学,〈JSケールの〈朝鮮印象記〉---十九世紀末朝鮮教育の実情〉,《朝鮮学報》V.7, 朝鮮学会, 1955.

사토 고조 사진 출처: http://dndi.jp/mailmaga/mm/mm07101002.html 검색일 2022/7/7 PM 3시.

사이버 공간과 DNA 기술의 활용

: 한국계 해외입양인들의 초국적 이주와 친가족 찾기

| 배진숙 |

이 글은 《Interdisciplinary Studies of Literature》 6(2)(2022)에 게재된 원고를 번역 및 수정하여 재수록한 것이며, 2018년 대한민국 교육부와 한국연구재단의 지원을 받아 연구되었다(NRF—2018S1A6A3A03043497).

문학윤리학 비평Ethical literary criticism은 문학 텍스트의 구조와 의미에 내재된 윤리적 요소에 대한 연구를 통해 문학작품을 분석, 해석 및 조사하는 문학적 접근 방식이다.[1] 일반적으로 자서전적 글은 개인의 자의적 의지로 악덕vices에 대응하고 삶에 있어서 닥친 어려움과 고난이 야기하는 윤리적 딜레마에 직면해서 개인이 행하는 윤리적 선택을 중심으로 그 내용이 전개된다.[2] 이 글에서는 현재 미국에 거주하고 있는 한인 입양인들이 친가족을 찾기 위해 노력하는 과정에서 직면하는 생명공학적 기술 활용과 관련된 다양한 윤리적 문제ethical issues에 대해 다루고자 한다. 특히 이 글은《마침내 함께: DNA 시대의 입양과 재회 이야기Together at Last: Stories of Adoption and Reunion in the Age of DNA》라는 선집anthology에 담긴 윤리적 요소를 면밀히 조사하고 해석한다. 이 선집은 비영리단체 325KAMRA의 협조, 유전 정보와 과학의 힘, 인터넷 등을 통해 친가족을 찾은 한인 입양인들이 쓴 38편의 이야기를 모은 책이다.《마침내 함께》의 필자들은 과거에는 비용과 기술적 한계로 인해 불가능했던 DNA 검사를 통해 자신의 생물학적 가족biological family을 찾으려고 애쓴 이들이다. 한인 입양인들은 친가족과 재회함으로써 초국적 입양transnational adoption으로 인해 받았던 과거의 트라우마와 자신의 뿌리와 정체성에 관한 의문을 없애고 치유받기도 한다.

최근에 이루어진 과학의 발전, 특히 게놈 매핑 기술genome mapping

---

1 Kuek, Florence and Ling Tek Soon, "Autobiography and Ethical Literary Criticism," *Interlitteria* 22(2), 2017, p. 283; Nie Zhenzhao, "Ethical Literary Criticism: Basic Theory and Terminology," *International Journal of Diaspora & Cultural Criticism* 5(1), 2015, p 58.

2 Kuek, Florence and Ling Tek Soon, "Autobiography and Ethical Literary Criticism," p. 282.

technologies과 소셜 미디어의 확산은 한인 입양인들에게 다양한 영향을 미쳤다. 최근 사회적 공간과 관계는 고도로 발달한 정보통신기술로 강화된 다양한 모빌리티 테크놀로지를 통해 재구성되어 왔다. 오늘날 해외입양인들은 자신의 슬픔, 고난, 희망, 모성애, 회복력에 관한 내밀한 감정과 개인적 경험을 문학작품뿐 아니라 블로그, 유튜브 채널, 온라인 커뮤니티 참여 등을 통해 표현하고 있다. 더욱이 최근 들어 DNA 검사 비용이 비교적 저렴해지고 정확성 또한 고양됨에 따라 한인 입양인들은 이 기술을 활용해서 친가족을 찾았다. 이러한 배경 하에서 이 글은 한인 입양인 선집의 내러티브 분석을 통해 DNA 검사 기술이 입양인들의 친가족 찾기와 재회에 어떤 변화를 야기했는지, 그리고 그들이 지금까지 알지 못했던 가족과의 새로운 관계를 어떻게 받아들이고 재형성해 나가는지에 관한 다양한 문제를 탐구하고자 한다. 모빌리티 기술이 한인 입양인의 일상적·윤리적 선택 경험과 그들의 삶에 미치는 영향에 대해서 입양인들의 생생한 목소리가 담긴 수기手記를 통해 이해할 수 있을 것이다. 입양인 내러티브에 대한 텍스트 분석에 앞서 한국의 국제 입양 동향과 DNA 기술 발전에 대해 소개하겠다.

한국 해외입양의 역사

1950년대 이후 약 20만 명의 한국 아동들이 미국, 프랑스, 스웨덴, 덴마크 등으로 해외입양되었다. 이들 입양인 중 4만 명 이상이 혼혈

mixed race이었다.[3] 오랫동안 한국 사회는 결혼과 혈통의 순수성purity을 강조하는 가족적 가치family values를 중시해 왔다. 이로 인해 미혼모와 혼혈인에 대한 편견과 차별이 만연했고, 국내입양이 어려워서 많은 한국 아동이 해외로 입양되었다.[4] 1950년대 중반 한국인과 미국인의 결합으로 출생한 한국 태생 아동들은 단지 혼혈이라는 이유로 배척 당했고, 이러한 편견은 한국 아동이 해외로 입양되게 하는 요인이 되었다. 한부모가정single parenthood에 대한 사회적 편견 또한 한국 아동의 국제적 입양을 부추기는 요인이 되었다.[5]

한국 아동의 과반수가 미국으로 입양되었다. 애초에는 1954년 미국 의회에서 「난민구호법」Refugee Relief Act」이 통과되면서 한국전쟁 고아와 미군과 한국 여성 사이에서 태어난 혼혈 한인들이 미국으로 입양되기 시작했다. 1958년부터 1968년 사이 한국 태생 해외입양인의 89.8퍼센트가 미국으로 입양되었다. 그 비율이 1969년부터 1975년 사이에는 51.8퍼센트, 1981년부터 1990년 사이에는 68.5퍼센트, 2000년에는 74.2퍼센트, 2010년에는 76.5퍼센트였다.[6]

해외입양인 관련 선행 연구를 살펴보면, 전공 분야 면에서는 문학·

3　Kim, Cerrissa, "Koreans & Camptowns: Reflections of a Mixed-Race Korean," KoreanAmericanStory.org, 4 November 2015, https://koreanamericanstory.org/written/the-conference-that-introduced-me-to-the-legacy-of-being-a-mixed-race-korean(최종검색일 2023.12.20); Kopacz, Elizabeth, "From Contingent Beginnings to Multiple Ends: DNA Technologies and the Korean Adoptee 'Cousin,'" *Adoption & Culture* 6(2), 2018, p. 338.

4　오혜진 · 최윤철, 〈국외입양인의 국적에 관한 연구〉, 《法學論叢》 47, 2020, 766쪽.

5　McDermott, Marie Tae, "Adopted Koreans, Stymied in Search of Birth Parents, Find Hope in a Cotton Swab," *The New York Times*, 27 August 2016, https://www.nytimes.com/2016/08/28/world/asia/south-korea-adoptees-325kamra.html(최종검색일 2023.12.20).

6　윤인진, 《세계의 한인이주사》, 대한민국역사박물관, 2013, 222쪽.

사회학·아동복지학 등의 분야에서 연구가 진행되었고, 주제 면에서는 한인 입양인의 정체성 및 친가족 찾기에 영향을 주는 요인과 지원 방안을 중심으로 연구되었다.[7] 해외로 입양된 아동은 미국 가정이나 사회에서 주류 문화로의 동화에 대한 압력을 경험하고 다양한 차별에 직면하기도 한다. 비교적 최근의 해외입양인들은 입양 후 문화 캠프culture camp를 경험하기도 하고 사회복지사가 입양인 부모에게 자녀의 한국 문화적 배경을 그대로 유지하게 하도록 조언하기도 하지만, 가장 이른 시기의 해외입양인들은 미국 문화로의 완전한 동화만을 요구받았다.[8] 이러한 이유로 해외입양인들은 스스로를 이방인처럼 느끼거나 정체성의 위기를 겪는 경우가 많았다. 한인 입양인들이 성장 과정에서 정체성의 위기를 경험하는 경우가 많을수록, 그리고 입양 당시 연령이 높을수록 성인이 되어 친가족 찾기를 할 가능성이 높다.[9] 그들은 성인이 된 후 자신의 뿌리를 찾기 위해 한국으로 돌아오기도 한다. 실제로 매년 3,000~5,000명의 해외입양인이 한국을 방문한다.[10]

해외입양인들은 자신들의 독특한 경험을 소설, 자서전, 영화 등의 형태로 재창조해 왔다. 입양문학adoption literature은 주로 자신의 기원origin을 알지 못하는 사람들이 정체성과 뿌리를 찾는 여정에 대한 내

---

7 이미선, 〈해외입양인의 자아정체감 및 이에 영향을 미치는 요인에 관한 연구〉, 《한국아동복지학》 14, 2002, 118~119쪽.

8 Doolan, Yuri, "Foreword," *Together at Last: Stories of Adoption and Reunion in the Age of DNA*, edited by Paul Lee Cannon, et al., Bloomington, Indiana: Thomas & Wonsook Foundation, 2020, p. XX.

9 안재진·권지성, 〈국외입양인의 삶의 만족도에 영향을 미치는 요인〉, 《사회복지연구》 41(4), 2010, 369쪽.

10 정상우·이민솔, 〈해외입양동포 친족찾기 지원을 통한 인권 증진〉, 《문화교류와 다문화교육》 9(3), 2010, 13쪽.

러티브로 구성되며, 버림받음abandonment에 대한 트라우마적 서사가 중심 역할을 한다.[11] 입양인들은 책, 영화 등 전통적인 매체뿐만 아니라 인터넷을 통해서도 자신의 정체성을 표현해 왔다. 한인 입양인들은 블로그, 유튜브, 팟캐스트, 페이스북 등 다층적이고 다양한 플랫폼을 통해 상호 교류하고 있다. 예를 들어, 한인 혼혈입양인 1세대 돈 고든 벨Don Gordon Bell의 블로그에서는 한국전쟁과 관련된 고아와 입양인의 이야기를 발굴하고 공유한다. 또한 입양인이 운영하는 온라인 커뮤니티도 많이 있다.[12]

자신의 친가족을 찾는 것을 거부하거나 관심이 없는 해외입양인도 일부 있으나, 친가족을 적극적으로 찾는 해외입양인도 있다. 과거에는 입양인들이 팩스나 편지 이용, 사립탐정 고용, 입양기관이나 관공서 방문, 신문이나 TV 출연을 통해서 한국에 있는 친가족을 찾기 위해 노력했다. 최근에는 이러한 목적으로 DNA 기술을 사용하는 것이 보편화되었으며,[13] DNA 검사를 통해 한인 입양인들이 친가족과 재결합하는 것을 돕는 비영리단체 325KAMRA도 있다.[14] 이 단체는 2015년 미국 내 한인 혼혈입양인들이 설립한 조직으로서 전 세계 한인 입양인들에게 DNA 검사 키트를 배포해 왔다. 이 단체는 또한 페이스북 그룹을 통해 한인 입양인들에게 DNA 검사 기술과 목적에 맞는 그 활용 방법에 대한 정보를 제공해 왔다. 친가족을 찾고 싶어 하는 한인 입양인들 사이의 상호 교류를 촉진하기 위한 공식 웹사이트

11 김대중, 〈포스트 디아스포라 시대의 입양과 존재윤리〉, 《영어권문화연구》 8(3), 2015, 13쪽.
12 Korean War Baby, https://koreanwarbaby.blogspot.com(최종검색일 2023.12.20).
13 Kim, Cerrissa, "Koreans & Camptowns: Reflections of a Mixed-Race Korean."
14 325KAMRA, https://www.325kamra.org(최종검색일 2023.12.20).

가 있지만, 실제로 대부분의 정보는 페이스북 페이지와 그룹을 통해 자유롭게 교환된다.

DNA 기술의 발전

미국에서는 지난 10년 동안 사용자가 자신의 유전자 정보와 건강 관련 정보를 구할 수 있는 DNA 검사 서비스를 제공하는 웹사이트의 수가 급증했다. 2002년에 족보 탐색ancestral search 업체인 Ancestry가 DNA 검사 사업에 진출했고, 2006년에는 23andMe가 설립되었다. 2012년에는 사용자에게 자신의 민족적 기원에 대한 정보를 제공하는 상염색체常染色體 테스트 AncestryDNA가 출시되었다. 상염색체 DNA 검사는 개인의 DNA를 같은 조상을 가진 사람들의 DNA와 일치시켜 개인의 민족적 기원을 밝혀내는 검사이다.[15]

　DNA를 통해서 중요한 생체정보를 확인할 수 있게 되었고, 가정에서 실시할 수 있는 DNA 검사 회사가 10년 이상 번창해 왔다. 《MIT Technology Review》의 추정에 따르면 미국에서 2,600만 명 이상의 사람들이 가정에서 자신의 혈통 검사를 한 것으로 밝혀졌다.[16] 많은 미국인들은 자신의 민족적 기원뿐 아니라 잠재적인 건강 위험에 관

---

[15] Baffer, Bryn, "Closed Adoption: An Illusory Promise to Birth Parents and the Changing Landscape of Sealed Adoption Records," *Catholic U Journal of Law and Technology* 2, 2020, p. 147.

[16] Dore, Bhavya, "Despite Mixed Results, South Asian Adoptees Turn to DNA Tests," *Quartz* 20 October 2020, https://qz.com/1919511/despite-mixed-results-south-asian-adoptees-turn-to-dna-tests(최종검색일 2023.12.20).

한 정보를 얻기 위해서, 혹은 먼 친척을 찾기 위해서 DNA 데이터베이스에 자신의 생체정보를 등록한다. 급속하게 확대되고 있는 DNA 데이터베이스는 수많은 한인 입양인들이 자신의 생물학적 가족을 식별하는 데 도움이 되었다. 더욱이 온라인과 오프라인 매장 양쪽에서 테스트 키트를 쉽게 구할 수 있기 때문에 많은 입양인과 그 입양인의 자녀들이 국가기관이나 입양 관련 기관의 도움 없이 친가족 및 유전적 이력에 대한 정보를 찾을 수 있었다. 게다가 친부모가 직접적으로 유전자 검사를 받지 않더라도, 입양인은 친부모와 연계된 친척과 자신의 생물학적 연관성을 발견함으로써 친부모를 식별할 수 있다.[17]

현재 입양 사후 관리에 있어서 DNA와 유전 기술 활용과 관련된 노력은 과거의 입양 경험과 상이하다. DNA 검사는 자신의 아이덴티티와 병력에 대해 알고 새로운 친족 관계를 형성하고자 하는 입양인들의 바람을 해결할 수 있다. 유사한 사례로, 보조생식기술補助生殖技術를 통해 임신되어 출생한 개인은 DNA 검사 기술을 사용해서 동일한 기증자의 다른 자식을 찾기도 한다. 이들은 같은 혈통을 공유하는 사람들과 유사가족 모임을 갖고, 형제자매 등록에 참여하고, 한 명의 기증자로 출생한 자손들로 이루어진 공동체를 조직하기도 한다.[18]

---

17 Baffer, Bryn, "Closed Adoption: An Illusory Promise to Birth Parents and the Changing Landscape of Sealed Adoption Records," p. 163.

18 Baffer, Bryn, "Closed Adoption: An Illusory Promise to Birth Parents and the Changing Landscape of Sealed Adoption Records," p. 166

입양인의 한국과 미국에서의 차별 경험

한국과 미국에서 한인 입양인들이 겪었던 고립감이나 소외 경험에 대한 이야기를 살펴보자. 선집의 몇몇 필자들은 입양 전 한국에서 어린 시절 겪었던 일에 대해 썼다. 리사 잭슨Lisa Jackson 씨는 한국에서 태어나서 1967년 다섯 살 때 미국의 한 가정에 입양되었다. 잭슨 씨는 미국으로 건너가기 전 한국에서 초등학교 시절에 단지 혼혈이라는 이유로 다른 아이들에게 차별과 괴롭힘을 당했다고 회상했다.

"다른 아이들이 제 갈색 피부와 곱슬머리에 대해 놀렸는데 이 때문에 저는 깊은 상처를 받았습니다. 아이들이 제게 아주 흉하게 생겼다며 멀리 사라져 버리라고 말했고, 저랑은 친구가 되고 싶지 않다고 말했습니다. 그토록 노골적인 조롱을 당한 것은 처음이었습니다. 양부모님과 함께한 삶은 정말 좋았고 그분들은 정말 훌륭했습니다. 하지만 그렇다고 해서 제가 어린 시절에 받았던 고통스러운 과거의 상처를 치유할 수는 없었습니다."[19]

또한, 한국에 태어나서 미국으로 입양된 많은 혼혈 한인들은 미국 사회에서도 소외와 편견, 차별을 경험했다고 증언한다. 한인 입양인들은 초국적으로뿐 아니라 백인 미국인들에게 타 인종 간 입양이 되

---

19 Jackson, Lisa, "The Healing Power of Closure," *Together at Last: Stories of Adoption and Reunion in the Age of DNA*, edited by Paul Lee Cannon, et al., Bloomington, Indiana: Thomas & Wonsook Foundation, 2020, pp. 4-5.

는 경우가 빈번하다. 따라서 한인 입양인들은 인종차별 경험을 공유하는 가족들과 함께 성장하지는 않는다. 한인 입양인들은 아시아인, 혼혈인적 신체적 특성으로 인해 학교에서 인종적 편견이나 괴롭힘을 당하곤 하지만, 인종적 역할 모델role model이나 문화적으로 완충장치 역할을 할 수 있는 가족 구성원이 가정 내 없는 경우가 많다. 1960년 세 살 때 한국에서 미국으로 입양된 블레어 킹Blair King 씨는 다음과 같이 말한다.

"저는 한인 입양인 피크닉이나 다른 입양인 관련 행사에 참석한 적이 없습니다. 제 인생의 어느 시점에 다른 한인 입양인을 소개받았을 수도 있지만 기억이 나지 않습니다. 가끔 초등학교 때 인종차별적 놀림을 받곤 했습니다. 저는 부모님께 그런 일을 언급한 적이 없습니다. 저는 부모님들이 그러한 주제에 대해 불편함을 느낀다는 것을 알고 있었습니다. 나중에 어머니는 친구들이 저를 욕하고 외모에 대해 놀리려고 제 앞에서 일부러 눈을 찡그렸다는 것을 알고, 왜 어머니께 말하지 않았는지 제게 물었습니다. 저는 어머니께 말씀드렸더라도 어떤 조치도 하지 않으셨을 것을 알았기 때문이라고 차마 말하지 못했습니다. 만약 어머니가 그 일에 대해서 알게 되셨다면 그냥 무시하라고 말씀하셨을 것입니다."[20]

---

20 King, Blair, "History I Never Had Before," *Together at Last: Stories of Adoption and Reunion in the Age of DNA*, edited by Paul Lee Cannon, et al., Bloomington, Indiana: Thomas & Wonsook Foundation, 2020, pp. 204-205.

기술의 발전과 친가족 찾기에 대한 희망

일반적으로, 최근에 기술이 더욱 발전하고 일반 대중들 사이에 건강과 질병에 대한 정보를 얻기 위한 유전학 기술의 활용과 영향에 대한 인식이 높아졌다. 이는 미국 내 DTC-GT(직접적인 소비자 유전자 검사) 회사의 성장과 확장의 주요 동인이 되었다. DTC-GT는 소비자에게 유전적 건강 정보를 제공함으로써 건강한 라이프스타일 선택을 장려할 수 있다. 또한 이 서비스에 호의적인 사람들은 이러한 정보가 사용자의 건강검진 관행 준수를 향상시킬 수도 있다고 주장한다. 고객들이 이러한 형태의 좀 더 개인화된individualized 유전적 건강 정보를 사용하여 건강 및 생활 방식을 선택할 수 있기 때문이다. 입양인들이 DTC-GT를 추구하는 데에는 세 가지 주요 동기가 있다. 바로 정체성 찾기, 건강 관련 정보 알기, 그리고 일반적인 호기심 채우기이다.[21] 쉽고 비교적 적정한 가격에 DNA 기술을 이용할 수 있게 되면서 최근 다수의 입양인들이 친가족 찾기에 예전보다 관심과 희망을 갖게 되었다.

팀 손튼Tim Thornton 씨는 1959년 한국에서 미국으로 입양되었다. 그는 최근 DNA 검사 기술의 발전에 대해 알기 전까지 친부모를 찾는 것이 불가능하다고 생각했다.

"저는 어린 시절 친가족은 제게 중요하지 않으며, 양부모님들만이 중

---

21 Childers, Anna, *Adoptees' Experiences with Direct-to-Consumer Genetic Testing: Emotions, Satisfaction, and Motivating Factors*, University of South Carolina, MA Thesis, 2013, p. 18.

요하다고 스스로를 타이르며 지냈습니다. 친가족이 누구인지 알아낼 방법이 없다고 굳게 믿었기 때문인 것 같습니다. 최근 몇 년 동안 저는 DNA 검사 기술이 발전되었다는 것을 알게 되었고 이 때문에 친가족에 대해 더욱 호기심을 가지게 되었습니다."[22]

토머스 박 클레멘트Thomas Park Clement 씨는 한국전쟁 당시 한국에서 태어나서 1958년 미국으로 입양되었다. 클레멘트 씨는 시간이 흐르고 기술이 발전하면서 불가능했던 일들이 이제는 가능해진 것에 감탄한다.

"시간이 흐르고 기술이 발전하면서 과거에는 불가능하다고 생각했던 일들이 이제는 DNA 검사를 통해 가능해졌습니다. 친가족을 실제로 만나고 싶었던 적은 없지만 친아버지가 어떻게 생겼는지는 궁금했습니다. 저와 비슷한 점이 있었을까요? 저는 친아버지와 연락하고 싶지는 않았습니다."[23]

입양인들에게 자신의 생물학적 기원을 밝히려는 노력은 일종의 빈 칸 채우기와 비슷하다. 한인 입양인들은 친부모에 대한 정보를 구하

---

22 Thornton, Tim, "In My Father's Footsteps," *Together at Last: Stories of Adoption and Reunion in the Age of DNA*, edited by Paul Lee Cannon, et al., Bloomington, Indiana: Thomas & Wonsook Foundation, 2020, p. 10.

23 Clement, Thomas Park, "Finding Connections in Supporting Those Searching," *Together at Last: Stories of Adoption and Reunion in the Age of DNA*, edited by Paul Lee Cannon, et al., Bloomington, Indiana: Thomas & Wonsook Foundation, 2020, p. 1.

고 유전공학을 이용해서 친부모와 다시 연결되기를 원할 뿐만 아니라, 많은 혼혈입양인들은 자신의 민족인종적 구성과 기원에 대해서도 궁금해한다. 린다 파피 라운드스Linda Papi Rounds 씨는 1964년 한국에서 태어나서 미국 가정에 입양되었다.

"DNA 검사를 받았습니다. 저는 제가 한국계라는 것은 알고 있었지만 나머지 인종이 무엇인지 알고 싶었습니다. 그냥 궁금했습니다. 딱히 친부모님을 찾을 생각은 없었습니다. 왜냐면 찾는 것이 애초에 불가능하다고 생각했기 때문입니다."[24]

과거 친가족 찾기 방식의 대안

한인 입양인들의 이야기를 담은 《마침내 함께》는 소비자용 DNA 검사가 입양인들의 친가족 찾기 및 재결합 과정을 어떻게 근본적으로 변화시켰는지 보여 준다. 유전자 검사 과학기술의 발전으로 인해 이제는 많은 한인 입양인들이 입양 서류만으로는 얻을 수 없었던 생물학적 기원에 관한 중요한 정보를 얻게 되었다. 리사 푸트렐Lisa Futrell 씨는 한국전쟁이 끝난 지 5년 후인 1958년에 태어났다. 그녀는 한 살이던 1959년에 미국으로 입양되었다. 푸트렐 씨는 1986년부터 친부

---

24 Rounds, Linda Papi, "Completing the Picture of a Life in Black and White," Together at Last: Stories of Adoption and Reunion in the Age of DNA, edited by Paul Lee Cannon, et al., Bloomington, Indiana: Thomas & Wonsook Foundation, 2020, p. 68.

모를 찾기 시작했고, 30년이 넘는 노력 끝에 2018년 DNA 검사를 통해 그녀의 친어머니와 재회했다.

"1986년 처음 친부모님을 찾기 시작한 이래 31년이 흘렀습니다. 그러한 저의 여정에는 많은 장애물이 있었습니다. 실망도 있었고, 포기할까 생각했던 순간들도 있었습니다. 그러나 제 낙천적인 성격과 인내는 성과를 거두었습니다."[25]

최근까지도 입양인들은 유일하게 공식 입양 서류를 통해서만 자신의 입양 기록을 확인할 수 있었다. 게다가 과거 한국에서는 입양이 비공식적으로나 비밀리에 이루어지기도 했다. 따라서 입양인들은 자신의 생물학적 이력에 대한 정보를 전혀 얻을 수가 없었고 그와 관련된 정보는 한국 정부와 입양기관에 의해서만 철저히 관리되었다.[26] 2011년 한국에서 입양법이 개정된 이후에야, 한인 입양인은 친부모의 동의 하에 자신의 출생 기록을 전부 열람할 수 있게 되었는데, 정부가 보유하고 있는 입양 파일이 종종 위조되거나 정보가 누락될 수 있어 친부모를 추적하는 것이 어렵거나 불가능할 수도 있다. DNA 검사는 이러한 관료적 장애물을 극복할 수 있는 방법을 제공한다.[27]

---

25 Futrell, Lisa, "My Cousin Became My Brother," *Together at Last: Stories of Adoption and Reunion in the Age of DNA*, edited by Paul Lee Cannon, et al., Bloomington, Indiana: Thomas & Wonsook Foundation, 2020, p. 26.

26 정상우 · 이민솔, 〈해외입양동포 친족찾기 지원을 통한 인권 증진〉, 11쪽.

27 McDermott, Marie Tae, "Adopted Koreans, Stymied in Search of Birth Parents, Find Hope in a Cotton Swab," 2016.

이러한 맥락에서 해외 한인 입양인들 사이에서 소셜 네트워크의 영향력은 주목할 만하다. DNA 검사가 친가족 찾기에 있어서 점점 더 중요하고 효과적인 방법이 되면서 해외입양인 지원단체에서는 입양인들이 DNA 검사를 받을 수 있도록 홍보하고 그 기회를 제공하고 있다. 325KAMRA 회원들 또한 한인 입양인들에게 DNA 키트를 배포하기 위해 전 세계를 여행한다. 1950년대 후반 미국으로 입양된 샤론 멜러Sharon Mellor 씨는 많은 입양인들이 유전공학의 도움으로 가족을 찾았다는 사실을 알고 "희망hopeful"을 갖게 되었다.

"2017년에 저는 자신의 뿌리와 한국 문화에 관심이 있는 다른 한국 입양인들과 함께 'Me & Korea 모자이크 투어'의 일환으로 한국을 방문했습니다. 그곳에서 저는 한국 입양인들이 친가족을 찾을 수 있도록 돕는 비영리단체 325KAMRA 소속 벨라Bella를 만났습니다. 벨라는 모국 방문 중이었던 입양인들에게 유전자 검사 회사인 FamilyTreeDNA에 DNA를 제출하고 친부모 찾기를 시작하도록 독려했습니다. 저는 가족을 찾은 다른 입양인을 만났고, 이 때문에 저는 예전에는 갖지 못했던 친가족을 찾을 수 있다는 희망을 갖게 되었습니다. 저도 23andMe와 Ancestry에 제 DNA를 제출했습니다."[28]

또한, 정보의 국제화와 기술 발전으로 인해 입양인들은 온라인 커뮤

---

[28] Mellor, Sharon, "Answering the Questions in My Heart," *Together at Last: Stories of Adoption and Reunion in the Age of DNA*, edited by Paul Lee Cannon, et al., Bloomington, Indiana: Thomas & Wonsook Foundation, 2020, p 160.

니티를 형성하여 상호 간에 정서적 지원, 실질적인 정보, 과학적 · 역사적 지식을 공유할 수 있게 되었다. 온라인 공간은 회원들의 입양 경험과 견해를 공유하고 여러 측면에서 상호 협조하도록 함으로써 해외입양인 커뮤니티가 유지, 공고화될 수 있도록 돕고 있다. 325KAMRA 외에도 현재 DNA 및 입양 관련 온라인 그룹에는 'KAD 23andme Results Group', 'DNA Tested Korean Adoptee's and Korean War Veterans and Their Children'과 'Asia Adoption DNA'가 있다. 또한 입양 관련 일반적인 그룹에도 DNA 기술 관련 게시물이 올라오기도 한다.[29] 선집 필자 중의 한 명인 라운더스 씨는 소셜 미디어를 통해 한국의 해외입양 역사에 대한 정보를 얻었다고 설명한다.

"DNA 정보를 제출할 무렵, 저는 예전에는 페이스북에 있는지도 몰랐던 다양한 입양인 관련 그룹을 우연히 발견했습니다. 저와 비슷한 처지의 사람이 그렇게 많은지 처음으로 깨달았습니다! 그들과 연결되면서 입양인으로서 공유하고 있는 역사와 민족문화에 대해 배웠습니다. 저는 한국전쟁 이후 약 24만 명의 한국 아동들이 해외입양되었다는 사실을 알게 되었습니다. 저는 또한 순수혈통만을 강조했던 당시 한국 사회에서 혼혈아들이 당혹감의 근원이었다는 것을 알게 되었습니다."[30]

---

29   Kopacz, Elizabeth, "From Contingent Beginnings to Multiple Ends: DNA Technologies and the Korean Adoptee 'Cousin,'" p. 347.

30   Rounds, Linda Papi, "Completing the Picture of a Life in Black and White," *Together at Last: Stories of Adoption and Reunion in the Age of DNA*, edited by Paul Lee Cannon, et al., Bloomington, Indiana: Thomas & Wonsook Foundation, 2020, p. 68.

마음의 평화, 그리고 진실

때로는 자신의 출생이나 생물학적 가족에 관한 정보를 찾는 것이 입양인에게 마음의 평화를 주기도 한다. 2016년 리사 잭슨 씨는 DNA 검사로 연결된 생물학적 사촌을 통해 친부에 대해 알게 되었다. 나중에 그녀는 자신의 과거에 대해 알게 되면서 마음의 평화를 느꼈다고 한다.

"제가 태어나기 전에 부모님이 11개월 동안 함께 살았고, 같이 미래를 계획하셨으며, 제가 그분들의 미래의 일부였다는 사실은 한편으로는 씁쓸하면서도 참으로 귀중하고 위안이 되는 사실이었습니다. 이제 제 과거에 대해 심적으로 마무리를 할 수 있게 되었기 때문입니다. DNA를 통해 얻을 수 있었던 정보는 제가 바라던 것 이상이었습니다. 48년 만에 저에게 마음의 평화라는 축복이 찾아왔습니다."[31]

한국 부모가 자녀를 해외입양 보낸 경우도 있지만, 한국 아동이 실종된 이후 친부모 몰래 동의 없이 입양기관에 의해서 해외로 입양 보내진 경우도 있는데, DNA 검사는 이처럼 장기 실종 자녀를 둔 한국 부모들에게 도움이 되기도 한다. 한국에서 태어나 1976년 미국으로 입양된 로리 벤더Laurie Bender 씨는 2019년 한국에서 친부모와 두 형제자매를 다시 만났다. 벤더 씨는 친부모가 자신을 입양 보내기 위해 포기하지 않았고, 그녀가 실종되었을 때 경찰이 그녀를 고아원으로 데

---

31   Jackson, Lisa, "The Healing Power of Closure," p. 7.

려갔다는 사실을 알게 되었다.

"어머니는 저를 찾기 위해 고아원에 갔을 뿐만 아니라, 제 가족들이 저를 찾기 위해 한국 전역에 전단지를 배포하기도 했다고 합니다. 어머니는 텔레비전에 출연해서까지 저를 찾으려 했고, 저를 찾을 수 있기를 바라며 실종 자녀를 가진 부모들의 모임에 가입했습니다. 2016년 325KAMRA 회원들이 한국을 방문해서 텔레비전에 출연하여 친가족 찾기를 위한 무료 DNA 키트에 대해 알렸습니다. 어머니는 DNA 검사를 하기 위해 서울로 달려갔습니다. 어머니가 DNA 검사를 받으셨고 325KAMRA가 어머니의 DNA와 연락처 정보를 수집했기 때문에 저는 어머니를 찾을 수 있었습니다."[32]

모든 경우가 해피 엔딩은 아니지만

안나 칠더스Anna Childers 씨는 DNA 검사를 받은 이후 입양인들이 경험한 감정을 다섯 가지 범주로 분류했다. 그 감정에는 새로운 관계에 대한 집착, 더 많은 정보를 찾는 과정에서 새로운 방향을 찾았다는 느낌, 좌절, 실망, 그리고 행복이 포함된다.[33] DNA 검사를 통해 새롭게

32 Bender, Laurie, "Putting Back Together a Life Gone Missing," *Together at Last: Stories of Adoption and Reunion in the Age of DNA*, edited by Paul Lee Cannon, et al., Bloomington, Indiana: Thomas & Wonsook Foundation, 2020, p. 52.

33 Childers, Anna, *Adoptees' Experiences with Direct-to-Consumer Genetic Testing: Emotions, Satisfaction, and Motivating Factors*, p. 25.

맺게 되는 관계에 의해 한인 입양인들이 겪는 경험이 항상 '해피 엔 딩'인 것은 아니다. 많은 친가족이나 친부모의 새로운 가족은 DNA 검사를 통해 알게 된 관계를 받아들이기를 거부하거나 입양인의 재 연결 시도에 반응하지 않기도 한다. 한국에서 태어난 수지 휘트포드 행킨슨Susie Whitford Hankinson 씨는 어렸을 때 미국으로 입양되어 캘리 포니아주 샌디에이고에서 성장했다. DNA 검사와 족보 검색을 통해 행킨슨 씨는 2017년에 친부의 신원을 확인했는데 친부가 이미 세상 을 떠났다는 것을 알게 된다. 이복 형제자매는 관계를 맺고자 하는 그 녀의 연락에 응답하지 않았고 이에 거부감을 느꼈다.

  "친가족을 찾는 과정은 처음에는 흥미로웠지만, 서로 모르고 지냈던 혈연의 소식을 전한다는 것은 섬세하고 힘든 과정이며 325KAMRA가 전적으로 일임해야 했던 일입니다. 아버지 가족이 보이는 저에 대한 무 관심은 마치 거부감처럼 느껴지고 고통스러울 정도로 이해하기 어려웠 습니다. 그들은 아직까지 응답하지 않고 있습니다."[34]

친모의 비밀과 죄책감

재결합은 친부모에게도 심적으로 받아들이기가 쉽지 않은 일일 수

---

[34] Hankinson, Susie Whitford, "Chickens in My DNA," *Together at Last: Stories of Adoption and Reunion in the Age of DNA*, edited by Paul Lee Cannon, et al., Bloomington, Indiana: Thomas & Wonsook Foundation, 2020, p. 22.

있다. 이별, 죄책감, 상실감과 같은 강한 감정을 불러일으키는 것 외에도 오랫동안 묻어 뒀거나 배우자나 다른 가족 구성원에게 비밀로 유지했던 문제를 다시 직면해야 하는 사례도 있다. 때로는 친가족의 신원이 입양인에게 알려지는 것을 꺼려하는 경우도 있고, 입양인이 연락을 취했을 때 즉각적으로 수용하거나 관계를 맺기를 원하지 않을 수도 있다. 캐서린 김Katherine Kim 씨는 1957년 한국에서 태어났는데 모친이 그녀가 두 살 때 입양을 보냈다. 2019년에 김씨는 모친 쪽의 이복 형제자매와 연결되어 현재 미국에 살고 있는 친모에 대해 알게 되었는데, 친모는 그녀를 만나기를 거부했다.

> "한국 어머니들이 자신들이 버린 아이들에 대해 수치심과 죄책감을 갖고 있다는 것을 알고 있었습니다. 그리고 그들은 다른 사람들의 판단이나 거부를 두려워하여 이 사실을 비밀로 하는 경우가 많았습니다."[35]

김씨는 이미 DNA 정보를 통해 친자 관계를 증명했지만 모친은 그녀를 만나기를 거부했다. DNA 검사는 입양 과정에서 익명을 유지하려는 사람들의 신원을 밝히는 것과 관련해서 윤리적 문제를 제기하기도 한다. 오늘날 DNA 서비스는 유전적으로 관련된 다수의 사람들을 연결하여, 과거 친부모에게 보장되었던 개인정보 보호 상황을 크게 변화시켰다. 친부모의 친척이 DNA 서비스에 등록하면 해당 서비

---

35 Kim, Katherine, "Misfortune to Fortune," *Together at Last: Stories of Adoption and Reunion in the Age of DNA*, edited by Paul Lee Cannon, et al., Bloomington, Indiana: Thomas & Wonsook Foundation, 2020, p. 39.

스를 통해 입양인과 연결되고 결국 친부모를 찾을 수 있게 되었다.[36]

다행히 김씨는 친모의 남편과 오랜 시간 대화를 나눴고, 그의 중재 덕분에 친모는 마침내 자신이 김씨의 친모임을 인정하게 되었다. 아이를 낳았지만 입양 보내기 위해 포기했다는 것은 고통스러운 비밀이었다. 김씨는 이러한 상황을 다음과 같이 설명한다.

"어머니가 저를 낳고 포기하신 것은 어머니가 무덤까지 가져가고자 했던 비밀이었습니다. 어머니는 60년 전에 자신의 이러한 과거를 묻었는데, 제가 어머니가 잊고 싶으셨던 삶의 고통스러운 시간을 다시 되돌렸습니다. 아버지가 어머니와 결혼하겠다고 약속했기 때문에 저를 낙태하지 않았는데 아버지는 약속을 지키지 않았습니다. 어머니가 어머니 가족에게 도움을 요청했을 때 그들은 아무것도 제공하지 않았습니다. 어머니는 상처를 받고 화가 나서 저를 포기하기로 결정했습니다."[37]

친가족과의 재회를 통해 입양인은 입양의 상처에 대하여 심적 마무리를 하고 자신의 기원, 친부모, 민족 배경에 대한 정보를 얻게 될 뿐만 아니라, 친부모와 헤어진 상황과 이유를 알게 되는 기회를 갖기도 한다. 결국 김씨의 모친은 마음을 열고 딸과의 관계를 다시 시작했

---

36 Bahrampour, Tara. "DNA's New 'Miracle': How Adoptees Are Using Online Registries to Find their Blood Relatives." *The Washington Post*. 12 October 2016, https://www.washingtonpost.com/local/social-issues/dnas-new-miracle-how-adoptees-are-using-online-registries-to-find-their-blood-relatives/2016/10/12/10433fec-8c48-11e6-bf8a-3d26847eeed4_story.html(최종검색일 2023.12.20).

37 Kim, Katherine, "Misfortune to Fortune," p. 40.

다. 김씨는 재회 이후에 어머니의 삶과 한국 역사에 대해 많은 것을 배웠다고 말했다.

"저는 어머니를 통해 어머니와 한국 역사에 대해 더 많은 알게 되고 이해하게 되었습니다. 저는 어머니 당신의 삶의 여정과 트라우마에 대해서 알게 되었습니다. 어머니는 제2차 세계대전이 끝날 때까지 오키나와에서 살았고, 한국전쟁을 겪으며 계모 밑에서 자랐으며, 어린 나이에 집을 떠나 군부대 근처에서 일하셨습니다."[38]

나가며

강진구는 한인 혼혈인들의 수기와 회고록을 바탕으로 한국인의 편견과 차별적 행동이 혼혈인 저자들에게 어떤 영향을 끼쳤는지에 관해 분석한다.[39] 회고록은 고백처럼 개인의 내밀한 경험을 기술하는데 이를 통해 저자는 독자와의 소통이나 공감을 추구하기도 한다. 어떤 내용을 포함할지 제외할지 결정하는 것은 전적으로 저자의 특권이다. 선집《마침내 함께》에는 자신의 기원을 찾는 개인적 내러티브가 포함되어 있을 뿐만 아니라, 입양인의 삶과 인간관계에 영향을 미치는 신기술의 가능성, 이점 및 성과가 담겨 있다. 책에는 한인 입양인들이

---

38 Kim, Katherine, "Misfortune to Fortune," p. 41.
39 강진구, 〈수기(手記)를 통해 본 한국사회의 혼혈인 인식〉, 《우리文學硏究》 26, 2009, 155-187쪽.

입양 전 한국 체류 시기 어린 시절의 기억, 입양 후 미국에서의 경험, DNA 검사를 통해 친가족을 찾게 된 동기, 친가족과의 재회가 그들의 정체성과 가족관계에 미치는 영향 등에 관한 실제적인 이야기들이 실려 있다. 선집은 과학적 검증scientific verification을 통해 인간의 정체성이 일상생활에서 어떻게 형성되고 (재)확인되는지에 대해 보여준다. 한인 입양인들의 이야기와 경험은 신체 자체가 인간의 정체성 형성에 어떻게 관여하는지에 대한 철학적, 윤리적 질문을 제기한다. 게놈 매핑 기술, 인터넷, 끈질긴 끈기는 잃어버린 가족이나 새로운 가족을 찾는 이야기의 공통 주제이다.[40]

자신과 다른 인종의 사람들로 구성된 사회에서 살고 있는 해외입양인들이 자신의 생물학적 부모, 친척, 민족에 대해 알고 싶어 하는 것은 자연스러운 욕구이다. 입양인들은 자신의 뿌리 찾기를 통해서 소속감, 자신에 대한 신뢰, 자아의 완결성completeness을 형성할 수 있다. 그러나 DNA 검사를 통해 친가족을 찾는 결과나 파급효과가 항상 긍정적인 것은 아니며, 몇 가지 사안을 고려해야 한다. 한국에서는 중앙화된centralized DNA 데이터베이스에 등록된 유전 정보를 실종아동이나 남북 이산가족 찾기, 범죄 수사 목적을 위해 주로 활용한다. 그러나 미국에서는 건강상의 진단 및 검사 목적으로 소비자용 DNA 검사가 더 보편화되어 활발하게 사용되고 있다. 따라서 재미 한인 입양인들은 친모의 가족보다는 한국에서 군대에서 복무한 후 미국으로 귀환한 친부의 가족을 찾을 가능성이 더 높다. 또한, 한국의 친부모와

---

40 Vickery, Martha, "Stories of Family Seekers." Korean Quarterly, https://www.korean quarterly.org/books/stories-of-family-seekers(최종검색일 2023.12.20).

해외 한인 입양인 모두가 광범위하게 이용할 수 있는 단일 통합 데이터베이스가 없다.[41] 한국 경찰은 실종자 정보를 수합해 놓은 국가 데이터베이스를 바탕으로 DNA 샘플을 수집한다. 입양인과 친부모는 이 데이터베이스에 DNA 샘플을 제출할 자격이 있으며, 많은 사람들이 그렇게 하고 있지만 이러한 조치는 해외입양인들이 친가족을 찾는 데는 충분하지 않다.[42] 일부 해외입양인들은 한국 정부가 친가족을 찾으려는 자신들의 노력을 적극적으로 지원하기 위해 전문적인 DNA 데이터뱅크를 만들어야 한다고 요구하고 있다. 이와 관련해서 상반된 의견과 관점이 있는데, 과학기술 진보에 대한 윤리적 관점뿐 아니라 유토피아적이거나 디스토피아적 관점을 글로벌한 층위에서 비판적으로 검토할 필요가 있다. DNA 정보는 개인마다 고유한 매우 민감하고 비밀스러운 생체정보로서 미래의 건강 상태를 예측할 수 있기 때문에 이를 오용할 경우 부정적인 결과를 초래할 수 있어서 DNA 정보 취급에 관한 사안은 한국에서 중요한 사회적 관심사이다.[43]

그러나 일부 친부모는 친자 확인으로 인해 신원이 밝혀지는 것을 원치 않는다는 점이 고려되어야 한다. 이는 선집에 실린 대부분의 필자의 사례와는 달리, 친가족과의 재회를 복잡하고 꺼려지는 과정이라고 여기는 입양인의 경우에도 마찬가지라고 할 수 있다.[44] 선집의 일

---

41 McDermott, Marie Tae, "Adopted Koreans, Stymied in Search of Birth Parents, Find Hope in a Cotton Swab."

42 McDermott, Marie Tae, "Adopted Koreans, Stymied in Search of Birth Parents, Find Hope in a Cotton Swab."

43 김병수, 〈유전자감식기술의 사회윤리적 쟁점〉, 《생명윤리》 6(1), 2005, 14쪽.

44 Bahrampour, Tara. "DNA's New 'Miracle': How Adoptees Are Using Online Registries to Find their Blood Relatives."

부 사례에서처럼 DNA 검사를 통해 친부모가 확인되더라도 그 친부모들이 입양되었던 자녀를 만나거나 교제하는 것을 꺼리고 자녀의 존재 자체를 부인하기도 한다. 해외입양 과정에서 친부모는 익명성과 비밀 유지를 원할 수 있는 데 반해 입양인은 친부모에 대해 알고 싶어 할 수도 있다. 이러한 상반된 욕구는 종종 서로 충돌할 수 있다.

유전자 기술을 통해 친부모가 어떤 검사를 받지 않았더라도 입양인에 의해 친가족의 신원이 밝혀질 수 있다. DNA 검사 관련 웹사이트에서는 신원 확인 정보가 공개되기 때문에 그러한 부모의 개인정보는 더 이상 보호되지 않는다.[45] 브린 배퍼Bryn Baffer 변호사는 현대 유전 기술이 친부모의 익명성에 대한 권리를 무효화했다고 주장한다.[46] 이러한 상황에서는 친부모에 대해 알고자 하는 입양인의 심리적 요구와 친부모의 사생활 보호에 대한 사회적 요구 사이에 균형이 이루어져야 한다. 친부모가 연락을 원하지 않으면 입양인에게 원래 이름family name과 병력medical history에 대한 정보를 제공하더라도 입양인이 친부모에게 연락하지 말 것을 권고한다.[47]

이러한 우려에도 불구하고 국가 간, 인종 간 입양이 아동을 국가 및 민족적 전통은 물론이고 친부모로부터 자의와 상관없이 분리되게 하는 심각한 문제라는 점을 고려해야 한다. 많은 입양 전문가들은 자신

---

45 Baffer, Bryn, "Closed Adoption: An Illusory Promise to Birth Parents and the Changing Landscape of Sealed Adoption Records," p. 170.

46 Baffer, Bryn, "Closed Adoption: An Illusory Promise to Birth Parents and the Changing Landscape of Sealed Adoption Records," p. 163.

47 Baffer, Bryn, "Closed Adoption: An Illusory Promise to Birth Parents and the Changing Landscape of Sealed Adoption Records," pp. 171-172.

의 뿌리에 대해 검색하고 알고자 하는 것은 인간의 기본적인 권리 human right라고 주장한다. 이 선집은 잘 알려지지 않은 해외입양인들의 초국가적 경험과 현황에 대해 논하고 있다는 점에서 의미가 있다. 개인적이면서도 친밀한 생애 경험을 풀어낸 이야기는 한인 입양인에 대한 이해를 높이는 데 도움이 될 것이다. 또한 다른 입양인들이 DNA 검사를 통해 친부모를 찾아 과거를 복원하고 정체성을 굳건히 하도록 독려하는 데 도움이 될 것으로 기대된다.

참고문헌

윤인진,《세계의 한인이주사》, 대한민국역사박물관, 2013.

강진구, 〈수기(手記)를 통해 본 한국사회의 혼혈인 인식〉,《우리文學硏究》26,
   2009, 155~187쪽.
김대중, 〈포스트 디아스포라 시대의 입양과 존재윤리〉,《영어권문화연구》8(3),
   2015, 7~27쪽.
김병수, 〈유전자감식기술의 사회윤리적 쟁점〉,《생명윤리》6(1), 2005, 13~23쪽.
안재진 · 권지성, 〈국외입양인의 삶의 만족도에 영향을 미치는 요인〉,《사회복지연
   구》41(4), 2010, 369~393쪽.
오혜진 · 최윤철, 〈국외입양인의 국적에 관한 연구〉,《法學論叢》47, 2020, 765~799쪽.
이미선, 〈해외입양인의 자아정체감 및 이에 영향을 미치는 요인에 관한 연구〉,《한
   국아동복지학》14, 2002, 114~144쪽.
정상우 · 이민솔, 〈해외입양동포 친족찾기 지원을 통한 인권 증진〉,《문화교류와 다
   문화교육》9(3), 2010, 1~24쪽.

Cannon, Paul Lee, et al. eds., *Together at Last: Stories of Adoption and Reunion in the
   Age of DNA*, Bloomington, Indiana: Thomas & Wonnook Foundation, 2020.
Childers, Anna, *Adoptees' Experiences with Direct-to-Consumer Genetic Testing:
   Emotions, Satisfaction, and Motivating Factors*, University of South Carolina,
   MA Thesis, 2013.

Baffer, Bryn, "Closed Adoption: An Illusory Promise to Birth Parents and the
   Changing Landscape of Sealed Adoption Records," *Catholic U Journal of
   Law and Technology* 2, 2020, pp. 147-174.
Bender, Laurie, "Putting Back Together a Life Gone Missing," *Together at Last:
   Stories of Adoption and Reunion in the Age of DNA*, edited by Paul Lee

Cannon, et al., Bloomington, Indiana: Thomas & Wonsook Foundation, 2020, pp. 47-53.

Clement, Thomas Park, "Finding Connections in Supporting Those Searching," *Together at Last: Stories of Adoption and Reunion in the Age of DNA*, edited by Paul Lee Cannon, et al., Bloomington, Indiana: Thomas & Wonsook Foundation, 2020, pp. 1-3.

Doolan, Yuri, "Foreword," *Together at Last: Stories of Adoption and Reunion in the Age of DNA*, edited by Paul Lee Cannon, et al., Bloomington, Indiana: Thomas & Wonsook Foundation, 2020, pp. XIV-XXII.

Futrell, Lisa, "My Cousin Became My Brother," *Together at Last: Stories of Adoption and Reunion in the Age of DNA*, edited by Paul Lee Cannon, et al., Bloomington, Indiana: Thomas & Wonsook Foundation, 2020, pp. 24-35.

Jackson, Lisa, "The Healing Power of Closure," *Together at Last: Stories of Adoption and Reunion in the Age of DNA*, edited by Paul Lee Cannon, et al., Bloomington, Indiana: Thomas & Wonsook Foundation, 2020, pp. 4-9.

Hankinson, Susie Whitford, "Chickens in My DNA," *Together at Last: Stories of Adoption and Reunion in the Age of DNA*, edited by Paul Lee Cannon, et al., Bloomington, Indiana: Thomas & Wonsook Foundation, 2020, pp. 18-23.

Kim, Katherine, "Misfortune to Fortune," *Together at Last: Stories of Adoption and Reunion in the Age of DNA*, edited by Paul Lee Cannon, et al., Bloomington, Indiana: Thomas & Wonsook Foundation, 2020, pp. 36-41.

King, Blair, "History I Never Had Before," *Together at Last: Stories of Adoption and Reunion in the Age of DNA*, edited by Paul Lee Cannon, et al., Bloomington, Indiana: Thomas & Wonsook Foundation, 2020, pp. 203-210.

Kopacz, Elizabeth, "From Contingent Beginnings to Multiple Ends: DNA Technologies and the Korean Adoptee 'Cousin'," *Adoption & Culture* 6(2), 2018, pp. 336-352.

Kuek, Florence and Ling Tek Soon, "Autobiography and Ethical Literary Criticism," *Interlitteria* 22(2), 2017, pp. 282-296.

Mellor, Sharon, "Answering the Questions in My Heart," *Together at Last: Stories of Adoption and Reunion in the Age of DNA*, edited by Paul Lee Cannon, et al.,

Bloomington, Indiana: Thomas & Wonsook Foundation, 2020, pp. 159-163.

Nie, Zhenzhao, "Ethical Literary Criticism: Basic Theory and Terminology," *International Journal of Diaspora & Cultural Criticism* 5(1), 2015, pp. 58-80.

Rounds, Linda Papi, "Completing the Picture of a Life in Black and White," *Together at Last: Stories of Adoption and Reunion in the Age of DNA*, edited by Paul Lee Cannon, et al., Bloomington, Indiana: Thomas & Wonsook Foundation, 2020, pp. 67-72.

Thornton, Tim, "In My Father's Footsteps," *Together at Last: Stories of Adoption and Reunion in the Age of DNA*, edited by Paul Lee Cannon, et al., Bloomington, Indiana: Thomas & Wonsook Foundation, 2020, pp. 10-17.

Bahrampour, Tara. "DNA's New 'Miracle': How Adoptees Are Using Online Registries to Find their Blood Relatives." *The Washington Post*, 12 October 2016, https://www.washingtonpost.com/local/social-issues/dnas-new-miracle-how-adoptees-are-using-online-registries-to-find-their-blood-relatives/2016/10/12/10433fec-8c48-11e6-bf8a-3d26847eeed4_story.html(최종검색일 2023.12.20).

Dore, Bhavya, "Despite Mixed Results, South Asian Adoptees Turn to DNA Tests," *Quartz* 20 October 2020, https://qz.com/1919511/despite-mixed-results-south-asian-adoptees-turn-to-dna-tests(최종검색일 2023.12.20).

Kim, Cerrissa, "Koreans & Camptowns: Reflections of a Mixed-Race Korean," *KoreanAmericanStory.org*, 4 November 2015, https://koreanamericanstory.org/written/the-conference-that-introduced-me-to-the-legacy-of-being-a-mixed-race-korean(최종검색일 2023.12.20)

Korean War Baby, https://koreanwarbaby.blogspot.com(최종검색일 2023.12.20).

Vickery, Martha, "Stories of Family Seekers." *Korean Quarterly*, https://www.koreanquarterly.org/books/stories-of-family-seekers(최종검색일 2023.12.20).

325KAMRA, https://www.325kamra.org(최종검색일 2023.12.20).

모빌리티 인문학의 적용과 모델링

2024년   2월 29일 초판 1쇄 발행

지은이 ┃ 이진형 김태희 임보미 이용균 길광수 이재은
　　　　우연희 신인섭 정은혜 서기재 배진숙
펴낸이 ┃ 노경인 · 김주영

펴낸곳 ┃ 도서출판 앨피
출판등록 ┃ 2004년 11월 23일 제2011-000087호.
전화 ┃ 02-336-2776 팩스 ┃ 0505-115-0525
블로그 ┃ bolg.naver.com/lpbook12
전자우편 ┃ lpbook12@naver.com

ISBN 979-11-92647-31-9   94300